U0754229

传 媒 与 文 化 书 系

盛名之上

新媒体环境下的主流媒体声誉管理

高贵武 ◎ 著

中国传媒大学 出版社
·北京·

目　录

绪　论

一、缘起

随着新媒体的不断发展和普及，我国媒体发展生态已进入新媒体环境，媒介融合已成为媒体发展的大势所趋。新媒体环境为我国主流媒体践行习近平总书记所提出的"举旗帜、聚民心、育新人、兴文化、展形象"的媒体使命和任务创造了更加积极的有利条件，同时也为中国媒体，特别是我国的传统主流媒体发展带来了一定的挑战。当前，越来越多的人尤其是年轻一代更热衷于通过计算机网络、手机客户端、iPad 等新媒体渠道获取信息和表达意见，通过报纸、广播、电视等传统媒体了解信息的人已变得越来越少，中国互联网络信息中心（CNNIC）2021 年 2 月 3 日发布的第 47 次《中国互联网络发展状况统计报告》显示，截至 2020 年 12 月，我国网民规模为 9.89 亿，互联网普及率达 70.4%，较 2020 年 3 月提升 5.9 个百分点。其中，农村网民规模为 3.09 亿，较 2020 年 3 月增长 5471 万；农村地区互联网普及率为55.9%，较 2020 年 3 月提升 9.7 个百分点。[①] 面对新媒体的迅猛发展及其对青年一代受众的强吸引力，我国主流媒体也纷纷开始大力发展新媒体，努力推进媒体融合。但由于发布渠道、生产机制、技术基础等方面的原因，与一些新兴的新媒体相比，我国主流媒体目前在新媒体环境中的影响力尚不是十分理想，甚至面临着一定的生存和发展困难。

此外，由于新媒体在一定程度上打破了传统主流媒体在话语权方面的垄断主导地位，也由于新媒体在信息传播速度和传播渠道方面的优势，某些不

[①] 中国互联网络信息中心. 第 47 次中国互联网络发展状况统计报告［EB/OL］.［2021-02-03］http://www.cnnic.net.cn/NMediaFile/old_attach/P020210203334633480104.pdf.

利于传统主流媒体的信息和言论更容易在新媒体上广泛流传。例如，关于央视主持人读错地名、离职甚至违法犯罪的负面信息在新媒体平台上不断地传播、发酵，这对央视的形象和声誉都会产生不利影响。新媒体的兴盛，无疑加速了传统主流媒体"污名"的传播速度和广度。另外，很多传统主流媒体由于不能适应新媒体时代受众对媒体的信息需要，也逐渐遭到受众的疏离，这致使传统媒体的广告收入出现连年下滑。据 CTR 所发布的《2019 上半年中国广告市场回顾》，2019 年上半年，中国广告市场整体下滑 8.8%，其中电视广告收入减少 12.4%，广播广告收入减少 9.7%，报纸和杂志的广告收入分别下降 30.6%、6.1%。① 随着广告收入的下滑，传统主流媒体的地位及其影响力、公信力都受到了巨大的冲击，这种冲击既不利于主流媒体发挥引导舆论的作用，也不利于党和政府树立起自己的权威。因此，我国主流媒体在加快推动媒体融合发展，提升自身传播力、引导力、影响力、公信力的过程中，既要重视新媒体环境的发展，要形成网上网下同心圆，使全体人民在理想信念、价值理念、道德观念上紧紧团结在一起，让正能量更强劲、主旋律更高昂；也要努力重塑自身形象，重视维护自身的声誉，把声誉管理作为媒体的一项极其重要的任务，从内在价值观念、职业操守到外在形象、品牌价值等方面就媒体声誉存在的问题进行科学管理和及时修正。

由于历史、观念等方面的原因，在新闻传播学领域针对我国主流媒体声誉评价与管理的研究并不多见，这使得关于媒体声誉管理的研究和考察无论从理论价值还是实践操作方面来说都尤为重要和迫切。从媒体研究的理论层面上看，探索构建主流媒体的声誉管理和评价理论体系，属于新的学术研究领地，可使现有研究视角在关注主流媒体的文本内容、传播平台等微观层面的同时，向主流媒体的组织管理等宏观层面拓展，能够丰富学界对于我国主流媒体的研究。对我国主流媒体声誉管理的关注还可拓展对外传播的研究视野，在"讲好中国故事，传播好中国声音"的基础之上，通过深刻理解国际传播的趋势与规律，挖掘并把握我国主流媒体在国际传播中的优势和不足，打造新型主流媒体的国际声誉，提升我国主流媒体的国际传播力和国际影响

① 解读！2019 上半年广告市场整体下滑 8.8%，传统媒体下跌 12.8%［EB/OL］.（2019-08-14）. https://www.sohu.com/a/333454002_717968.

力。从媒体的实践操作层面来看，只有树立正确的声誉观念，重视媒体自身的声誉管理，珍惜在传播实践过程中已建立起来的社会公信力和美誉度，只有依靠科学的媒体声誉管理和评价方法体系对媒体声誉进行管理，中国的主流媒体才能更好地塑造和维护其良好声誉，并赢得全社会的信任和赞誉。即使再回到微观层面，科学有效的媒体声誉管理同样有助于媒体组织把握具体的报道策略、公关策略以及广告经营策略和品牌形象策略，大大提升我国主流媒体在实际发展运营中的业务能力和管理水平。

二、问题的提出

本书研究的问题是"新媒体环境下的媒体声誉管理"，因此，首先要明确的概念是我国主流媒体，即本书所探讨的我国主流媒体包括哪些媒体，这些媒体经过了怎样的发展阶段，具有什么样的特点以及具有怎样的功能和影响。只有在明确了我国主流媒体的概念后，才能展开对新媒体环境下影响我国主流媒体声誉因素的分析。

新媒体环境下影响我国主流媒体声誉的因素很多，既包括新媒体出现以后产生的各种新因素，也包括新媒体出现之前就有而现在依然存在的固有因素。本书在考察影响媒体声誉的各种要素之后，将新媒体环境下影响我国主流媒体声誉的因素从宏观上分为政治因素、经济（市场）因素和媒介技术因素，其他影响媒体声誉的微观因素则大体都围绕这些宏观因素展开。

发现和确定研究的问题之后，自然要寻求解决问题的路径。解决问题不仅要厘清问题，还必须借助一定的理论武器。本书主要运用资源基础理论、利益相关者理论、社会认知理论和社会资本理论，并紧扣媒体声誉管理的相关问题，系统提出了解决新媒体环境下我国主流媒体声誉问题的思路，探讨了我国主流媒体在新媒体环境下如何解决好与利益相关者间关系的路径，并尝试建构了我国主流媒体在新媒体环境下进行声誉测评的指标和方法。

三、文献综述

本书聚焦新媒体环境下主流媒体的传播力、引导力、影响力与公信力研究，跨学科性较强，主要涉及新闻传播学和管理学两个领域。在新闻传播学领域，其研究大多融入媒介管理、媒介公关、媒介内容生产、媒介伦理之中；在管理学领域，关于声誉管理的研究也大都散落在"企业声誉管理"的相关研究中，针对媒体声誉的专门研究少之又少，甚至仍然处于空白状态。经过研究，本书发现国内外近年来与媒体声誉相关的研究大体可以概括为以下四类：[①]

（一）媒介传播力、公信力和影响力

我国新闻传播学界关于媒介公信力和影响力的研究主要以学者喻国明等为代表。喻国明认为媒介公信力评价是公众通过社会体验所形成的，对于媒介作为社会公共产品所应承担的社会职能的信用程度的感知、认同基础上的评价，而媒介公信力则是指媒介所具有的赢得公众信赖的职业品质与能力。[②]此外，他还提出影响大众媒介公信力评价的三个维度：专业主义特质、社会角色期待的中心指向、社会的感知与认同。喻国明指出传媒影响力"从内涵上看，是由吸引注意和引起合目的的变化两大基本的部分构成的"[③]。他认为传媒影响力本质上就是它作为资讯传播渠道而对其受众的社会认知、社会判断、社会决策及相关的社会行为所打上的属于自己的那种"渠道烙印"。

靳一、张洪忠等从更具体的方面探讨了媒介公信力的内涵和影响因素。靳一认为，新闻专业素养、社会关怀、媒介操守和新闻技巧都是媒介公信力的影响因子。[④]还有学者从操作和执行层面探讨了媒介公信力的评价方式和建构途径，赵光怀认为，中国新闻媒体要重新反思自身的定位，要重视对媒介及传播环境的研究，还要重视对受众的研究，这样才能提高媒体的公信力。[⑤]周莹认为，大众媒介公信力的建构可以从提供公众关心的信息、反映利益诉

① 在已有文献中，中国学者在使用"媒介"和"媒体"的概念时一般没有严格的区分，二者在一般情况下含义相同，皆指媒体组织。较之"媒介"一词的工具性意味，"媒体"更能体现媒体的组织性和主体性。本书在此处尊重文献作者用语习惯，而在主体论述中则统一使用"媒体"的称谓。
② 喻国明.大众媒介公信力理论初探 [J].新闻与写作，2005（1）：11-13.
③ 喻国明.关于传媒影响力的诠释 [J].国际新闻界，2003（2）：5-11.
④ 靳一.中国大众媒介公信力影响因素分析 [J].国际新闻界，2006（9）：57-61.
⑤ 赵光怀.媒介环境、受众与媒体公信力下降问题 [J].山东社会科学，2012（12）：30-34.

求、提供舆论指导、进行舆论监督这四个方面入手。①

总之，这些学者对于媒介公信力和影响力的探讨对于主流媒体的声誉管理具有很强的借鉴意义，公信力和影响力的改善对于声誉的改善具有重大意义甚至决定性意义，但声誉与公信力和影响力毕竟不是同一概念，而是存在一定的区别，声誉所包含的内涵更加广阔，声誉管理所涉及的因素也更加多元、更加综合。

（二）媒介公共关系

媒介公共关系，简称媒介公关，也是媒体公信力研究的一个视角。学者曾伟坚认为媒介公信力下降究其原因是"媒介经济利益和公众利益失衡所致""以媒介公关塑造媒介公信力"②。他赋予媒介公关很高的地位，认为媒介公关是媒介战略管理的核心。他的观点主要有以下四点：第一，媒介公关可以平衡商业利益和公共利益；第二，媒介公关既要对内又要对外；第三，媒介公关要在人心上下功夫；第四，媒介公关帮助媒介随时预防和应对危机。

有学者从媒介经营、提升媒介经济效益的角度，探讨了公关在媒介管理和媒介营销中的价值。杨浩认为，作为整合营销传播的一种手段，公共关系也是媒介建构组织形象、塑造品牌价值、提高媒介核心竞争力的重要途径。③还有学者通过案例研究探讨了公共媒介在危机管理和提升媒介软实力方面所应有的作为，黄志东认为，危机事件发生时，也是媒体塑造自身良好形象的重要契机，媒体要做到诚实守信、科学严谨和人性关怀。④蒋晓丽、李建华认为传媒应该着力打造包括公信力、吸引力和影响力在内的传媒软实力。⑤

也有学者具体分析了媒介公关中的某个方面。苏永华认为，受众公关是

---

① 周莹.大众媒介公信力的内涵及其建构［J］.广西大学学报（哲学社会科学版），2007，29（2）：91-94.

② 曾伟坚.以媒介公关塑造媒介公信力［J］.新闻传播，2011（10）：83.

③ 杨浩.媒介公共关系广告价值分析［J］.新闻世界，2009（7）：139-140.

④ 黄志东.试论公共危机中的媒体形象塑造［J］.采写编，2008（3）：16-17.

⑤ 蒋晓丽，李建华.文化软实力与传媒软实力［J］.湘潭大学学报（哲学社会科学版），2008（7）：101-105.

媒介公关中最重要的组成部分，要做好受众公关，就必须做好媒体与受众的接触点的管理，即做好媒体与新闻爆料人之间的公关接触，做好媒体与新闻当事人之间的公关接触，做好媒体产品与受众的接触、媒体接待受众反馈的公关接触，做好意见征集、受众恳谈会等始终伴随的日常性媒体公关活动。①

诚然，媒体在做好媒介公关的同时，不能忘记自己的本职工作是新闻报道。媒介公关对于我国主流媒体形成良好的声誉具有十分重要的意义，但也要搞清新闻报道和媒介公关之间的关系，要让媒介公关为新闻报道服务，而不能喧宾夺主。在我国主流媒体声誉管理的问题上，要借鉴媒介公关的经验，也要提升自身新闻报道的质量。

（三）媒介形象

在媒体传播力和影响力研究方面，一些学者采取了媒介（记者）形象的角度。栾轶玫系统阐述了媒介形象学的相关理论，她认为媒介塑造形象的前提是分析自身的社会资源，如政治资源、经济资源和公众资源等，而形象建构要注重"差异化"竞争，即媒介要使自己的形象区别于其他媒介。此外，她还认为公信力、亲和力、整合力与传播力共同构成了媒介形象，媒介形象在媒体竞争中具有重要作用。②

有学者从新闻产品、员工、社会形象、社会责任等方面提出了媒介形象建构的理念和策略。蔡雯、许向东认为，在受众接触媒介的过程中，媒体要做好产品的内容和形式，更好地吸引受众的注意力；在日常新闻报道和信息服务中，媒体要发挥资源优势，提倡思路创新，鼓励风格多样化，增强和保持受众在行为上和情感上的忠诚度；媒体要通过提高目标受众的层次，注重媒体覆盖区域在质和量上的扩展，进而提升媒介的社会影响力和市场影响力。③ 刘霞飞认为，人文关怀是新闻媒体提升形象的"助推器"。④ 也有学者

---

① 苏永华.基于接触点管理的媒介受众公关［J］.南京广播电视大学学报，2011（1）：88.
② 栾轶玫.媒介形象导论［M］.北京：中国人民大学出版社，2007：133.
③ 蔡雯，许向东.集中优势资源打造主流媒体影响力［J］.采写编，2005（1）：7-9.
④ 刘霞飞.人文关怀，新闻媒体提升形象的"助推器"［J］.新闻实践，2005（7）：47.

从规范记者行为、杜绝有偿新闻和不良广告等角度论述了媒介（记者）形象的构建。

总之，媒介形象建构的研究为我国主流媒体的声誉管理提供了借鉴，但媒介形象更侧重于外在的东西，而媒体声誉则是一个更加综合的评价，不仅涉及外在的形象，更关乎价值观等内在的品质。

（四）媒体声誉及其管理

国内外学者对声誉管理的研究已经很多，但这些研究主要集中在企业的声誉管理。

美国学者凯文·杰克逊（Kevin Jackson）认为公司声誉是建立在价值观基础上的混合概念，它包括业绩、守法、良心等各方面内容。他认为声誉是一种资本，是一种无形的财富。他还提出了旨在创造声誉资本、从内部打造公司声誉、由外而内打造公司声誉、建立跨国声誉和挽救声誉的一些具体策略。[①]

康紫波、董关鹏认为，公司声誉是一种无形资产，需要投资和管理；它同公司物质资产、金融资本和人力资本一起，共同在公司的绩效中发挥作用。公司声誉是利益相关者在一个较长时间内对公司绩效所形成的总体认知和评价；某一关键利益相关者的负面评价经媒体报道将影响其他利益相关者对公司的认知态度以及他们的行动。声誉管理是公司运用计划、组织、领导和控制及决策和创新的管理职能，对建立、维护和修复公司声誉的传播过程进行有效的管理。[②]

这些学者对企业声誉及声誉管理的探讨对于我国主流媒体的声誉管理具有借鉴意义，但媒体，尤其是主流媒体与企业组织之间还是存在较大差异。在"事业单位，企业管理"的媒介体制框架之下，我国主流媒体虽然采取企业化的管理方式，但归根结底仍然是事业单位，具有很强的意识形态属性，是党和政府的喉舌。而且，主流媒体本身具有传播者的角色，拥有更多的话语权，而企业则需要借助于媒体进行声誉管理。这些不同都使得主流媒体和

---

① 杰克逊.声誉管理［M］.北京：新华出版社，2006：121-197.
② 康紫波，董关鹏.声誉管理：构建可持续发展的资本［M］.北京：中国财政经济出版社，2007：7-8.

企业在声誉管理方面必然存在一定的差异性。

有少数国内学者从媒介声誉和媒介软实力的角度来探讨媒介声誉之于媒介组织的意义。以喻国明为代表的学者提出，良好的声誉是媒体所拥有的最重要的关键性资源，它能在媒体经营的各个方面提升媒体的竞争力。声誉管理是对媒体声誉的创建、维护和发扬，是通过多种手段和方法，建立、维系和提升与用户的信任关系的一种现代管理方法。他还提出了媒介声誉的内在构建维度和外在舆论尺度，内在构建维度包括胜任、公开、关切、可靠，外在舆论尺度包括媒介地位尺度、同类平均线尺度和社会动员尺度。[①] 也有学者从声誉的内涵、影响因素及时代特点论述了媒介声誉的维护。张伟从政治责任、队伍素质和管理机制三个方面论述地市级党报声誉的维护。[②]

学者们对于媒介声誉的研究仅仅勾勒出了这一问题的大致轮廓，即媒介声誉的重要性、媒介声誉涉及的维度，或者仅仅提出改善媒介声誉的部分做法，而没有系统探讨影响媒介声誉的因素并运用相关理论分析和解决问题，更没有细化到我国主流媒体的声誉管理问题。

上述学者的研究，涉及媒介传播力、公信力、影响力，媒介公共关系、媒介形象、媒体声誉及其管理，为本书研究奠定了重要基础，但也存在一些不足之处：其一，这些研究聚焦于媒体的传播活动和传播效果，从媒体组织层面和管理层面进行的研究不足；其二，这些研究聚焦于主流媒体传播力、公信力和影响力的硬件，对主流媒体"软实力"，即构建媒体自身声誉，产生和发挥影响力研究不多；其三，这些有关媒体"声誉"的研究，或将之作为"媒介形象"的同义语，或仅从一般媒介公关的角度切入，缺少媒介资本和媒介管理角度的研究；其四，这些研究大多从传统媒体自身出发，顾及新媒体环境的研究不多，而这些不足既为本书提供了重要的借鉴，也成了本书重点开掘和弥补的领域。

---

① 喻国明.媒介的声誉管理：构建维度与舆论尺度［J］.新闻战线，2009（4）：69-70.
② 张伟.多维度构建地市级党报声誉［J］.中国地市报人，2011（8）：68-69.

第一章 声誉及声誉管理

第一节 声誉的内涵

"声誉"一词在《现代汉语词典》中的解释是"声望名誉",在英语中对应的是 reputation,其词源来自拉丁语中"判断"或"思考"一词的过去分词。声誉在英语词典中的解释是:特定个体所具有的为公众所尊重的特色品质。

从以上解释可以看出,声誉最初关注的是个体的人而并非组织,但在今天,我们对于声誉的研究,则大多见于企业声誉以及对企业的评价当中。声誉的定义,也多与企业声誉相关。早在 200 多年前,经济学鼻祖亚当·斯密就意识到了声誉是一种保证契约顺利实施的机制。亚当·斯密强调:一个商人的交易量越大,为保护其珍贵的商业声誉,他采取诚实行为的激励就越大。[①] 在相当长的一段时期内,亚当·斯密的这一论断被人们广泛接受。直到20 世纪 70 年代末,博弈论在经济学中广泛应用,信息经济学勃然兴起,关于声誉理论的研究才逐渐丰富起来。经济学中对声誉研究的最重要贡献是从理论上首次证明了声誉能够增加承诺的力度,并且指出声誉可以为关心长期利益的参与人提供一种隐形激励,这种隐形激励保证了参与人短期承诺行动,声誉因此可以成为显性合约的替代品,这一结论与亚当·斯密的观点可谓一脉相承。

自 20 世纪 50 年代以来,管理研究学术文献中才开始出现了关注企业声誉的概念。一般情况下,人们所理解的企业声誉通常就是一个企业的名声、

[①] 米尔格罗姆,罗伯茨.经济学、组织与管理 [M].费方域,译.北京:经济科学出版社,2004:274.

名誉，但是通过对已有的文献进行分析，我们发现企业声誉的定义主要涉及企业声誉的评价主体、形成机制、影响因素等三个方面，而不仅仅是一个企业的名声、名誉这么简单。这一时期的企业声誉研究遍地开花，企业声誉的概念也变得丰富多彩，如"企业声誉代表了消费者在面对由企业身份特征所表征的公司本性和潜在现实时所表现出来的期望、态度和感情""声誉是一组含义，公司经由这些含义被认知，而人们通过这些含义对其进行描述、记忆和关联，它是个人对于公司的信念、思维、感情和印象进行交互作用后产生的净效果。公司不拥有声誉——公司声誉由人们所把握""声誉代表着由特定群体所把握的对于企业全面而生动的印象，它在一定程度上来自该群体成员进行信息加工过程（意义建构），也部分源自与企业本性——其自身的虚构和投射形象——相关的企业整合传播过程"，等等，不一而足。

目前，在众多的企业声誉研究里，由于美国管理学者丰布伦（Fombrun）对声誉的研究及其在声誉评价实践方面所做出的贡献和影响，他对于声誉以及声誉管理的定义被业界广泛认可。丰布伦提出，企业声誉是公司受众对公司持有的总体评价。企业声誉代表着客户、投资者、员工和公众对于公司名称（以及可能损害组织形象的矛盾）所产生的"净余"情感或情绪反应——或好或坏，或强或弱。[①]

针对不同学者关于声誉的诸多概念，孙莹博士按照 Barnett 的分类，以表格的形式将几乎所有学者对企业声誉的定义归入了感知型、评价型和资产型三类，并用表格的形式对这些学者关于企业声誉的代表性定义做了列表分析（见表1-1）。其中感知型定义主要是将企业声誉定义为各种与感知有关的集合；评价型定义主要是将企业声誉定义为观察者或利益相关者对企业的整体评价；资产型定义则将企业声誉看作企业所有资产中最有价值的一种经济资源或无形资产。

---

① 范瑞尔，福伯恩．企业传播原理：声誉管理的高效实施方式［M］．潘少华，译．北京：中国社会科学出版社，2015：28.

表 1-1 声誉管理定义一览表 ①

类型	学者	定义
感知型	列维特 Levitt 1965	消费者对企业知名度、好或坏、可信度、可靠性、美誉度和信任度等的感知
	丰布伦与林多瓦 Fombrun &Rindova 2000	感知的集合
	本内特和科塔茨 Benett & Kottasz 2000	随时间推移对组织的一系列感知
	Tucker & Melewar 2005	利益相关者基于对组织的过去、现在和未来活动以及活动的沟通方式的理解而持有的对组织的一种感知
评价型	Bernstein 1984	对公司所做事情的评估
	Fombrun & Vanriel 1997	对公司绩效的评价总和,是主观的评价
	Deephouse 2000	对公司的评价
	Larkin 2003	价值判断
	Barnett 2006	观察者基于对财政、社会和社会环境的评估而对企业的评价
资产型	Spence1974	竞争过程的结果
	Riahi-Belkaoui &Pavlik 1992	重要的资产
	Fombrun 2001	经济资产
	Goldberg 等 2003	无形的资源

国内的一些研究者在探索和总结企业声誉概念的过程中,一方面借鉴国外学者的定义,另一方面又根据中国的国情,结合自己的专业研究,从自身的角度分析了企业声誉的定义。

有学者认为,声誉是一个人、一个企业或某一团体在公众的头脑中所留下的一个总体印象。② 也有学者认为,企业声誉是企业在其与公众(主要有顾客、协作者、投资者、员工、政府、新闻界、社区等)的社会交往中自然形成的,是企业行为能力与公众认知两方面相互作用的结果。它是公众在对企

① 潘月杰,耿冬梅.企业声誉危机预警与管理[M].北京:经济管理出版社,2014:4.
② 白永秀.论市场秩序和企业声誉[J].福建论坛(人文社会科学版),2001(6):71-74.

业的各种因素认知基础上所得出的一种综合评价。^① 总之，尽管视角和关注点各有差异，但学者们一致认为，声誉是人们根据组织的行为对组织进行的整体性的评价。以此类推，企业声誉就是人们根据企业的行为对企业进行的整体性的评价。

由此亦可看出，作为独立的概念，声誉既不同于企业的身份识别、品牌和形象，也不同于企业的商誉和信誉。品牌是"用于辨识卖家商品或服务，并将其与竞争者产品区分开来的名称、标识或符号"；"形象是指含义的集合，客体通过形象来被人们所感知，人们则通过形象来描述、记忆和关联客体。也就是说，形象是个人针对某一客体的信念、思维、感情和形象进行交互作用后产生的净效果"。^② 企业的形象可以在短时间内获得，但企业的声誉塑造却是一个长期积累的过程，利益相关者对企业所持有的形象能被他们对企业的全面评价，即企业的声誉所影响，企业的声誉在很大程度上也会影响到它的形象，企业的形象实际上属于企业声誉的重要组成部分。企业的商誉是指超额收益的能力，是一种企业因处于领先位置而形成的无形价值，企业的信誉是企业行为能力的一种表现，是企业能否履行其对社会、对市场、对客户承诺的一种标识度，因而，企业商誉和企业信誉同样是企业声誉的一个重要组成部分，两者的关系是包含与被包含的关系。

综合各路学者的理论，我们不难看出，企业声誉实际上就是指与其他竞争对手相比较而言，基于对企业过去行为以及未来前景的感知度，而产生的对企业的所有利益相关者的吸引力。^③ 当然，企业声誉的价值也不仅仅停留在对所有利益相关者的吸引力上，而是会对企业的经营和发展产生巨大的影响，其实质乃是企业的一种不可低估的无形资产。

---

① 郑文哲，王水嫩.企业声誉的概念、特征及培育、维护［J］.金华职业技术学院学报，2004（4）：60-63.

② 范瑞尔，福伯恩.企业传播原理：声誉管理的高效实施方式［M］.潘少华，译.北京：中国社会科学出版社，2015：24.

③ 和芸琴.企业声誉内部管理：创建持续竞争优势的新视角［M］.北京：经济科学出版社，2012：7.

第二节　声誉的价值

美国的学者曾经通过一项实证研究表明，从总体上看，如果一家企业或公司的声誉度提高 5%，就相当于公司市场价值增加 0.5% 到 2.5%。分摊到具体细分指标上，要提高公司 5% 的声誉度，公司则需要对产品和服务的认可度提高 10%，或是在工作制度方面提高 26%，或是在社会责任方面提高 24%，或是在业绩方面提高 55%，等等。[①] 从中，可以看出声誉对于企业发展的重要意义。

美国学者 Sanjay Mudane 则认为，一个企业的声誉是指所有利益相关者，包括社会大众、客户、企业的员工、投资者对于这个企业的印象总和，企业声誉包括企业的特性、企业所拥有的核心价值以及企业的愿景。据此，他认为企业声誉是一种能为企业带来价值的资产。

关于声誉的重要性及价值，不同学者有着不同的见解和概括，但大体上可以包括声誉的财务、信息、壁垒、交易磁场和稳定效应等几个方面，而声誉这几个方面的效应也基本上囊括了声誉在企业行为不同环节所存在的巨大价值。关于声誉的价值，目前较为主流的观点主要包括：

"良好声誉可以帮助公司吸引到助其成功的分析师、投资者、客户、合作伙伴和员工。身份特征管理有助于保障良好的声誉。"

"声誉是一种思维的表示形式。它可以影响人们的态度，态度继而又将影响人们的行为，没有一家公司能够承受无视声誉所带来的损失。它所营造出来的印象——无论是有意还是无意，无论如其所愿还是事与愿违——都会不可避免地影响到公司以及与公司有商业性往来的人们。"

"研究发现，大约 90% 的消费者认为，当要在品质与价格相类似的物品间做出选择时，公司声誉会决定其购买意向"，"当面临特定的危机时，良好的声誉可以充当企业经济损失的缓冲器"，"良好的声誉就像一块磁铁，我们

---

① 信誉测评与跟踪系统［EB/OL］. http://finance.sina.com.cn/leadership/stragymanage/20061107/01033053984. shtml.

会不自觉地被拥有良好声誉的公司所吸引"。①

也有研究发现，根据估计，一个企业的声誉大概占这个企业市场价值的40%，它影响着市场上潜在投资者的资金去向。同时，企业的声誉还能使这一企业的工作更加具有吸引力。总而言之，有着良好声誉的企业能够获得超额的收益。② 这些观点从不同侧面证明，声誉是企业最重要的无形资产之一，良好的声誉属于企业的异质性独特资源，能提升企业的竞争优势。随着经济改革的进一步深入，完善的市场经济体制日益形成，产品的同质性越来越大，市场竞争也越来越激烈，产品本身之外的差异性变得越来越重要，此时，企业的声誉，即企业在公众心目中的形象和地位如何，就成为影响企业生存发展和竞争成败的关键性因素。因此，从一定程度上来讲，声誉无疑是当下企业核心竞争力的重要组成部分。

美国《华尔街日报》的主编艾尔索普更是直言不讳地宣称："声誉是企业最重要的资产"，"在这个充满怀疑、处处追查的新社会氛围下，拥有正面的企业声誉，比起以往更为重要"③。对企业品牌营销累积有着几十年持续关注的艾尔索普通过自己的研究发现，大部分企业都不懂如何充分利用声誉的价值，不懂得当企业处于顺境时如何通过企业的声誉来为企业锦上添花，更不懂得在企业陷入逆境的时候，如何让声誉成为企业的护身光环。

综合现有专家学者们的已有研究成果，可以发现，声誉作为一项重要的无形资产，为一家企业或组织带来的价值和竞争优势可以具体化为以下几个方面：④

一、良好声誉有助于企业对优秀人才的吸引和员工忠诚度的培养

国外对于企业声誉进行深入研究的研究者们一致认为，良好的企业声誉有助于企业吸引到更多优秀的人才和培养企业员工的忠诚度，从而在竞争中

---

① 范瑞尔，福伯恩.企业传播原理：声誉管理的高效实施方式［M］.潘少华，译.北京：中国社会科学出版社，2015：32.
② 徐金发，等.企业软实力与声誉管理［M］.北京：社会科学文献出版社，2010：47.
③ ALSOP R J. The 18 immutable laws of corporate reputation：creating，protecting and repairing your most valuable asset［M］. New York：Free Press，2004：16.
④ 徐金发，等.企业软实力与声誉管理［M］.北京：社会科学文献出版社，2010：55.

获胜。在激烈竞争的现代社会，一个企业能否招到和留住优秀的人才往往是企业走向成功的关键，也是企业面向未来发展的重中之重。具有良好声誉的企业所提供的职位会因为其声誉而吸引更多的求职者，特别是那些企业需要的具有良好素质的求职者，同样，良好的企业声誉往往可以让企业的既有员工具有一定的自豪感，进而产生对企业的热爱、忠诚度和工作积极性，从而大大提高企业的生产效率。反之，一个缺乏良好声誉的企业不仅在人才争夺战中常常处于劣势，无法吸引或从竞争对手那里挖到优秀的急需人才，增强和扩大企业在市场中的竞争力，而且留不住真正有价值的核心人才，往往也会因为这些核心人才的大面积出走而遭受巨大的伤害和损失。因此，良好的声誉实际上是企业的一种宝贵的成本优势。企业的良好声誉不仅会让员工更乐意为企业工作，哪怕是付出更多努力却只得到较低的报酬，也会让企业能够从顶尖的大学吸引优秀的毕业生来加盟企业，不断地提升企业在与同行竞争中的人才优势，而且可以在一定程度上避免因为员工的频繁跳槽而给企业和组织所带来的被动局面或业绩损失。

二、良好声誉有助于企业维护和改善与利益相关者之间的关系

在企业声誉的研究当中，许多研究者都认为，良好的企业声誉在维护和巩固企业与利益相关者间的关系方面能够产生较多的优势。如美国学者丰布伦等人就认定，良好的声誉不仅与企业及利益相关者之间关系的改善存在相互强化的关系，而且特别提到，良好的声誉通常能使企业在与利益相关者进行协商时具有一定的优势。丰布伦等人的研究表明，良好的声誉能够创造一定的市场进入壁垒，给那些试图进入本行业的企业制造了障碍，有效抵御进入者，从而能够巩固企业在同业竞争中的战略性地位。[①] 我国学者则提出，对于企业而言，良好的声誉不仅有助于维护和巩固企业与供应商之间交易关系的建立，而且可以在商务谈判中发挥杠杆作用，在这个意义上，声誉不仅是一种高品质的保证，而且能够为企业带来一定的成本优惠，可以使企业能够以较低的价格采购到质量可靠的原材料，从而大大提升企业的竞争优势，[②] 而

---

① 徐金发，等.企业软实力与声誉管理［M］.北京：社会科学文献出版社，2010：55.
② 张四龙，周祖成.论企业声誉管理的必要性［J］.技术经济，2002（2）：24-26.

这一切都源于一个有着良好声誉的企业更能赢得所有利益相关者的好感和信任，更容易与其他经济主体建立长期的合作关系，为企业带来长远利益。

三、良好声誉有助于企业提高经营业绩和经济效益

顿巴（Dunbar）和施瓦巴赫（Schwalbach）等对德国市场的研究以及科德罗（Coedeiro）对印第安市场的研究发现，在企业声誉上的投资对于企业的未来财务业绩有着积极的影响，企业的良好声誉与企业的财务之间存在着一定程度的正相关关系。罗伯特（Robert）等学者的研究则发现，企业利润总是伴随着声誉的改善而增加，良好的企业声誉有利于保持长期的超额利润，[①] 所以，那些有着难以被模仿和被复制的良好声誉的企业也更可能成功地维持出众的财务业绩。我国学者也认为，良好的企业声誉能提高经济效益，而糟糕的企业声誉会损害经济效益。[②]

四、良好声誉有助于企业吸引和留住目标消费者

当同样的产品和服务摆在消费者的面前，在消费者对这些产品和服务的信息了解不充分的时候，良好的声誉就成了消费者对企业产品和服务做出消费选择的重要依据。丰布伦等学者通过自己的研究发现，良好的企业声誉会增加顾客对产品和服务、广告内容以及购买决策的信心。[③] 当顾客在对企业的产品和服务，特别是对企业打出的广告进行审视的时候，对顾客决策具有重要影响的往往是顾客对企业的评价和判断，即当顾客认为一家企业的声誉较高时，其对企业的忠诚度也会变得越来越强，甚至愿意承受更高的价格，并出现更高的购买率，这通常也被称为消费者对于企业产品的品牌忠诚度。我国学者张四龙等人同样认为，良好的企业声誉可以让产品的需求增加，并带来溢价收入。[④]

---

① 徐金发，等.企业软实力与声誉管理［M］.北京：社会科学文献出版社，2010：56.
② 张四龙，周祖成.论企业声誉管理的必要性［J］.技术经济，2002（2）：24-26.
③ 徐金发，等.企业软实力与声誉管理［M］.北京：社会科学文献出版社，2010：56.
④ 张四龙，周祖成.论企业声誉管理的必要性［J］.技术经济，2002（2）：24-26.

五、良好声誉有助于企业吸引和留住投资者

良好的声誉除了对消费者或顾客有一定吸引力外，同样也能够吸引更多的投资者，并将其长期留住。美国学者丰布伦等人经过研究发现，在具有良好声誉的企业中，关于企业的产品和融资计划往往可以吸引更多的投资者，股东可能因为企业的良好声誉而放弃出售股票，大大减少企业在融资方面的风险，而一旦遭遇风险，特别是在企业遭遇危机的时候，企业声誉管理更是能够与危机管理一起帮助企业，对企业面临的问题进行干预和控制，从而使企业转危为安。

因此，无论从哪方面来讲，声誉对于企业而言都是一种稀缺的、有价值的、可持续的和竞争对手难以模仿的无形资产，是企业实现战略性竞争优势的有利工具，值得企业特别关注和长期积累。

第三节　声誉的形成

声誉的价值及其为企业所带来的溢价效应不可低估，良好的声誉对企业和组织的发展具有重要的意义和价值，但声誉，特别是良好的声誉并非企业和组织与生俱来的东西，其形成往往需要一个长期而复杂的过程，这个过程不仅涉及企业或公司的各种经营行为，也涉及各种信息在相关利益者信息集合中的加工管理，即良好声誉的获得既有公司主体努力营造（主要是通过良好的产品与服务）的客观成分，也与公司和企业的传播及所有利益相关者的主观评价密切相关。

国内学者缪荣借用社会网络理论和信息空间理论的相关思想逻辑经过推导提出，公司（企业）声誉既是在群体的互动关系中产生的，也是在社会公众的思维空间中形成的，是一个复杂的认知过程，他同时引用卡尔·波普尔的观点，认为既然声誉本身属于认知过程，就离不开信息的作用，公司或企业声誉的形成过程实质上就是社会公众在信息空间中通过编码和抽象等信息

处理手段处理和加工数据的过程。^① 缪荣同时从信息形成的角度提出了公司（企业）声誉形成的动态过程，其中涉及了象征化、信息扩散、社会认知、概念形成等多个步骤（见图 1-1）。

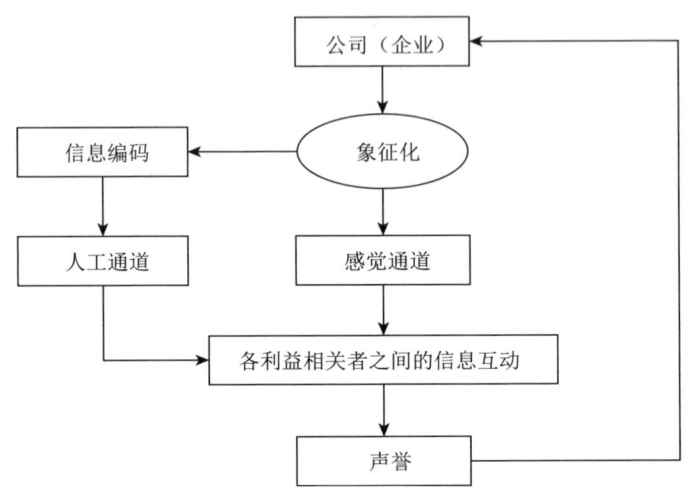

图 1-1　公司（企业）声誉生成模型^②

　　按照缪荣的解释，所谓象征化过程，即公司（企业）在将关于自己的信息对外传播之前，首先应该有个对公司（企业）信息进行编码的信息处理过程。这个过程在信息传播空间中实现的是对信息的审视和编码，目的是使公司（企业）的有关信息在信息空间中实现向上的流动，从而提高其在信息空间的势能。换句话说，如果一个公司不能通过有效编码，不能通过外显方式充分而清楚地表达出公司（企业）的内在特征、意识和价值体系，则可能会导致社会公众对公司（企业）产生认知混淆，公司（企业）的声誉将难以确立，或者不能达到预期的效果。这跟英国文化研究学者斯图亚特·霍尔在《电视话语的编码与解码》一书中的观点别无二致。

　　缪荣同时提出，所谓信息扩散，即公司（企业）在通过象征化、抽象化过程将关于自己的信息进行编码之后，通过外显的方式和层次、通过各种途径向外扩散的过程，这个过程的目的是使公司（企业）的相关信息能够尽可

① 缪荣.公司声誉［M］.2 版.北京：经济管理出版社，2013：104.
② 缪荣.公司声誉［M］.2 版.北京：经济管理出版社，2013：122.

能多地抵达更多的目标受众，在信息扩散的过程中，公司（企业）的相关信息抵达的目标受众越多，公司（企业）声誉的广度则越大。通常，信息扩散一般是通过人际传播和媒介传播的渠道来实现，其中，人际传播的优势是可以实现信息的及时反馈，而媒介传播则可以迅速抵达更大的范围和更多的人群。

企业的社会认知，即社会公众在接收与公司（企业）相关的信息的基础上对公司（企业）整体所形成的某种判断和评价。根据一般常识，人们对公司（企业）的认识需要一个由表及里、由简单到复杂、由个体到群体的循序渐进、逐渐积累的过程，由感官的认识开始逐步深化到大脑的思维分析和判断。因此，从关于公司（企业）的信息到达目标公众的那一刻起，社会认知过程就开始了，在这个过程中经过编码的信息在社会网络中继续扩散并且不断被公众吸收和内化。社会认知的过程一般又可以分为各个利益相关者对公司（企业）的认知（包括各个利益相关者对公司的知觉、印象、判断），各类利益相关者对公司（企业）的认知以及所有利益相关者对公司整体的认知。当公司（企业）的相关信息在整个社会网络中变为公共信息，所有的利益相关者对公司（企业）的看法、评价比较一致和稳定时，所有利益相关者关于公司（企业）的整体认知就完成了。

公司（企业）声誉的概念表现为一个能够完整地代表公司（企业）的明确信号，其一旦形成就会大大减少整个社会认知系统对公司（企业）认知所需要的信息量，能够起到节约信息的作用。由于公司（企业）声誉的概念是在群体的相互作用中形成的，远比个体形成概念复杂，这个过程需要管理层的主观推动，而且需要一定的连续性，如果公司（企业）在经营中不能一以贯之，就可能干扰和中断公司（企业）声誉的形成，这也是许多企业不能建立良好声誉的原因。此外，在公司（企业）声誉形成的各个环节还必须建立相应的信息反馈机制，以使公司（企业）在整体过程中实现一定程度上的调控作用，反馈渠道越多，信息反馈越通畅，越有利于公司（企业）声誉的形成。

总之，公司（企业）声誉的形成过程就是相关信息在公司（企业）与利益相关者社会网络中流动并被不断加工或不断传播的过程，当这种信息加工和信息传播的结果呈现正向的或公司（企业）期待的结果，公司（企业）的声誉就会向着良性的方向发展，否则就会向着负面的方面发展。当然，影响人们心目中公司（企业）声誉的信息也分为不同的层次，既有来自人们生活经验的初级信息，也有基于朋友和同事等人际网络对于组织或产品描述的次级信息，还有来自大众传播（包括各类广告）的第三层信息，而这三层信息的分布恰恰对应的就是信息加工和传播的三种渠道或传播路径。

第四节 声誉管理

尽管声誉已经成为一个企业或组织生存发展和经营成败的关键因素，是企业或组织最为重要的无形资产和核心竞争力之一，但正如迈拉斯和萨缪尔森所指出的那样，企业声誉不是企业生来就有的，企业声誉同样需要投资和维持才能获得，如果没有被正确地管理，企业声誉的价值也会逐渐丧失。[①]

管理，顾名思义，即在一定的环境或条件下，管理主体为了达到一定的目的，运用一定的管理职能和手段，对管理客体施加影响和进行控制的过程。根据管理的定义来推理，声誉管理就是指企业为提升整体竞争力，在声誉的获取、维护、应用以及创新等方面进行的一系列的活动过程。声誉管理要求企业在准确决策的基础上，以一整套合乎规范的行为来驾驭自身声誉，通过声誉投资等手段，保持和增强利益相关者对企业的信任和尊重。

关于声誉管理，美国学者戴维斯·扬在《创建和维护企业的良好声誉》一书中，提出了"基于企业继质量竞争和服务竞争之后，已进入了新的声誉竞争阶段"的观点，并系统地阐述了声誉管理的基本问题。

因此可见，声誉管理已成为现代企业赢得竞争优势的一种有力武器，是促进企业健康发展的重要保障。企业的声誉管理状况直接影响着企业的当下和长远发展，任何一个团体组织要想取得恒久的成功，良好的声誉都是至关重要的因素，而声誉管理则是良好声誉获得的前提和重要保证。

戴维斯·扬同时提出，"对企业的美名和声誉若能善加管理，其价值会与

---

① 晏国祥.企业声誉测评指标体系［M］.北京：经济科学出版社，2009：107.

日俱增"，准确决策是声誉管理的核心，声誉管理的直接目标是在公众和企业之间建立起一种相互理解、相互信任的关系，提高企业的声誉，从而提升企业的声誉竞争力，最终实现企业整体竞争力的提升。

由此亦能看到，声誉需要管理，声誉管理可以维持和提升企业的声誉并为企业带来巨大的价值已是不争的事实。

针对声誉管理，不同学者亦从不同侧面提出了企业声誉管理的不同模式。学者徐金发根据企业声誉管理的理论和实践，将声誉管理的模式概括为四类。[①]

一、戴维斯·扬的 12 步声誉管理模式

美国声誉管理专家戴维斯·扬在《创建和维护企业的良好声誉》一书中提出他根据实践总结出的声誉管理的基本模式。扬认为声誉管理的模式大体上可以分为决策、执行和监控三个大的过程和阶段，其中决策过程包括对企业声誉分析和研究制定声誉管理的基本决策，执行过程则主要是指对声誉的具体投资及管理，监控过程则是对企业的声誉管理状况进行实时监控、对企业声誉的变动情况及时掌握并为决策和执行过程提供依据的过程。此三个过程相辅相成，共同构成了企业声誉管理的完整体系。针对扬所提出的声誉管理的三个过程，学者盖恩斯 - 罗斯又进一步将其细化成了维护和恢复声誉的12 个步骤（见表 1-2）。

表 1-2　维护和恢复声誉的 12 步骤[②]

第一阶段	拯救
第一步	承担责任——领导先行
第二步	不厌其烦地沟通
第三步	重新设置公司时钟
第四步	不要低估批评家和竞争对手

① 徐金发，等 . 企业软实力与声誉管理［M］. 北京：社会科学文献出版社，2010：69.
② 盖恩斯 - 罗斯 . 公司声誉危机维护与修复的 12 步骤［M］. 许俊农，天美，译 . 上海：上海交通大学出版社，2009：25.

续表

第二阶段	审视过去
第五步	对错分析
第六步	措施、措施还是措施
第三阶段	**重建**
第七步	纠正企业文化
第八步	抓住转变机遇
第九步	开创新型媒体
第四阶段	**恢复**
第十步	将好消息视为前进的动力
第十一步	投身马拉松而非短跑
第十二步	声誉风险最小化

二、基于公司（企业）社会主体的声誉管理模式

从经济学理性人的角度来讲，公司（企业）在社会生活中往往属于独立的法人实体，亦算是一个富有理性的"经济"人，因此公司（企业）也像其他社会主体一样具有一定的权利和义务，公司（企业）履行这种权利和义务的行为在经济学上通常也被称为公司（企业）的公民行为。著名管理学家德拉克认为，公司（企业）的公民行为意味着公司的承诺、责任，和在一个社区、社会、国家乃至全球范围内创造差异的能力，正是这种差异导致了声誉的形成。公司（企业）的公民行为作用于媒体、顾客、投资者、雇员等重点利益相关者，并且公司（企业）的公民行为只有在每一类的利益相关者那里获得支持，公司（企业）的声誉才能得以建立。据此，有学者提出，公司声誉管理是一个系统工程，它遵循"木桶原理"，如果公司不能获得所有利益相关者的支持，公司的声誉就会存在着潜在的威胁，甚至面临崩溃的可能。由于公司（企业）的公民行为是公司（企业）所有利益相关者对企业产生良好声誉的基础和切口，企业声誉的管理就要从关注和管理公司（企业）的公民行为入手，并把这种方式作为企业声誉管理的重要模式。

三、基于可持续发展的企业声誉管理的动态模式

声誉之巅，没有休息。企业声誉管理不是一蹴而就的，也并非可以一劳永逸，而是一个不断发展和持续变化的动态过程。有学者为此提出了企业声誉管理的动态模型，并通过模型（见图1-2）的方式说明声誉会随着企业的实际行为和象征性活动而不断发生变化，各利益相关者之间的动态关系及交互作用也会实时地影响企业的声誉。企业声誉动态模式不仅为企业声誉管理提供了有益的思路，亦再次证明，企业声誉是经由社会形成和发展的，具有社会性，同样是由社会决定的。

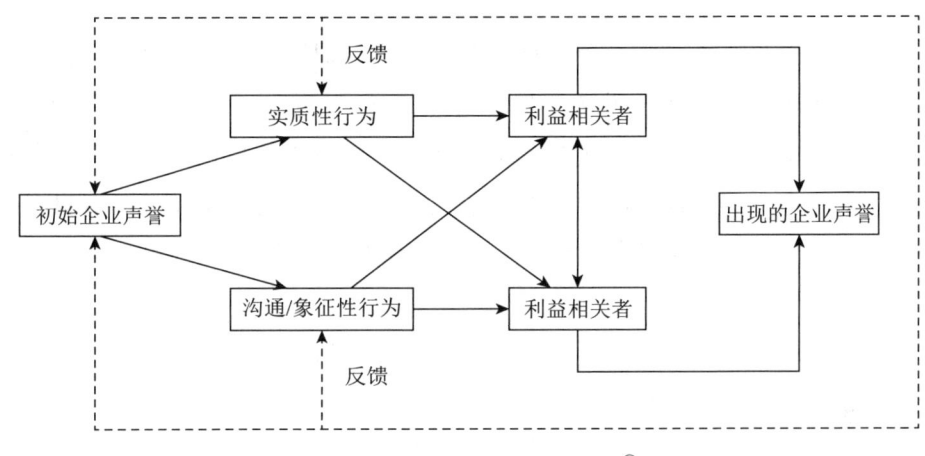

图1-2　企业声誉的动态模型[①]

四、基于形象管理的企业声誉管理模式

1998年，美国声誉管理专家丰布伦等人通过自己的研究提出了一种操作性较强的企业声誉管理模式，因为这一模式是基于对企业形象的考察，因此也被称作企业声誉与形象管理模式（见图1-3）。

---

① 徐金发，等.企业软实力与声誉管理［M］.北京：社会科学文献出版社，2010：72.

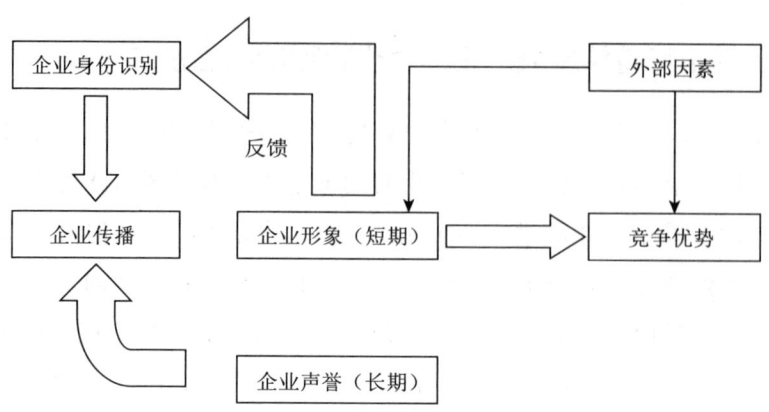

图 1-3　企业声誉与形象管理模型 [1]

　　在丰布伦这个模式中，企业首先要通过身份识别来确定自己的身份及角色，然后通过企业传播来树立企业的形象和声誉，在这个过程中，无论是企业的身份识别还是企业所有传播和沟通活动，无不受到短期内的企业形象和长期的企业声誉的反馈影响。在这个模式当中，企业的形象及企业对自身形象的管理成了企业声誉管理的重要抓手和关键因素。

---

[1] 徐金发，等.企业软实力与声誉管理［M］.北京：社会科学文献出版社，2010：73.

第二章　媒体声誉管理

第一节　媒体声誉的内涵

如前所述，关于声誉及声誉管理的研究大多散见在经济学和管理学的相关研究当中，新闻传播学界从声誉管理角度就媒体声誉管理所做的研究并不多见。在新闻传播领域为数不多的媒体声誉的研究中，喻国明教授从构建维度和舆论尺度方面对媒体声誉进行了一定的探索，并对媒体声誉概念进行了一定程度的界定。喻国明教授认为，媒体声誉是一家媒体获得社会公众信任和赞美的程度，通常由知名度、美誉度和信任度构成。声誉的核心是信任。良好的声誉是媒体所拥有的最重要的关键性资源，它本身并不直接产生社会价值和市场价值，但它却具有极强的价值再生能力，能在媒体经营的各个方面提升媒体的竞争力。应当说，声誉的好坏，直接影响着媒体的当前及长远发展，并对其生存状态具有重要的影响。[1]

喻国明教授对于媒体声誉的定义准确地把握了媒体声誉的价值和意义以及媒体声誉构成的独特路径，但他对于媒体声誉的定义并没有指出媒体声誉的社会认知属性及声誉的认知主体，而媒体声誉的认知主体实际上是媒体的各利益相关者。本书所说的媒体声誉，就是人们根据媒体的行为和表现对媒体进行的整体性评价。这种评价是一种综合性的评价，既是一种富有情感色彩的感性认知，也是一种富有理性的判断认知；既关乎媒体的产品，又关乎媒体从业人员的品行；既涉及媒体的核心价值观，又涉及媒体的外在形象。

---

[1] 喻国明. 媒介的声誉管理：构建维度与舆论尺度 [J]. 新闻战线，2009（4）：69-70.

作为一种公开面向社会、服务社会的公共文化事业和社会思想舆论机构，新闻媒体以传播信息和报道新闻为其主要活动内容，目的在于满足人们获取信息与新闻的社会需求。同时，作为一种信息传播机构，新闻媒体也要进行信息产品的生产和经营，是一种具有多种生产要素的经营实体，属于文化产业的一部分，具有明显的产业特征和经济属性，需要遵循一定的企业化管理和市场化运作规律。更重要的是，主流媒体作为一种以影响力诉求为终极目标的传播组织，要在激烈的竞争中保持有利地位，获得更好的效益，充分发挥舆论引领作用，就必须重视自身的声誉管理。作为媒体不可估量的无形资产和软实力，声誉既是媒体建立影响力和权威性的基础，也是媒体产生社会效益和经济效益的核心竞争力。

第二节   媒体声誉的特征

关于企业声誉的属性和特征，中外研究者均从不同侧面做了许多扎实的研究，如丰布伦等人在 1997 年便从相关的文献中总结、整理了企业声誉的六个属性，分别是：[①]

声誉明确了企业在组织领域中的突出地位；

声誉是企业内部识别的外在反映；

声誉源自企业发展历史并对企业的自身能力和竞争有所反映；

声誉是不同的人以不同标准对企业能力和潜力进行评价的综合；

声誉可以帮助观察者应对市场的复杂性；

声誉体现了评价企业效率的经济效益和社会责任两个维度，等等。

哥茨（Gotsi）等人也在 2001 年通过研究发现企业声誉具有的显著特征，并将这些显著特征概括为：

第一，它是动态的，声誉并非一成不变，而是会随着企业的发展和日常活动不断出现变化；

---

① 徐金发，等.企业软实力与声誉管理［M］.北京：社会科学文献出版社，2010：53.

第二，声誉需要花较长的时间来建立和管理，声誉不是天然之物，也不会自天而降，需要企业管理者有目的、有计划地主观为之；

第三，声誉不同于企业形象，但又与企业形象相互影响，好的企业形象可以提升企业的声誉，良好的企业声誉也是企业良好形象的源泉和保障；

第四，同一公司在不同的利益相关者中有不同的声誉，即声誉在企业不同的利益相关者中会有所不同，声誉是企业所有利益相关者根据自身经济、社会背景和个人差异对企业声誉判断的综合结果。[①]

国内学者韩兴武则从三个方面对企业声誉的特征进行了概括，即形成因素的综合性，效果积累的长期性以及存续发展的不稳定性。韩兴武进一步提出，企业声誉是由企业各种因素综合协同作用所产生的溢出效应，而非某项个别因素单独作用的结果；同时，企业的声誉获得也需要企业日积月累的努力才能实现，这需要一个长期的时间累积，而非靠一时的商业炒作就可以获得；此外，企业声誉的获得不是一劳永逸的，而需要持之以恒地、小心谨慎地呵护。学者张四龙等人则提出企业声誉除了具有累积性和易碎性的特点之外，还具有一定的滞后性，即企业良好声誉的获得总是在企业一系列行为和努力之后产生，而不是一蹴而就的。[②]

当然，尽管媒体声誉与企业声誉之间存在诸多相似，但媒体机构是一种极为特殊的"企业"，我国主流媒体更是因为具有双重属性而带有属于自身的个性特征。因此，与一般的企业声誉相比，作为"特殊企业"的媒体在其声誉的内涵和外在表征方面也不乏独特之处。

一、媒体声誉是媒体影响力和公信力的外在表现

对于一个媒体组织而言，它在受众和社会当中建立声誉的基础除了其经济实力和经济价值创造能力，除了能为受众提供的物美价廉的信息、文化、娱乐等内容产品和服务之外，更重要的则是媒体组织的传播力和公信力。因此，媒体组织的传播力和公信力既是媒体声誉建构的基础和重点，也是媒体取得良好声誉的前提和保证。毕竟，维系社会系统正常发展、营造公共空间、

---

① 徐金发，等.企业软实力与声誉管理［M］.北京：社会科学文献出版社，2010：53.
② 韩兴武.企业声誉的提升与维护［M］.经济论坛，2004（11）：7.

监督社会环境乃是媒体组织的职能所在，是其安身立命之本，也是社会及受众对媒体组织的期望所在。一个在传播力和公信力方面存在严重缺陷的媒体组织，其媒体声誉不仅失去了存在的依托，更无从谈起媒体声誉的建立和维护。

二、媒体声誉形成的因素更为复杂

企业声誉的形成因素是综合的，是企业各种特征发挥协同作用所产生的溢出效应，而非某项个别特征单独起作用，企业声誉也不仅取决于企业自身，而是由企业所有利益相关者的评价和判断综合而成。尽管对于媒体组织而言，传播力和公信力是其形成良好声誉的关键所在，但由于媒体组织独特的社会地位和组织属性，其与利益相关者间的关系远比一般性企业组织更加复杂和微妙。就一般性企业组织而言，无论是其股东还是其顾客，抑或是其管理者与企业之间的关系，尽管不排除企业作为社会公民的责任，但更多的是建立在与企业间实在的经济利益基础之上，因此各利益相关者之间会存在一定程度的一致性。而对媒体组织而言，其与各利益相关者间的关系则要复杂得多，如一般受众对媒体声誉的建构往往是建立在媒体所提供的产品或服务乃至媒体责任方面，对媒体的经营行为，特别是影响到媒体内容质与量的经营行为存在一定的反感，而广告客户对媒体声誉的建构依据的则往往是媒体的经济效益以及媒体对消费者的吸引力和引导力，对于媒体的外部管理者来说，其对媒体声誉的建构往往强调的又是媒体的社会责任以及媒体在多大程度上能够体现出管理者的意志，而这无疑都大大增加了媒体声誉形成因素的复杂性。

三、媒体声誉同样具有易碎性和持久性的特征

与其他企业或组织声誉形成的机制一样，媒体组织的声誉形成也绝非一朝一夕所能完成，它反映了媒体组织在历史发展过程中所不断累积起来的竞争优势。媒体组织的声誉建构同样不是一劳永逸的，由于媒体声誉的动态变化，特别是媒体声誉的易碎性，媒体一次偶然且始料未及的负面举动可能使媒体数年积累的良好声誉毁于一旦。即使是一些由于历史积淀在社会和受众心目中树立起良好声誉的媒体，也绝不能躺在声誉的功劳簿中安枕无忧，而

是需要时刻保持警惕，并对自己的声誉进行持续不断的建立和维护。一些在历史上曾经起过重要作用，享有巨大声誉的媒体，特别是传统媒体，如果不能与时俱进，从各个方面对媒体的声誉进行管理，同样会在受众心目中一落千丈，会被受众和社会淡忘与抛弃，甚至还会被受众指摘和诟病。

四、媒体声誉评价维度的特殊性

如前所述，企业组织的声誉在评价上往往存在两种不同的维度，一是基于企业的经济效益，二是基于企业的社会责任履行情况。作为具有企业组织属性的媒体组织，其声誉的评价同样存在这样两种不同的维度，但在这两个维度的理解、顺序与比重上则又完全不能等同于一般性企业组织，而是具有一定的特殊性。由于经济基础决定上层建筑，经济效益无疑是媒体发展的目标和任务，特别是将媒体的生存发展全部系于其广告及经营之上的媒体，但作为具有文化属性和精神产品属性的媒体组织在制定自己的发展目标时，必须将其社会效益置于经济效益之前，即在更大程度上将媒体的社会责任履行情况作为建构声誉的首要路径。当然，如果一家媒体组织在其经济效益上乏善可陈，则不仅从物质基础上削弱了媒体组织履行社会责任的品质，还会影响到媒体产品的内容质量，甚至影响到媒体组织内员工的工作热情和工作效率，这对媒体声誉的建构同样是极其不利的。

鉴于媒体声誉的这些独特性，尽管已经拥有较长历史、相对成熟的企业声誉研究可以作为媒体声誉研究的重要参考，能为媒体声誉的研究，特别是媒体声誉评价提供一定的借鉴，但媒体声誉的研究，特别是媒体声誉的评价，在向企业声誉评价汲取先进经验的同时，亦需要结合媒体自身的属性和情境，结合我国主流媒体的现实情况进行本土化的修正与完善，而这正是本书研究的出发点和立足点所在。

第三节　媒体声誉的价值

作为企业或组织的一种特殊的无形资产，声誉同样在媒体日常的传播实践活动中发挥着重要而积极的作用，这种作用一方面体现在声誉对于媒体的机会平台方面，即具有良好声誉的媒体不仅能够帮助媒体吸引更多的受众、优秀员工和优质的广告客户，而且有利于获得所有利益相关者的支持，从而保持媒体的良好运行状态。另一方面则体现在声誉对于媒体的安全网作用方面，这种作用最突出的表现往往出现在媒体的危机管理当中，一旦遭遇危机和风险，具有良好声誉的媒体不仅能够帮助媒体在系统风险中立于不败之地，也能够提高媒体对抗非系统风险的能力。此外，良好的媒体声誉同样具有财务价值转化的意义，这意味着媒体可以通过建立良好的声誉来提高自身产品和服务的竞争力，提高媒体的财务业绩。[①] 当然，要对媒体声誉价值进行更为系统的分析，还需要借助经济学和管理学方面的资源基础理论和社会资本理论。

一、资源基础理论

企业资源基础论是企业战略管理方面的主要理论，这个理论的重点在于解释企业竞争优势的最终来源，以及相同产业内不同企业间绩效存在一定差异的原因。企业资源基础理论将企业内部的资源作为基本的分析单位，认为企业的本质是异质性资源集合体，着眼于分析企业拥有的各项异质性资源，通过对企业独特的资源和能力的分析和运用，获得企业绩效，构建和提升企业的持续性竞争优势。[②]

可见，异质性资源是企业生存和发展的重要基础。众多学者对企业的异质性资源进行了研究。有学者认为，异质性资源必须具有价值性（Valuability）、稀缺性（Rarety）、不可完全模仿性（Imperfect imitability）和组织性（Organization），这就是企业资源基础观的 VRIO 框架。

异质性资源首先必须是有价值的资源，这种价值体现在它可以帮助企业增强把握机会的能力，减少或消除环境中存在的风险，使企业可以趋利避害，从而拥有良好的、稳定的发展状态。其次，异质性资源还要具有稀缺性，如果某家企业拥有一种资源，而这种资源也为同类企业所具备，这种资源就算

---

① 缪荣. 公司声誉［M］. 2 版. 北京：经济管理出版社，2013：55.
② 和芸琴. 企业声誉内部管理：创建持续竞争优势的新视角［M］. 北京：经济科学出版社，2012：24.

不上异质性资源。再次，异质性资源要具有不可完全模仿性，即同类企业不能很好地仿造出这种资源，因而不能具有相关的优势。最后，也是很重要的一点，即异质性资源要具有组织性，即企业管理者要把企业的资源很好地组织起来，从而发挥这些资源的最大效用，同样的资源，排列组合方式不同，其发挥的效用自然也大相径庭。

根据上述理论，声誉作为企业的一种十分重要的无形资产，具有价值性、稀缺性、难以模仿性和难以替代性的特点。声誉无法从市场交易中获得，也不能直接转化为货币，更不能直接用货币来度量，但声誉可以帮助企业提高盈利能力，甚至扭亏为盈。但可惜的是，因为声誉这种资产是十分隐蔽的，很多人不重视它，也不懂得开发利用它。

在现实生活中，良好声誉的形成要经过一个漫长的过程。为形成良好的声誉，企业全体成员需要坚持不懈地努力，然而，这种努力却是值得的，因为声誉可以在企业运作的各个环节发挥巨大的作用。例如，好的声誉可以吸引优质的原料供应商，可以吸引众多慕名购买产品的消费者，可以更容易地获得金融机构提供的贷款，等等。因此，企业必须重视自己的声誉，并为此进行必要的管理。

对于媒体来说，声誉也是一种值得重视的无形资产，媒体所拥有的声誉资产也是有价值的、稀缺的、难以模仿的和难以替代的。这种无形资产可以帮助媒体更好地获取新闻事实，更好地赢得受众和广告商的青睐和信赖，更好地实现盈利，等等。然而在现实中，许多主流媒体总是因为各种原因而不能很好地重视自身声誉，从而难以维护和改善自身的声誉。因此，主流媒体要充分认识声誉这一重要稀缺资源的价值，发掘利用好自身的声誉资源。

二、社会资本理论

社会资本最早是由社会学家提出来的，经过多年的发展，社会资本已经成为社会学中一个十分重要的概念，经常用于解释社会现象以及解决社会问题。

社会资本最早由里达·哈尼凡（Lyda Hanifan）提出，他认为社会资本是组成社会单元的群体和家庭中的善意、同胞感、同情心和社会交往关系，这些是人们日常生活中最重要的东西，个人或家庭通过利用这些东西可以在一定程度上满足其需求和利益。[①]他强调社会资本是个人与家庭之间形成的关系，人们可以利用这种关系获取资源，进而满足自身的需求。洛利（Loury）给出的社会资本定义是"促进或帮助获得市场中有价值的技能或特点的人之间自然产生的社会关系"[②]。

除以上两位学者外，还有很多学者对社会资本进行了定义，绝大多数学者都认为社会资本是一种社会关系，关系网络中的社会成员是其中的受益者。在此基础上，每种定义又有着自己的特点，目前关于社会资本的定义可以归类为以下四种。

第一，社会网络说。有学者认为，社会资本从本质上来看是一种社会网络关系，这种网络关系大多存在于个体之间，以对关系网中资源的占有和利用为基本表现形式。

第二，社会信任说。有学者认为信任是社会资本中的关键要素，它根植于人们形成的社会网络中，并成为实现网络目标的重要纽带。

第三，权威关系说。有学者强调人与人之间对资源控制的权威关系是社会资本的表现形式，这种权威关系建立在长期信任和资源交换的基础上，是人们对资源的支配。

第四，社会参与说。有学者认为社会资本的内涵重点应强调社会参与性。社会资本主要是通过不同个体和团体的参与，作用于政治和经济生活的。

通过以上四种学说，我们可以形成这样的认识：社会资本的载体是社会资源，其运作基础是某种关系网络，网络结构中的个体根据各自拥有资源的情况决定自身的场域和位置。在整个运作过程中，信任具有举足轻重的作用。

媒体处于社会网络之中，与许许多多的组织或个人有着各式各样的关系，媒体可以通过这些关系从其他组织或个人那里取得自身发展所需要的资源，从而不断发展壮大。我国主流媒体相较于一般媒体往往具有更强的权威性和

---

① HANIFAN L J. The community center [M]. Boston: Silver, Burdette and Company Publishers, 1916.

② LUORY G C. A dynamic theory of racial income differences [M] //WALLACE P, LAMOND A M. Women, minorities, and employment discrimination. Lexington, MA: Health, 1977.

公信力，更能够得到社会各界的信任，因此我国主流媒体应该具有更强的获取社会资本的能力。然而，对于主流媒体来说，社会资本并不是与生俱来的，社会资本的保持和增加也不是一劳永逸的，主流媒体也需要在不断开发与维护和其他组织或个人的关系中形成并增加自己的社会资本。社会资本可以看成是一种信任关系，主流媒体要不断增加自身的社会资本，就要不断取得各方面的信任，而良好的声誉可以促进社会各方面对主流媒体的信任。因此，良好的声誉对于主流媒体获取社会资本具有重要意义。然而有些媒体由于不具有较好的声誉而难以保持和增加自身的社会资本，从而陷入发展困境。因此，主流媒体要注重维护和改善自身声誉，从而增强获取社会资本的能力。

第四节　媒体声誉管理

一、坚持党和政府的领导，正确处理与利益相关者的关系

企业不是独立存在于社会中的，任何企业都是社会的一员，在它所存在的环境中还有其他的成员，有其他企业，有单个个人、组织团体，还有政府机关，等等。企业和其他成员中的部分相互作用、相互影响，企业和这些成员之间也可能存在着各种利害关系。因为这些成员与企业之间存在一定的利害关系，这些群体或个人通常被称为企业的"利益相关者"。所以，"利益相关者"是指对企业本身或企业的行为存在利害、权利以及所有权等关系的单一个人或群体。根据弗里曼的利益相关者理论，组织中的利益相关者是指任何能够影响公司目标的实现，或者受公司目标实现影响的团体或个人。[①]

根据这一理论，一个组织要长期实现利益最大化就不能忽视利益相关者，一个组织要想获得好的发展，就必须妥善解决与利益相关者之间的关系，必须善待所有的利益相关者，让他们能够从中得益，自身也就可以获得好的声誉。我国主流媒体也是如此，要想维护并改善自身的声誉，就必须处理好与

---

① 弗里曼.战略管理：利益相关者方法［M］.王彦华，梁豪，译.上海：上海译文出版社，2006：55.

所有利益相关者之间的关系，让他们从主流媒体的发展中获得利益，从而使他们能够主动地为主流媒体的发展尽一份力。

丰布伦和尚利认为，许多个人和团体对企业做出了贡献，获取并保持他们的支持对企业的生存与发展是必要的。当然，利益相关者如此众多，企业不可能同时满足所有的利益相关者，而且利益相关者之间的利益也可能存在着某种程度的互相冲突或互相抵触，因此只有少数的一部分企业能够拥有足够的资源，可以同时满足所有利益相关者的不同需求。管理者必须在不同的利益集团之间分配资源，并且在潜在的利益冲突下保持平衡。[①] 尽管如此，声誉的建立过程也必须遵循"木桶原理"，需要其中每一类利益相关者的支持。任何一类利益相关者不支持公司，都会使公司的声誉处于危险的境地。[②]

大体上，我国主流媒体的利益相关者可以分为内部利益相关者和外部利益相关者（见图 2-1）。内部利益相关者包括媒体内部的管理者和员工，外部利益相关者包括媒体组织之外的党和政府、受众、广告客户、报道对象和其他媒体，等等。一方面，主流媒体需要逐一处理好自身与这些利益相关者之间的关系，既给予利益相关者一定的利益，又从利益相关者那里得到一定的收益，并与他们保持长期的良好关系。另一方面，主流媒体又要善于调解不同利益相关者之间的矛盾，让他们各自都得到一定的收益而又不至于侵犯其他方面的利益。

主流媒体除了要处理好自身和不同利益相关者之间的关系外，还要处理好不同利益相关者相互之间的关系，尤其是还要调节不同利益相关者相互之间的矛盾。唯有如此，主流媒体才能在各利益相关者那里都获得良好的声誉，避免出现顾此失彼的情况。

---

① FOMBRUN, SHANLEY. What's in a name? Reputation building and corporate strategy [J]. Academy of management journal, 1990（33）: 233-257.

② POST J E. Managing the extended enterprise: the new stakeholder view [M]. Stanford, Calif.: Stanford University Press, 2002.

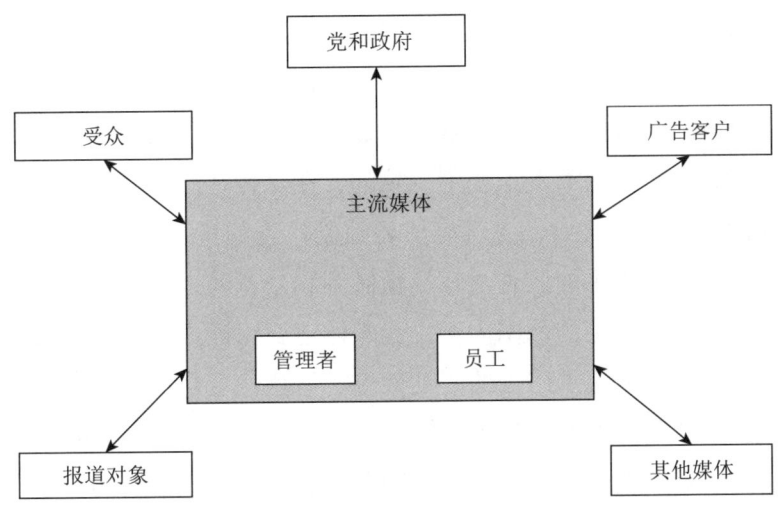

图 2-1 我国主流媒体的内部和外部利益相关者

首先，主流媒体要处理好党和政府与受众之间的关系。在我国，党和政府的宗旨是全心全意为人民服务，因而，党和政府与受众在根本利益上是一致的。党和政府赋予主流媒体的职责是：做好党和政府的喉舌，传达党和政府的各种路线、方针、政策，展示党和政府的良好形象，受众则希望从主流媒体上及时获得关于党和政府在执政的实际工作中切实为人民谋福祉的真实信息。因此，主流媒体需要把二者的诉求结合起来，在传达好党和政府的声音的同时，让这种声音更容易为受众所理解和接受，真正满足受众的信息需求。

其次，主流媒体要处理好管理者与员工之间的关系。比如，在薪酬福利方面，管理者和员工之间不能存在过大的差距。如果管理者和员工之间收入差距过大，会打击员工的工作积极性，也会让员工牢骚满腹，抱怨媒体，这样既影响了媒体的政策运作，又影响了媒体的声誉。因此，媒体要把双方的收入差距控制在合理的范围内。而在保障员工权利方面，管理者的管理权也要控制在一定范围内。在媒体内部，有些管理者权力过大，甚至干涉到员工的正常工作和家庭生活，这容易引起激烈矛盾，造成媒体运行困难或声誉下降。因此，媒体要约束管理者的权力，同时保证员工的合法权益，这有利于媒体声誉的维护和改善。

最后，主流媒体要处理好受众与广告主之间的矛盾。受众与广告主之间存在着较为明显的矛盾，受众希望从主流媒体上获得有用的信息，广告主则希望自己投放的广告能够吸引受众的注意，引发受众的兴趣，并最终产生购买行为。因此，双方的出发点是不一致的，在这种情况下，媒体要妥善处理他们之间的矛盾。一方面，主流媒体要控制广告的量，就要学会甄别信息，不能一味地跟随广告主的广告语，尽量做到删繁就简，即广告所占的版面比例或时间比例要在一定的范围内；主流媒体还要保证广告的质，切忌一味地追求广告效果。单纯追求广告的轰动效应，一旦让受众产生逆反心理，就适得其反了，所以广告要尽量美观大方，所售卖的产品要保证质量。另一方面，主流媒体可以更多地选择那些产品或服务符合主流受众需要的广告主，这样的广告可以为受众购物提供指南，这样的广告不仅不会遭到受众的反对，反倒是可以赢得受众的认可。

为了塑造和维护良好的声誉，主流媒体也需要处理好与采访对象和其他媒体之间的关系。对于采访对象来说，其接受媒体采访在法律或道义上并不受强制，媒体只有充分尊重采访对象，才可能使其愿意配合和接受采访，协助媒体完成采访任务和内容生产，使媒体通过内容生产来获得更大的声誉和效益。对于其他媒体来说，媒体与它们之间的关系既存在竞争也存在合作。特别是由于其他媒体作为媒体同样在社会上具有巨大的影响力，其中关于媒体的任何负面报道都可能对媒体的声誉造成巨大的影响，因此媒体在打造良好的声誉时必须要处理好自身和其他媒体的关系。

二、坚持良好的专业品质

根据社会认知理论，受众对主流媒体的报道往往会进行理性的认知，会根据自己的社会经验对报道的真实性和客观性进行较为理性的评判。同时，受众还会受到某些历史、政治、经济、文化背景因素的影响，对主流媒体存在一定的认识偏见，从而影响对主流媒体声誉的判断。在这种情况下，主流媒体更要在报道中努力保证报道的真实性和客观性，坚持实事求是的思想路线。

主流媒体及其从业人员要坚持真实性及客观性的原则。记者在进行采访报道的时候，要对信息的真实性严格把关、多方确认、反复求证，在此基础上，才能将信息写进报道。在新媒体环境下，记者所获得的信息量远大于从前，这就要求记者做好对信息真伪的甄别工作。与此同时，媒体的编辑和相关领导也要做好把关工作，构筑好确保信息真实的第二道、第三道防线。总之，主流媒体要在最大限度上确保报道的真实可靠。同时，主流媒体还要做好客观报道，不能在报道的过程中掺杂个人私利，要将事实和观点分开，不罔顾事实偏袒其中的任何一方。

作为党和政府的喉舌，主流媒体承担着必要的宣传任务，尤其是承担着宣传党的路线、方针、政策的任务，在具体实践这些宣传任务时，主流媒体则要尊重新闻规律，体现新闻媒体"用事实说话"的客观原则。例如，当新闻事件中的双方当事人在某些具体问题上发生了纠纷，主流媒体应该采取客观中立的态度和立场，将双方意见和观点呈现在新闻报道之中，坚持平衡的原则，具体问题具体分析，不因主观偏见或受利益驱使而出现偏颇，否则就会给媒体声誉造成不良的影响。

根据社会认知理论，人们在对事物进行认知的过程中，除了会用到理性，还会掺入一些情感的成分，这就需要主流媒体考虑受众的情感需要，落实到媒体的具体做法上，就是要坚持人文关怀，真正地关心人、理解人、帮助人，让人感受到人情和温度。

坚持人文关怀，主流媒体要关心和尊重所有人，尤其是那些不幸的人们。在事故报道中，有的媒体对死难者遇难现场的照片不做任何处理就搬上报纸版面或电视屏幕，这是对死难者的不尊重，也是对死难者家属的不尊重。有的媒体不仅仅刊登相关的照片，甚至在报道的用词上也不尊重死难者。在自然灾害报道中，有些媒体会勉强受害人谈灾害发生时的场面和家人的伤亡情况，这是对灾民的严重冒犯。这些报道出现在主流媒体上，必然对主流媒体的声誉造成很大损失。

坚持人文关怀，主流媒体要远离那些庸俗、低俗、媚俗的报道。庸俗、低俗、媚俗的报道可能会在短时间内吸引部分受众的注意，但这种格调低下的报道对主流媒体的形象构成严重的危害，与主流媒体的价值追求背道而驰。这些报道表面上是在满足一些人的需求，但这从根本上来说也是对人的不尊重。有的媒体挖掘人的隐私，暴露人的秘密，甚至刊登一些色情、凶杀、暴力的内容，这是对受众的轻视，对报道对象的亵渎，对自身媒体品格的糟蹋，这是不尊重别人，也是不尊重自己，是与人文关怀格格不入的。对于主流媒体来说，要高举人文关怀的旗帜，远离庸俗、低俗、媚俗的不良习气。

总之，我国主流媒体在实践中既要坚持新闻报道的专业精神，又要时时体现人文关怀，体现对人的尊重。

三、注重媒体公共关系和媒体组织形象建设

社会资本理论告诉我们，社会资本对于任何组织和个人来说都是非常重要的，然而，社会资本并不是凭空获得的。主流媒体的发展需要从社会中获得社会资本，也需要付出一定的努力，这就需要主流媒体搞好媒体公关，即与社会上的各种组织和个人建立良好的关系，从而增强从社会网络中获取利益的能力，增加自身的社会资本，改善自身的声誉。

上文中已经提到，主流媒体要和自己的利益相关者建立良好的关系，互利共赢，从而从中得到一定的资源。这可以看成主流媒体从利益相关者那里获取社会资本的过程。其实，主流媒体由于影响面广，可能涉及的组织和个人特别多，也完全可以从利益相关者以外的或者利益关系不那么密切的组织和个人那里获取资本，从而促进自身的发展。

主流媒体可以和高校建立良好的关系，从那里获取必要的社会资本。主流媒体可以派出自己的知名记者、编辑或主持人到高校为大学生授课甚至担任他们的业界导师，或者邀请大学生到该媒体实习。这样可以改善该媒体在高校大学生中的声誉，当这些学生走向社会之后，又可以把这种好的声誉带到自己的工作单位。在这个过程中，主流媒体的从业人员可以结识高校中的部分教师，这些教师又可以成为该媒体的潜在采访对象，当该媒体需要找某方面的专家进行采访时，这些教师又可以出面接受采访或者帮忙联系相关的专家。在这一过程中，主流媒体和高校建立了信任关系，形成了自己的社会资本。

主流媒体可以加强和社区的联系，从那里获取相应的社会资本。主流媒体可以通过自身拥有的地位和资源帮助社区解决一些问题和困难，如连续停

水、噪声过大、暖气不足等，从而得到社区居民的信任。主流媒体也可以组织社区里的孩子参观该媒体的工作场所，或者举办"小记者培训班"，教给孩子一些新闻报道的常识和技能，从而得到社区居民的认可。在这个过程中，主流媒体可以从社区居民那里得到一些新闻线索，或者从社区居民那里了解一些他们各自所处行业的情况，还可以借助社区的宣传栏展示自己的报道成果。总之，主流媒体可以积极联系社区，从而形成自己的社会资本。

除了上面所说的高校和社区外，主流媒体还可以广泛地和社会各企事业单位、各个阶层的人建立密切的联系。一方面，主流媒体帮助他们解决问题或困难，得到他们的信任；另一方面，也从他们那里得到一些包括新闻线索在内的各种资源，促进自身的发展。值得注意的是，在这个过程中，媒体不仅可以得到各种实际收益，获得好的发展，为良好声誉的形成打下坚实的基础，还可以直接从这些组织和个人那里获得好的声誉。

第三章　新媒体环境下主流媒体声誉管理

第一节　新媒体环境下的主流媒体

一、我国主流媒体

（一）我国主流媒体的概念

尽管新媒体环境对媒体的范围和功能都形成了较大的影响，也带来了新的巨大的变化，但关于媒体基本上已有着较为统一的认识，而关于什么样的媒体才算是主流媒体，不同学者有不同的界定，有的学者认为，在中国，主流媒体是影响力大、起主导作用、能够代表或左右舆论的省级以上媒体，一般主要是指中央、各省（市、区）党委机关报或中央、各省（市、区）广播电台、电视台，以及其他一些大报大台。[①] 有的学者认为，主流媒体，是以严肃新闻为主要报道内容，具有专业理念、专业操作方法和文化自觉精神，着力弘扬主流价值观，在竞争区域内处于主流地位并占据较大广告市场份额，在社会发展中担当较大社会责任的媒体。[②] 也有学者主张，主流媒体的本质、核心和标志只有一个，就是以它的思想影响力受到社会主导阶层的关注，成为社会主流人群每天必阅的媒体。同时，这种主导又具有高度理性化的特征。[③] 总体来看，学者们对主流媒体的认识和界定大致分为两派：一派认为主

[①] 周胜林. 论主流媒体 [J]. 新闻界，2001（6）：11-12.

[②] 强月新，徐迪. 我国主流媒体的公信力现状考察：基于 2015 年问卷调查的实证研究 [J]. 新闻记者，2016（8）：51.

[③] 刘建明. 解读主流媒体 [J]. 新闻与写作，2004（4）：3-5.

流媒体就是隶属于党政机关的媒体，也就是通常所说的"党媒"；另一派则把能否影响主流人群作为判断一个媒体是否是主流媒体的标准。

2004年1月，新华社"舆论引导有效性和影响力研究"课题组发表了《主流媒体判断标准和基本评价》一文，提出了判断主流媒体的六条标准，这六条标准涉及媒体地位、媒体影响力、媒体价值观、媒体公信力、媒体在记录历史方面的作用、媒体覆盖面等。据此标准，课题组认为，目前中国的主流媒体有：（1）以《人民日报》、新华社、中央电视台、中央人民广播电台、《求是》杂志、《光明日报》、《经济日报》等为代表的中央级新闻媒体；（2）以各省（自治区、直辖市）党报、电台、电视台的新闻综合频道为代表的区域性媒体；（3）以各大中城市党报、电台和电视台的新闻综合频道为代表的城市媒体；（4）以新华网、人民网为代表的国家重点扶植的大型新闻网站。①

上述判断符合大多数学者对主流媒体的定义，也符合长期以来在人们心目中形成的主流媒体印象，符合中国国情实际。此外，上述媒体内部也存在较强的统一性，具有较强的意识形态属性，承担着较强的政治使命，因此，本书采用新华社课题组划定的主流媒体的范围进行有关论述。

（二）我国主流媒体的发展和形态

我国当下的主流媒体最早起源于中国共产党在革命战争时期所创办的媒体。1931年11月，新华通讯社的前身红色中华通讯社在江西瑞金成立，1937年，红色中华通讯社更名为新华通讯社，1940年12月，新华社创办了延安新华广播电台，即中央人民广播电台的前身。1948年6月15日，人民日报社在河北邯郸创办，1949年8月，中共中央决定《人民日报》为中共中央机关报。以新华社和《人民日报》为代表的党办媒体在革命战争时期报道了中国共产党领导下的人民革命战争的情况，及时引导了全国舆论，为党的新闻宣传事业发展以及新中国的成立做出了重要贡献。

新中国成立以后，党和政府又陆续创办或接管了一大批媒体。1949年6月，《光明日报》创刊，最初由中国民主同盟主办，1982年11月，《光明日

---

① 刘建明.解读主流媒体［J］.新闻与写作，2004（4）：3-5.

报》明确为中共中央领导和主办。1983年1月，《经济日报》创刊。1988年7月1日，《求是》杂志正式创刊。1958年5月，北京电视台正式播出，1978年5月，北京电视台更名为中央电视台。除了中央级别的媒体以外，大量省市级党报、电台、电视台纷纷成立，成为各地人民获取新闻的重要渠道。

主流媒体除了以报纸、广播、电视等传统的媒介形态存在，也开始涉足计算机网络、手机等新媒体领域。1997年1月，人民网创办。2000年3月，新华通讯社网站更名为新华网，同年3月，新华网全面改版，并启用新域名。其他的主流媒体也创办了一系列网站。近年来，人民日报社、新华社等主流媒体重视开发移动用户，陆续开放了一大批官方微博账号、微信公众号和新闻客户端，这些微博、微信账号和客户端极大地增强了主流媒体的影响力，让越来越多的人随时随地关注这些主流媒体发出的新闻。

现如今，主流媒体发布新闻信息的渠道包括报纸、广播、电视、网站、微博、微信、客户端等。虽然主流媒体创办的新媒体取得了不错的传播效果，但主流媒体在开发新媒体，推动传统媒体和新兴媒体融合方面仍是任重而道远。

当然，对主流媒体进行区分，不是为了给所谓的主流媒体和非主流媒体划出界线，也不是要对主流媒体和非主流媒体加以区别对待。在中国社会，即使是那些按照上面的定义标准并没有被划入主流媒体的媒体，由于其作为媒体的属性及社会影响，自觉接受党和政府的管理和指导，在传播的内容和理念上积极向新时代社会主义社会的主流思想价值靠拢、服务于主流的社会大众也是其义不容辞的责任。

（三）我国主流媒体的特点

通过梳理已有的对我国主流媒体的分析和概括，本书认为，我国主流媒体主要具有以下特点：

第一，我国主流媒体是党、政府和人民的喉舌，具有较高的社会地位和特殊的影响力，被视为党、政府和人民意志的代表者和发言人。我国主流媒体是党和政府创办的，也代表着人民的意志和利益，主流媒体一般来说是事业单位，有自己的行政级别，在自己的范围内有较高的社会地位和较大的影响力。

第二，我国主流媒体坚持社会主义意识形态和主流价值观，与党中央在思想和意识形态方面保持高度一致。我国主流媒体要以中国特色社会主义理论体系为指导，弘扬社会主义核心价值观，并使这种价值观体现在采访、写作、编辑、评论等各个环节。

第三，我国主流媒体具有较为稳定的社会公信力。主流媒体上的报道、评论有较强的权威性和公信力，一般能够得到社会各阶层的广泛信任。

第四，我国主流媒体致力于报道国内外政治、经济、文化、社会等各方面的情况，是中国乃至世界历史发展的记录者。我国主流媒体报道范围很广，可信度高，能够记录历史发展的方方面面。

第五，我国主流媒体的受众是社会各阶层人群，因而主流媒体一般有着较大的发行量或较高的收听率、收视率。

（四）我国主流媒体的功能和影响

我国主流媒体所具有的功能和影响主要包括以下几个方面：

第一，我国主流媒体是党、政府和人民的喉舌。党和政府的多数政令都要通过主流媒体发布，党和政府领导人的活动、讲话通过主流媒体公之于众，国家的政治、法律要通过主流媒体进行普及，社会各行各业主要通过主流媒体来获得关于国家政治、经济、文化、法律等关乎国计民生的权威信息。同样，主流媒体也担负着上传下达的任务，人民群众可以通过主流媒体表达自己的意见和呼声。

第二，我国主流媒体为人们提供必要的信息。我国主流媒体为社会各界提供政治、经济、文化、社会等方面的信息，为人们的工作、生活提供必要的参考。

第三，我国主流媒体还承担着引导舆论的任务。我国主流媒体通过报道事实、发表评论等方式引导社会舆论，帮助人们解惑答疑，提供必要的行动参考。

第四，我国主流媒体还承担着舆论监督的重要使命。我国主流媒体对党政机关、企事业单位等社会各类组织工作中存在的问题要进行监督，提出必要的批评，以督促相关部门改进工作。

二、主流媒体的声誉

我国主流媒体是党、政府和人民的喉舌，一般来说，这些媒体自其创办之日起就因为其权威地位而具有较高的公信力，能够代表党、政府和人民发出声音，能够真实地报道一些重大的新闻事件，是值得广大人民群众信赖的信息渠道。

"2019 媒体公信力调查"显示，在"百万发行量大报公信力排行榜"上，中共中央机关报《人民日报》公信力位居第一，新华社主办的《参考消息》以及人民日报社主管的《环球时报》的公信力分别排在第二、第三位。[①] 强月新等在2015年的调查中也发现，在新闻生产方面，相比于网络媒体"碎片化"的内容传播，传统主流媒体的新闻呈现更具专业性和权威性，尤其体现在重大新闻和突发事件报道上。传统主流媒体由于有着更为可靠的信息来源，更为严谨的编辑刊发过程，以及更能凸显新闻完整性的报道方式，能够为公众提供更加真实、客观、全面的传播内容，有效提高公众对各种信息的鉴别和判断能力。[②]

2019 年中国媒介公信力调查显示，作为政府网站，新华网的绝对公信力排名第二。新华网之所以能够在公信力方面取得如此佳绩，一是因为新华网所具有的独家新闻采集和发布优势，这是商业网站不能相比的；二是因为政府网站所具有的权威性为其赢得市场提供了很大的助力。[③] 人民网则排名第一。究其原因，很多学者认为，一方面人民网延续了《人民日报》本身的官方权威性，另一方面人民网与新华网具有同样的新闻采集和发布优势。

在有关电视台公信力的调查中，中央电视台独领风骚，远超地方电视台。调查中，具体的提问是"如果同一条新闻在下面不同的电视台上的说法不一

---

① 尤蕾.哪些媒体值得信任？公众心目中最具公信力的媒体类型［EB/OL］. http://www.sohu.com/
a/335042585_426502.
② 强月新，徐迪.我国主流媒体的公信力现状考察：基于 2015 年问卷调查的实证研究［J］.新闻记者，2016（08）：51.
③ 中国媒介公信力调查：电视报纸依然最受信任［EB/OL］. http://news.sina.com.cn/m/2013-04-
27/171526971820.shtml.

样，您最相信哪一家电视台"。在十二个城市的调查中，央视在每个城市的排名都是第一位，其中在北京，被调查的对象需要在中央电视台、凤凰卫视、北京卫视、湖南卫视、东方卫视、重庆卫视这六家电视台中做出选择，超过八成的北京居民选择最为相信央视。根据调查可以发现，央视作为中国最权威的电视台，在受众中依然享有较高的公信力。

根据以上调查可知，近年来，我国主流媒体仍然具有较强的社会公信力和良好的声誉，能够得到社会的普遍认同。公信力只是声誉的一部分，但却是相当重要甚至是最重要的一部分，有较强公信力的媒体往往其声誉也能够达到较高的水平。因此，我们可以认为，我国主流媒体的声誉基本能够保持在较高的水平上。近些年来，新一届中央领导集体所采取的很多规范主流媒体的措施深得民心，与之相应的报道更是锦上添花，而进行这些报道的主流媒体的声誉也在不断提升。

尽管如此，我们依然不能忽视维护和改善主流媒体声誉所面临的困难和挑战。这种困难和挑战主要表现在两个方面：第一，新媒体越来越多地吸引受众的注意力，受众接触传统主流媒体的时间有下降的趋势，与此同时，受众更愿意把时间尤其是碎片化的时间花费在接触新媒体上。受众对传统主流媒体接触时间的减少必然会导致受众对传统主流媒体的忠诚度的下降，而就目前的状况来看，我国的主流媒体在相当长的一段时期内还是要通过借助传统媒体手段发布各种信息，但是新媒体的使用使得受众对主流媒体的接触减少，对主流媒体的依赖程度也大大减弱，这必然会威胁到主流媒体的声誉。当然，主流媒体所创办的新媒体也在一定程度上挽回了这种损失，其挽回损失的程度取决于这些新媒体上内容的质量和传播的效果。比如，在实施媒体融合的战略之后，到 2018 年 8 月底，上海报业集团、上海广播电视台和东方网旗下的移动客户端总下载量就达到了 2.8 亿，这些移动客户端的总日活量达1600 万，结合其他内容分发渠道，每日可覆盖用户达 4.9 亿。[①] 第二，有关主流媒体及其从业人员的大量负面信息在新媒体上迅速传播，这些负面信息虽然不一定属实或有待进一步确认，但仍在客观上降低了主流媒体的声誉水平，

---

① 上海市委宣传部 . 深度融合整体转型着力构建媒体融合发展新格局 ［J］. 新闻记者，2018（10）：5.

影响着主流媒体的形象和威信。

我国主流媒体的性质决定了其声誉具有一定的稳定性，从总体上看我国主流媒体的声誉依然保持在较高的水平，但它们的声誉也受到了新媒体的冲击，有着下降的风险，甚至某些主流媒体的声誉已经出现了较为明显的下降趋势。

第二节　主流媒体的声誉管理

一、我国主流媒体声誉管理现状

由于发展理念和研究成果相对落后，我国主流媒体目前在管理方面还没有明确提出"声誉管理"这一概念，只零星存在一些与之相关的管理规定。

2006年，新华社根据中共中央宣传部、国家广播电影电视总局、国家新闻出版总署颁布的《关于新闻采编人员从业管理的规定（试行）》制定了相关实施办法。其中提到了以下几点：加强法律纪律教育和新闻职业道德建设，规范新闻采编人员行为、维护新华社良好形象；加强新闻真实性的教育和强化培训，制定和落实相应的规章制度，以促使采编人员坚持真实、全面、客观、公正的原则；在采编人员中弘扬调查研究作风，大力倡导采编人员深入实际、深入生活、深入群众；严格执行新华社《关于在新闻报道中实行回避的暂行规定》，采编人员不得利用采编新闻谋取不正当利益；要严格执行新闻采编人员不得从事、不得涉及经营活动的规定，完善制度，细化措施；严格新华社记者证的管理和使用；进一步做好受理社会监督举报的工作。[①]

2015年，新华社党组专门召开会议，研究制定了《关于改进和加强2015年经营工作的意见》和《新华社关于规范经营工作的若干禁止性规定》。《意见》提出要紧紧围绕新闻报道主业，构建有利于保障推动新闻主业的体制机制；下决心解决好采编和经营交叉问题，确保资源和力量集中到主体业务上

---

① 新华社实施《关于新闻采编人员从业管理的规定（试行）》办法［EB/OL］.（2006-03-17）. http://www.js.xinhuanet.com/zhuanti/2006-03/17/content_6499731.htm.

来。新华社提出，以国内分社为重点，严格实行采编经营"两分开"，其中包括业务分开、队伍分开、财务分开、考核奖励分开和管理分开。新华社还明确规范了经营工作的十条禁止性规定，其中包括：严禁以任何形式将经营活动与新闻报道挂钩；严禁社属企业、社办报刊脱离驻地分社党组监管，随意在地方开展经营活动；严禁经营人员以任何借口或不正当手段强行推销新闻信息产品；严禁对客户做出与新华社职能相悖、违背职业道德的服务承诺，不得搞"有偿新闻"或"有偿不闻"等等。①

除了职业道德与工作作风等方面的管理外，很多主流媒体也紧跟形势，在新媒体环境下加强了对其从业人员新媒体使用行为的管理。

2013 年，时任中央电视台台长胡占凡在一次全台处级以上干部工作会上就加强微博和微信管理等工作提出了明确要求。胡占凡指出，目前中央电视台已出台了相关规定，由纪检监察部门监管执行，微博和微信管理正逐步规范。同时，有关部门加大对网络谣言的打击整治力度，为全台加强微博和微信管理创造了有利的外部条件。他强调，各中心（室）频道和台属单位要实行责任制，逐层分解微博和微信管理责任，使各部门切实负起管理和问题处理的职责。各单位和部门要把责任制落实情况及时上报台纪检监察部门。各部门要做好对员工的事先教育和提醒工作，特别要重点提醒台内名人，出了问题要及时处理，重大情况要立即上报。纪检监察部门要加大监察力度，紧密跟踪舆情，及时提醒、制止、处理、惩处。② 中央电视台还出台了《中央电视台个人微博使用管理细则》（试行），该细则包括微博使用特性与界定、管理及权责、个人信息发布规范、工作信息发布授权、播音员和主持人微博信息发布管理和危机应对等章节。该细则对央视各部门及员工的微博使用与管理做出了详细、明确的规定。③

新华社、中央电视台等主流媒体的相关管理规定，在很大程度上有助于

---

① 新华社：严禁以任何形式将报道与经营挂钩［EB/OL］.（2015-03-13）. http://news.sina.com.cn/m/2015-03-13/092331602407.shtml.

② 中央电视台加强微博、微信管理［EB/OL］.（2013-06-27）. http://www.dwrh.net/a/gdw/tv/2013/0927/178098.html.

③ 中央电视台个人微博使用管理细则（试行）［EB/OL］. http://www.doc88.com/p-9062668037434.html.

维护和改善其自身的声誉。这些管理能够解决一方面或者几方面的问题，但主流媒体如果要切实有效维护和改善自身声誉，还是应该强化声誉管理意识，将声誉摆在自身发展的重要位置并将其作为一项重要的资源，进而采取系统措施来维护和改善自身的声誉，也就是将声誉管理贯穿在媒体运行的各个环节、各个方面。唯有如此，才能在最大限度上维护和改善自身声誉。

二、影响我国主流媒体声誉的主要因素

影响我国主流媒体声誉的因素方方面面，既有媒体自身的问题，也与媒体生存发展所依赖的社会政治、经济、文化环境息息相关，更与媒体生存发展的生态环境有关，本书将影响我国主流媒体声誉的因素从宏观上分为外部环境因素、媒体内部因素和新媒体技术因素（见图3-1）。

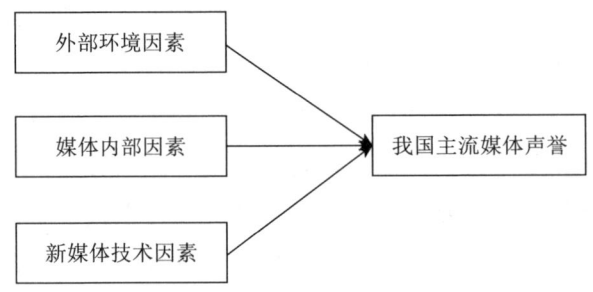

图3-1　我国主流媒体声誉影响因素

（一）影响我国主流媒体声誉的外部环境因素

1. 坚持党和政府的领导

我国主流媒体皆由中国共产党及其领导下的人民政府创办，因此必须要接受党和政府的绝对领导，并坚决执行"党媒姓党"和"党管媒体"的工作原则。具体来说，就是要在各级党政机关的领导下开展工作，同时，这些媒体的领导人选用也由其直属的党政机关任命。我国主流媒体的直属领导机关（同级党委、政府）需要对这些媒体进行正确的引导，保持主流媒体较好的声誉。反之，如果主流媒体不能很好地接受党和政府的领导与管理，在宣传解

释党和政府的路线、方针、政策时出现失误和偏差，则不仅不能完成党和政府所赋予媒体的职责和功能，也会因此失去人民群众的信任，严重影响主流媒体的声誉建设。

在当前的新媒体环境下，网络媒体和自媒体上有时会出现某些不利于各地党委和政府树立形象和推行施政方针的不实消息，对于这类负面信息，主流媒体如果不能及时发布权威消息或事实进行澄清和辟谣，同样也是一种失职，同样容易使人民群众对主流媒体的及时性和权威性产生质疑，并进而影响到主流媒体的声誉。

2. 坚持"以人民为中心"

我国的主流媒体是由党政机关领导创办的，其舆论引导、人事任免、财政经费等事项也是由党政机关予以指导的，因此，完成党委和政府所赋予的舆论宣传和舆论引导工作既是我国主流媒体的第一要务，也是我国主流媒体在社会上建构权威形象、赢得良好声誉的基础和根本。由于党性和人民性的高度统一，我国的主流媒体在实际的媒体行为或媒体声誉的建构中也必须始终坚守"以人民为中心"的党性原则，始终坚持为人民服务的宗旨，及时反映群众呼声，及时把关于党的路线、方针、政策在实际执行过程中的情况和问题，包括人民群众的心声、需求、困难等实际情况真实地反映出来，既有效地传达党和政府的声音，也能够成为党和政府倾听人民群众心声的重要通道和桥梁。

实际上，近些年来，以《人民日报》、中央广播电视总台《新闻联播》为代表的主流媒体或节目也一直在践行"以人民为中心"的原则，对媒体的活动和报道进行了许多卓有成效的改革。这些媒体无论是在新媒体的创办（如开设两微一端一抖）、媒体社会服务功能的体现（如通过网络直播带货扶贫惠农），还是新闻话语的方式上（如《新闻联播》的"主播说联播"），都做出了许多有益的探索和尝试，在积极传递党和政府的声音的同时，注重用群众喜闻乐见的方式密切回应社会关切、帮助人民群众切实解决生活中的实际困难，用自己的实际行动赢得了人民群众的信赖，在群众当中树立了良好的声誉。

（二）影响我国主流媒体声誉的媒体内部因素

社会主义市场经济体制给中国社会带来了巨大活力，极大促进了中国经济的发展，改善了人民群众生活水平，但市场经济的弊端也充分体现出来，商人唯利是图、官商勾结等问题大量涌现。处于市场经济大潮中的我国主流媒体自然也不可避免地出现一些问题。商业主体对新闻职业活动的影响直接体现就是将商业价值置于新闻价值之上，将经济效益置于社会公共效益之上，个别商业组织为了自身利益，甚至有可能捏造事实、策划和生产假新闻。

1. 不甚专业的新闻报道

我国主流媒体是事业单位，但实行企业化管理，很多媒体的经费完全来自于自身的收入。这就导致很多媒体在报道新闻的过程中算起了"经济账"，寄希望于通过报道权或者发稿权谋取经济利益。与此同时，部分主流媒体的新闻工作者也企图通过自己手中的"权力"谋取私利。上述做法使得很多新闻报道不甚专业，这给这些主流媒体的声誉带来了极为不好的影响。

不甚专业的报道主要表现为有偿新闻和有偿不闻。

在现实新闻生产过程中，很多主流媒体的记者在采访的过程中会收到现金或者接受餐饮、住宿方面的服务，因而有些记者在采访的过程中就和被采访单位发生了利益方面的联系，这就导致有些记者在报道的过程中会有意无意地违背真实、客观的原则，有的记者会对报道对象给予更多的好评甚至是按照报道对象的要求将一些没有发生过的事作为事实进行报道。更有甚者，有的记者会主动索要"好处"。这些做法都是有偿新闻的表现。

有偿不闻则是媒体或记者接受某个单位或个人的财物而对其负面事件不进行报道的做法。

2002年6月，山西省繁峙县某矿井发生特大爆炸，38名矿工不幸罹难。在对这起矿难的报道中，有11名记者在采访矿难的过程中收受当地有关负责人和非法矿主贿赠的财物，其中，有4名记者为新华社山西分社记者。2003年9月，新华社详细公布了11名涉案记者的名单，新华社涉案的4名记者分别为鄯宝红、安小虎、王东平、谭旭。新华社还公布了对4名记者的处理结果：给予鄯宝红开除党籍、开除公职处分，给予安小虎开除留用察看处分，分别给予王东平、谭旭党内严重警告处分。

这一事件令国人大为震惊，网民纷纷感叹新华社记者竟然利用职务之便为自己谋取私利，这一事件性质恶劣，给新华社的声誉造成了极不好的影响。好在新华社及时公布了事件经过并处理了四名涉案记者，才为自己挽回了一定的声誉损失。

时至今日，依然有部分记者利用自己的职务便利进行不真实、不客观的报道，以谋取私利。网络普及之前，这种做法往往不容易被发现。然而，在新媒体环境下，信息传播渠道越来越多，人与人的沟通越来越便利，很多不真实、不客观的新闻会在第一时间被网友戳穿，露出马脚。因此，某些媒体或记者的不真实、不客观的报道必然会带来自身的声誉问题甚至声誉危机。

2. 虚假广告和广告泛滥

一般来说，广告收入是媒体的主要收入，对于相当多主流媒体来说，情况也是如此。为了获取更高的广告收入，很多主流媒体也是想尽各种办法，甚至拉一些不良广告。

不少虚假广告出现在主流媒体上，很多虚假广告严重损害了消费者的合法权益，发布广告的媒体往往难辞其咎，它们的声誉也因此受到很大的影响。

2013 年 5 月，新华社“新华视点”发布长篇报道称，美的空调“一晚 1 度电”涉嫌误导消费者。在 3 分 22 秒的广告片中，其介绍空调的节能效果时称“1 晚最低仅需 1 度电”。而在 15 秒广告中，则干脆直接说该空调“1 晚仅需 1 度电”。专家指出，这种“1 晚仅需 1 度电”确实有可能，但仅仅是在十分理想的情况下才存在，厂家没有说清楚，就有误导之嫌。

有的主流媒体甚至发布假冒伪劣产品的广告，这种做法往往给消费者带来更大的损失，造成更加恶劣的影响。有的电视台开设的“电视购物”栏目，大肆宣传假冒伪劣产品，吹得天花乱坠，当消费者拿到实物时，才大呼上当，当消费者找到电视台时，负责人声称他们没有责任。2017 年 6 月，《人民日报》曝光了一名职业化的虚假医药“代言人”，《人民日报》在微博文章中称：“在震惊全国的‘纱布门’期间，山东电视台齐鲁频道曾经因为大量插播各种低俗的医药广告而受全国网友'穷追猛打'。无独有偶，被低俗、虚假广告攻陷的不仅仅是一两家电视台，其中一名职业化的虚假医药'代言人'身兼数职、频频亮相于各大卫视，被誉为'中国最忙碌的虚假广告表演艺术家'。"据《人民日报》报道，这位"表演艺术家"以刘洪滨、刘洪斌等不同的名字和身份频繁出现在包括西藏卫视、青海卫视、甘肃卫视、东南卫视、吉林卫视在内的各大卫视以医学专家的身份推销各类药品。刘洪滨的专家身份最终被揭穿，其本人也受到了工商、法律等相关部门的处罚。① 但在此系列事件中真正受损失最大的乃是以各地方卫视为主的我国主流媒体的声誉，由于这些主流媒体上所播出的广告的虚假性，受众对这些媒体的公信力已经产生了巨大的质疑，并开始对媒体所播出的全部内容产生怀疑。而这所带来的媒体的声誉受损则不知需要媒体再花多少精力、经过多长时间才能够真正修复。正所谓媒体的声誉建设或许要花上几十年的时间，而媒体声誉的败坏则可能仅仅是几分钟或几秒钟的事情。

除了虚假广告，部分主流媒体还在自己的新闻版面上以新闻报道的形式为某些企业做正面宣传，这种"报道"也称"软文"或"软广告"。有关企业希望通过这种形式达到比发布广告更好的效果，相关媒体也希望自己可以通过报道"盈利"。然而，这种做法损害了新闻报道的客观性，辜负了广大受众对主流媒体的信任，必然会给主流媒体的声誉造成不利影响。

在新媒体环境下，当人们发现自己对于广告中产品的期待和产品的实际质量不符甚至大相径庭时，往往会马上诉诸微信、微博等社交媒体，希望告诫其他消费者或者寻求维权之道，而很多消费者或网友也会归咎于发布这些广告的媒体，因而，不注意辨识广告真实程度的媒体会面临突如其来的声誉危机。

3. 人文关怀精神的缺失

近年来，关于媒体记者人文关怀缺失的讨论频繁见诸网络。很多记者为了完成自身的报道任务，为了吸引受众的关注，放弃了本应具有的对人文关

---

① 人民日报曝光：中国最忙的虚假医药广告"专家"终于被揪出来，赶紧转给你爸妈！［EB/OL］. http://www.sohu.com/a/151207366_179868.

怀的坚守，而把本人或者媒体的利益放在第一位，这些做法虽然让记者"完成"了报道，但也给这些媒体的声誉带来了不小损失。在这些媒体中，主流媒体占有相当大的比重。

人文关怀的缺失首先表现为媒体和报道者的冷漠，即媒体往往只关心自己的报道任务，而无视他人的利益乃至生命。2008年四川汶川地震期间，央视一名记者要进入正在进行手术的现场采访，现场的护士不得不放下手中的工作帮助其穿戴防菌服，然后他冲入手术现场，打断医生的工作，询问伤者的病情。当他将话筒接触到医生的手术服时，那名医生终于忍无可忍，大声指责他："你把我的衣服弄脏了！让我怎么工作！"央视的这名记者为了完成自己的采访任务而干扰医生的正常工作，也给病人的生命健康造成了巨大威胁，在观众和网友中产生了不良影响。

人文关怀的缺失还表现为低俗，即新闻报道中含有大量色情、暴力、凶杀的内容，以吸引人们的"眼球"，获取更多的关注。部分主流媒体不是将注意力放在人民群众关心的重大的政治、经济、文化、社会事件上，而是着力渲染一些涉及色情、暴力、凶杀的新闻，而且用赤裸裸的文字或者画面展示一些不适合公开的镜头。这种做法虽然可能会在短时间内吸引更多的受众，但对于主流媒体的形象和声誉是致命的打击，此种做法无异于饮鸩止渴。

2015年1月，国内知名歌手姚贝娜因患癌症不幸在医院离世，《深圳晚报》的记者为了在第一时间采访到关于姚贝娜离世的新闻，在未经得其家人和医生同意的情况下进入太平间对姚的遗体进行拍摄。此事一经曝出，立即引起了普通民众和网民的愤怒，网民纷纷在网上发帖谴责媒体记者的做法，甚至将媒体记者比作秃鹫，厌恶之情溢于言表。其中在网上流传甚广的一篇某大学学生的文章中直接道："新闻记者可不就是秃鹫么，一只只盯着普罗大众苦难的、欢乐的、生老病死的掠食者。在新闻成为商品的时代，素材、故事是记者的追求，一颗有关怀的心却被流放了。有哪位记者放下相机，去安慰一下痛失爱女的老人么？"

"我们有多哀伤，记者就有多成功，主编就有多高兴。这话说得可能有点市侩、不讲理、小人之心，但我固执地相信这就是事实。记者需要新闻素材，需要稻粱谋，他们也有生存压力，但是无论如何，一想到他们面朝着病房等着一个人的死讯，厌恶感就蜂拥而来。"①

　　主流媒体是党、政府和人民的喉舌，坚持正确的舆论导向，把人民的利益放在首位既是我国主流媒体的性质和属性所在，也是主流媒体建立良好声誉的路径和基础。人文关怀的缺失恰恰是放弃了正确的舆论导向，违背了人民的利益，自然会给其声誉带来不利的影响。

　　在新媒体环境下，很多主流媒体为了获取更多的点击量或转发量，在自己的新媒体平台上传播一些较为低俗的内容，以博取人们的"眼球"，虽然这种做法可能会让媒体获得一时的关注，但媒体因此而丧失的却是宝贵的声誉。

　　4. 市场化媒体的冲击

　　1978 年，全国报纸只有 186 家。在 1980 年、1985 年和 1992 年前后，出现了三次办报高潮。到 2000 年年初，公开发行的报纸达 2007 种。其中专业报、晚报、都市报、生活服务类报纸大量增加，报纸品种多样化，从基本只有党委机关报的结构变为以党委机关报为核心的党报体系占 40% 左右的多样化报业结构，结构更趋合理。同时，为增加信息量和广告版面，一些报纸不断扩版增期，甚至每期发几十个版到上百个版。② 这些新增加的报纸多为市场化报纸，其中很多市场化报纸的报道更加贴近普通读者，贴近现实生活，极大地丰富了群众的文化生活，满足了群众对信息的"知情"欲望，也能够为群众的工作和生活提供切合实际的参考，因而受到越来越多群众的欢迎。

　　与报业市场类似，在广播电视领域，也出现了市场化程度更高的电台和电视频道。1986 年成立的珠江经济广播电台内容丰富，形式生动活泼，节目具有时代感。③ 新成立的上海东方广播电台也与老牌的上海人民广播电台形成了激烈的竞争。进入 20 世纪 90 年代，很多省级电视台也创办了一系列新的频道，如生活频道、财经频道，等等，这些新的频道贴近群众的日常生活，节目形式喜闻乐见，且能够为普通百姓生活提供更多切实可行的参考。总之，

---

① 姚贝娜之死引发的媒体伦理大战：记者进入停尸房之后［EB/OL］. http://news.163.com/15/0117/19/AG6FP82I00014SEH.html.

② 方汉奇，丁淦林，黄瑚，薛飞. 中国新闻传播史. 北京：中国人民大学出版社，2007：456-457.

③ 方汉奇，丁淦林，黄瑚，薛飞. 中国新闻传播史. 北京：中国人民大学出版社，2007：474.

广播电视领域出现的部分市场化的电台和电视频道，迅速得到了大量群众的青睐。

报业市场和广播电视领域出现了一系列市场化媒体，其中，部分市场化媒体对主流媒体形成了巨大的冲击。与主流媒体相比，普通群众更倾向于选择承载内容贴近生活、生动活泼、更有实际指导意义的一部分市场化媒体。还有很多群众认为传统意义上的主流媒体僵化、保守、毫无生气，这自然不利于主流媒体的发展，也会对主流媒体的声誉造成冲击。

进入新媒体时代，很多主流媒体也在注重利用微博、微信、客户端等新媒体平台进行传播，但有些主流媒体仅仅是把传统媒体上的内容照搬过来，没有考虑新媒体时代的传播特点和受众需要，这不仅不能很好地改善自身的声誉，反而强化了人们对这些主流媒体的刻板印象。

第三节　新媒体环境下的主流媒体声誉管理

一、新媒体环境的形成

习近平总书记曾指出，推动媒体融合发展，是要做大做强主流舆论，巩固全党全国人民团结奋斗的共同思想基础。近些年来，随着网络等传播技术的迅猛发展，信息传播环境和传播方式都出现了日新月异的变化。从以报刊、广电为代表的传统媒体到以互联网网站为代表的网络新媒体，再到近两年来以微博和微信为代表的自媒体，媒体在传播主体、传播受众、传播内容、传播方式和传播效果等方面都发生了巨大的变化。尤其是全媒体的不断发展，出现了全程媒体、全息媒体、全员媒体、全效媒体，信息无处不在、无所不及、无人不用，这导致舆论生态、媒体格局、传播方式发生深刻变化，我国主流媒体的声誉管理也面临着新的挑战。

（一）新媒体传播环境的新特征

1. 传播专业门槛降低导致传播主体的日益多元化和平民化

在新媒体出现之前，传统媒体由于专业性较强，进入门槛比较高，因而也基本掌握了公共舆论的话语权，依靠个人的力量一般无法进行大规模的传播。但新媒体，特别是自媒体的出现打破了传统媒体一直以来控制和垄断大众传播的格局。新媒体的出现不仅大大降低了传播主体的准入门槛，使大众传播迅速变成了大众的传播，人人都有麦克风，都可以成为传播的主体。这不仅使传统专业媒体一家独大的一元格局被打破，更加多元的传播主体出现，而且实现了传播主体的平民化和草根化，使普通民众获得了一定的话语权，可以就社会事件或社会现象发出自己的声音。在传统媒体时代，一家主流大报的发行量也不过几百万，一家主流电视台的收视人群也不过几千万，而在新媒体时代，拥有过千万粉丝量的个人博主大有人在，在社交媒体中点击量和阅读量动辄过百万、千万的网文更是比比皆是，这些博主或点击量超高的网文作者往往并不属于专业媒体，甚至就是一些普通的民众，但其影响力却不亚于一家传统媒体，甚至其本身就相当于是一家报纸或一家电视台。

2. 传播主体与受众间的界限日益模糊

在传统媒体占据主导地位的时代，传者与受者的身份相对独立，传播主体和受众之间有着清晰的界限，但在新媒体时代，由于技术的发展所带来的传播门槛的降低，受众在接受信息的同时也可以转身成为传播者，这使得传者与受者间的界限日益模糊，甚至出现了身份与角色间的相互转换。受众一方面可以接受来自传者的信息，另一方面也可以将自己转变成传播主体，通过参与传播或互动的方式将信息反馈给传者，或者可以将自己所发现和生产出的信息在第一时间传递给更多的受众，从而实现由受者向传者的角色转换。目前在新媒体甚至传统媒体中较为流行的 UGC（用户生产内容）正是传播主体与受众之间界限模糊的体现和应用。

3. 传播内容的碎片化和去中心化

与传统媒体的传播内容相比，新媒体，特别是自媒体在传播内容上更加简短，甚至呈现出越来越明显的碎片化特征，比如微博的内容就是以 140 个字作为上限。这样简短而碎片化的内容虽然无法跟传统媒体在内容表达上强调逻辑的严密性和结构的完整性相比，但却因为其短小简洁的特点而适应了新媒体时代受众在碎片化时间获取信息的习惯而大行其道。新媒体内容传播的另一个特点则是去中心化，在信息传递中不再存在一个居于传播中心的主体，而是传播主体的完全分散化，信息的传播呈现出了更大的随机性和不确定性。

4. 传播格局的网状化

以往的传统媒体在传播方式上往往是一对多或多对多的垂直式传播，不同媒体之间的跨界传播比较慢，也不大容易实现。而在新媒体时代，媒体间的互动更加便捷，媒体的传播方式也出现了一对一和多对多的传递，这使得过去的垂直传播格局被打破，从而出现了网状的信息传播格局，越来越多的信息可以迅速在不同的媒体平台上传播和演进。近年来，有许多关于媒体的负面信息都是先由新媒体引爆，然后迅速成为全媒体关注的焦点。

5. 媒体传播效果及民间舆论的力量更加强大

近些年来，随着新媒体的兴起并在社会上的影响日渐壮大，很多社会热点都是由新媒体引爆，如前些年的微博打拐事件、"7·23"温州动车相撞事件、江西宜黄强拆自焚事件，以及微信诈捐事件、小学霸凌事件等都是最先由新媒体爆出，并在一定时间内形成了强大的民间舆论场，新媒体在揭露真相、舆论监督、推动事件解决等方面都发挥了前所未有的强有力的作用。可以说，与传统媒体相比，新媒体在信息传递时效、传递范围、传递影响面上都已经具有更为广泛和深远的影响力。

6. 媒体议程设置的困难增加

议程设置理论的核心观点认为：虽然大众媒体不能决定人们在一定时期内对某一现象或事件的看法，但是可以通过提供相关的信息和议题来影响人们在一定时间内的关注点或问题讨论的先后顺序。在传统媒体时代，这个理论常常用来解释媒体在信息传播中的地位和作用。但在新媒体环境下，由于信息传播主体和传播内容的日益多元，以及传播格局上的垂直格局被打破，传播主体与受众间的界限模糊，这使得传统大众传播媒体的议程设置显得尤为困难，传统媒体以往对信息的选择和筛选机制从根本上已经不能阻止信息的全方位传播。

（二）新媒体技术对主流媒体声誉管理带来的可能变革

当下的传媒业，各种新的力量不断涌入，以人工智能、大数据、区块链、5G 等为代表的新媒体技术，正对我国主流媒体的声誉评价与管理产生着巨大冲击。一方面，新媒体技术催生了数量繁多的自媒体，吸引各种平台和用户的广泛使用，培养了用户的新媒体使用习惯，使用户接触主流媒体的机会减少，加大了主流媒体声誉管理的复杂性和难度；另一方面，新媒体技术自身的特质也助长了负面信息的传播速度和范围，未经核实的虚假信息迅速传播后，更容易影响主流媒体的形象，损害主流媒体的整体声誉。因此，在新媒体环境下，中国的主流媒体在适应新技术迭代升级的同时，更需通过媒体声誉评价与管理来提升主流媒体的传播力、引导力、影响力、公信力，重塑主流媒体及其记者的职业权威，以应对"后真相"时代的复杂挑战。同时，新媒体技术给主流媒体声誉管理也带来了诸多可能的变革，具体表现在：

1. 影响媒体声誉的因素更加多元也更加复杂

在传统媒体环境下，影响企业组织声誉的主要是影响较大的新闻性事件，常规性的管理问题或单一性的营销问题由于受到传播渠道的限制很难成为影响企业声誉的因素。但在新媒体时代，特别是由于自媒体的出现，信息大众传播的门槛大大降低，许多细微的事件如果处理不当，都可能成为影响企业声誉的重要因素。近年来，越来越多的内部谈话，甚至在私密场合的言论，都可能引发舆论的广泛关注，进而对媒体和个人产生负面影响。此外，随着信息挖掘技术的发展，信息的关联性也大大加强，行业内某一企业的声誉问题也会迅速波及其他组织，甚至跨行业影响上下游企业的事件，即"躺枪"的现象，也越来越多，这些都无疑增加了媒体声誉的影响因素，给媒体的声誉带来了巨大的挑战。

2. 受众个体行为对媒体组织声誉的影响力日益显现

在传统媒体环境下，由于传播的技术相对复杂，如果不借助大众媒体的影响，普通个人很难将自己的声音在较大范围传播。在个体与媒体组织对抗的情形之下，由于媒体与个体在资源及话语权方面的不对等性，个体的声音很容易被组织的声音所掩盖，因此，个体行为很难对媒体的声誉产生广泛的影响。但在新媒体环境下，个体的话语权则大大加强，草根、弱势群体的声音更容易获得公众的信任和认同，从媒体的高管到媒体的普通员工，甚至是外部单一的利益相关者都有可能基于自身感受对媒体产生负面的评价，将媒体的负面信息传递到大众面前，进而对媒体声誉造成伤害。在传统媒体时代，一个只进入主流媒体实习几个月的实习生无论如何也很难影响到媒体或媒体精英的发展，但在新媒体时代，一篇在网上被疯狂转载的帖子就会将主流媒体和媒体精英置于全社会舆论的炙烤之下，大大影响到媒体和媒体人的声誉。

3. 媒体对声誉环境的监测难度更大

在传统媒体环境当中，企业（包括媒体）需要关注的媒体相对单一，只要紧盯传统的报纸、杂志、电台、电视台等有限的几种媒体，密切关注这些媒体对企业的报道就够了，这对于企业或公司来说意味着对声誉环境的监管比较容易实现。但在新媒体环境下，不仅媒体传播信息的速度大大加快，而且媒体传播的范围也空前广阔，特别是自媒体去中心化的传播特性使企业或组织的声誉环境更加复杂，少量的信息、多元化的传播主体、多元化的信息来源，不同媒体间的交替传播都使企业及组织的声誉监控环境变得更加复杂，也更加困难。在人人都有麦克风的自媒体时代，广大网友的网络围观与非理性吐槽（评论）更是助推媒体网络舆论的飓风。2013年12月，一位在央视工作了十年之久的节目制片人从央视离职后在网上发表了一篇《告别央视》的离职告白，文章饱含个人情绪地对个人在央视的"不公正待遇"及央视的工作环境和工作作风等进行了控诉。尽管由于含有一些不实内容，此文多次被删除，但每次删除之后总会有人将其再度贴出，给央视的声誉造成了很大的影响。

4. 媒体声誉危机爆发的偶然性更大

在传统的媒体环境下，声誉危机的发生往往是一个由量变到质变的逐步深化和累积的过程，这种演变的过程相对比较慢，也有一定的规律性和确定性，但在新媒体环境下，随着个体传播信息的便捷性大大提升，声誉危机的爆发也具有了更大的不确定性，许多小概率的事件也因为自媒体的渲染而成为重大危机事件。与此同时，由于传播信息范围的扩展，传播内容的多元和持续，新媒体环境下的传播对企业和组织声誉危机的影响也会更大。一次危机性事件就往往把企业的所有家底尤其是负面信息全部暴露出来，从而使企业或组织近乎透明地暴露在媒体和公众面前，无处躲藏。一般而言，报纸上出现很小比例的错别字或通讯社在发稿中出现小的失误都属于正常的概率性事件。在传统媒体时代，发生这样的事情最多也就是相关责任人会受到媒体内部的批评处理。而在新媒体时代，报纸版面上印错一个字，广播电视媒体中的播音员、主持人读错一个字音，都会迅速在网络空间中传开，甚至演变成为重要的社会话题，成为影响媒体声誉的危机事件。

5. 对声誉管理的时效性要求更高

无论是在传统媒体环境之下，还是在新媒体环境之下，公众对于企业或组织的声誉管理在时效性上都是有要求的，只不过这种时效性的要求在新媒体环境之下会变得更为突出和更加紧迫。在传统媒体时代，一旦企业或组织发生声誉危机，企业主体一般都会在第一个工作日内做出有效的回应，而在新媒体时代，突发性事件往往都会以近乎现场直播的方式进行连续报道，这就要求企业和组织必须在第一时间做出回应，否则局面很容易失控，很容易对企业的声誉产生巨大的冲击。有研究者通过研究发现，在自媒体环境下，如果一个企业不能在4小时之内对危机事件做出有效回应，那么事件的发展往往会超出企业所能控制的范围，甚至彻底失控。

6. 传统的媒体声誉危机管理技巧难以发挥效用

在传统媒体时代，企业的媒体公关基本可以实现常态化和程序化的管理，选择若干家媒体，通过广告投放、新闻策划、舆情收集等方式就可以和媒体建立一定的合作关系，并能达到较理想的传播效果，甚至在遇到声誉危机的时候也能通过与媒体的合作，以信息筛选、信息定向投放等方式对危机进行一定程度的控制。但在新媒体环境下，信息传播主体的多元化、草根化、平民化等都使得海量信息不时从各个地方流出来，企业已经没有办法事先锁定有效的信息传播主体，从而达到对信息流的控制。而一旦发生声誉危机，传统的信息封锁，包括在网络上进行删帖、灌水都已经很难控制信息，特别是负面信息的大面积扩散更是难以控制。因此，在新的媒体环境之下，传统媒体公关和危机控制的策略与技巧已不能有效地发挥作用，这使得企业和组织不得不寻求建立新的媒体公关体系和直属单位危机控制体系。

总之，随着媒体技术的发展，特别是新媒体和自媒体的诞生，媒体在传播方式上发生了巨大的变化，传播环境亦已改变。这一系列改变不仅为媒体的声誉管理提供了新的便利，同样也提出了新的挑战，传统的声誉管理手段和措施已经很难保证奏效。为了适应新媒体环境的变化，媒体在进行声誉管理时不仅要主动学会对新媒体的使用，也需要提高在新媒体环境下的声誉管理水平，以更新的声誉管理理念和声誉管理水平投入新媒体环境下的媒体声誉管理当中去。

二、新媒体环境下影响主流媒体声誉的因素

进入新媒体时代，传统主流媒体在很大程度上受到新媒体的冲击。新媒体由于其方便快捷、信息免费等优势，得到越来越多人，特别是青年一代的青睐。同时，新媒体上的信息量也远远大于传统主流媒体，且时效性较高，针对性较强。另外，关于主流媒体的负面信息也时常在新媒体上迅速传播，

这些都给主流媒体的声誉造成了不利的影响。

（一）新闻报道的时效性

如今，主流媒体仍然以传统媒体为其存在形式，即通过报纸、广播、电视等进行传播，这些传统媒体与新媒体相比，在时效性上是有所欠缺的。例如，一场地震发生后，新媒体会在几分钟后让人们了解到地震发生的有关情况，而报纸则只能第二天刊登有关消息。当然，广播、电视的速度要快一些，但广播、电视还需要组织语言、拍摄画面，等等，因此报道速度也无法与微博等新媒体平台相比。

当然，主流媒体也逐渐开始运用新媒体平台发布消息，但这些消息的发布也需要得到主管部门和该媒体领导的授权，以免出现不必要的麻烦。例如，在反腐风暴中，很多领导干部落马的消息就先出现在微博、微信等新媒体平台上，后来才被主流媒体的报道所印证。总之，主流媒体与部分新媒体相比，在时效性上还是存在一定的差距，这就会让人们对主流媒体的时效性产生质疑。

（二）新闻报道方式和报道文风

在新媒体时代，很多新媒体人都在强调用户意识和产品意识，即在充分研究信息用户的基础上生产出适销对路的信息产品。这里面主要包含两种意思：第一，将人们普遍需要的信息用通俗易懂、喜闻乐见的形式表现出来，让人们更乐于接受这些信息。第二，细分受众，针对不同受众的不同职业、年龄、兴趣爱好等，传播不同的信息，从而得到某一类群体的青睐。新媒体人通过这种做法，来吸引更多的关注。

与此相对应，部分主流媒体仍然采用传统的新闻报道方式和僵化的文风。这些媒体对受众的体验关注不够，不能根据受众的需要进行信息采集和传播，自然不能得到良好的传播效果。如央视的《新闻联播》尽管做了很多改进，但其某些套路化的语言、程式化的排序仍时不时会受到一些受众的质疑和吐槽，这在一定程度上影响着《新闻联播》的声誉。

（三）社会舆论引导能力

引导舆论是主流媒体的重要使命，能否进行正确、及时、有效的舆论引导是衡量主流媒体优劣的重要标准。然而，在新媒体时代，主流媒体的舆论引导也开始遇到了更大挑战。

引导舆论的基础是提供真实可靠的信息，一家不能提供可靠事实的媒体，自然难以服众。新媒体时代，海量信息在互联网上传播，很多经由主流媒体传播的信息在互联网上遭到质疑，这让很多网络用户对主流媒体信息的真实性心存怀疑，发布这些信息的主流媒体自然也就无法真正起到引导舆论的作用。

主流媒体的新闻评论是其引导舆论的重要手段，主流媒体通过新闻评论传播主流价值观。然而，有时主流媒体的新闻评论却会在新媒体上受到质疑。尽管有时主流媒体的言论可能会存在某些偏颇，但经由新媒体传播之后这种偏颇就会被无限放大，使得主流媒体陷入十分被动的局面。

如 2013 年 10 月，央视指责星巴克咖啡在中国的售价高于其在发达国家的售价，这本应是维护中国消费者利益的善意行为，却"被骂得很惨"。有些网友认为星巴克咖啡的售价高跟房屋租金等多种因素有关，不能仅仅因此就说星巴克暴利。更多的网友则指责央视避重就轻，不批评国内的刚需产品，反倒是批评国外的非刚需产品。也有网友认为消费者去星巴克消费的不只是咖啡，还有一种情调。央视的"星巴克事件"，是我国主流媒体面临舆论引导尴尬的一个缩影。

新媒体时代，新闻评论的主体绝不仅仅是传统媒体，大量有着专业知识和一定见解的人通过新媒体平台发布新闻评论，希望普及知识，表达见解，这些新闻评论往往选取生动鲜活的事实，配以幽默风趣的语言，再加入鞭辟入里的分析，很能吸引网民的"眼球"。网络新闻评论的出现"改变了以往传媒言论一统天下的局面，打破了观点趋同的传播模式，网民可以从不同角度、不同层面、不同立场出发，自由发表意见，表达不同的利益诉求，甚至站在与传媒观点相反的立场上"①。活跃于新媒体平台上的新闻评论对主流媒体的新闻评论造成了很大的冲击。

（四）其他负面信息

过去，主流媒体掌握着舆论主导话语权，任何信息，如果不经过主流媒体权威发布，则很难获得广泛的传播。然而，新媒体产生之后，有些信息往往不经过主流媒体就直接在网络上传播，致使主流媒体在信息"把关"方面的功能受到一定程度的影响。而这些有关主流媒体的负面信息在网络上广泛传播，无疑给主流媒体的声誉造成了巨大的危机。

2015 年两会期间，新华社通过客户端或官方微信号，发布了两篇与两会相关的记者采访手记，引发公众及媒体同行的大吐槽。3 月 4 日，新华社两位记者在新闻发布会现场偶遇新闻发言人傅莹并激动地同傅莹对话、合影，他们将这段经历写进了自己的手记。随即有媒体同行认为他们作为见过世面的新华社记者，不应该写出如此肉麻的语言，这简直是对权力的跪拜。另一位记者写的"陈道明席地而坐，为我亲手改稿"的手记也引起了媒体同行的集体吐槽。有媒体同行评论，作为一个国家级通讯社的记者，稿件居然要由一个演员来改写和审定，实在是有失专业。这两篇手记都反映出记者的作风和立场存在一定的问题，而问题经由互联网上的大量转发和广泛讨论，被逐渐扩大化，这对新华社的声誉产生了一定的不良影响。

大到违法犯罪丑闻，小到工作作风问题，主流媒体及其从业人员的负面信息经由互联网传播、发酵，会对其自身的声誉产生难以弥补的不利影响。

（五）新媒体和新技术的运用

在新媒体时代，很多主流媒体及其工作人员也开始重视利用新媒体平台传播信息。然而，很多主流媒体及其从业人员并不善于运用新媒体，这也不利于形成主流媒体的良好声誉。

在"互联网＋"的大趋势下，大多数主流媒体纷纷转向新媒体领域，开

---

① 马莉.网络新闻评论浅析［J］.新闻战线，2010（3）：69-70.

办自己的网站，开通了微博、微信、客户端等新媒体平台。但大部分情况下，传统主流媒体仅仅停留在把信息内容原封不动地复制到新媒体平台上，如此一来，新媒体上的内容依然是"老一套"，不具有"新媒体"属性，也不符合新媒体背景下受众的信息消费习惯和使用习惯，这样的内容自然在竞争激烈的新媒体时代没有市场。

有些主流媒体仅仅将新媒体平台作为旧有内容的推广渠道，而不是利用新媒体的互动属性，与受众展开双向交流，以获取受众的及时反馈，从而调整新闻生产战略和信息生产策略。无论微信、微博还是客户端，互动是必不可少的重要元素，而有的媒体只是发布信息，不关注受众的反馈，不重视受众提供的各种线索，这样使得主流媒体丧失了了解和研究受众的机会，也让受众觉得这些媒体缺乏活力和关怀。

部分主流媒体的从业人员没有利用新媒体进行传播的意识和能力。当前，仍然有一些主流媒体的记者、编辑认为新闻作品只要发表或者播出了就万事大吉，他们没有考虑自己的作品是否可以在新媒体上进行传播，也没有进行这样的实践。这自然也与这些主流媒体的管理和考评机制有关。

有些主流媒体的从业人员也经常使用新媒体平台发布一些内容，这些内容既包括自己所在媒体报道的内容，也包括自己的一些所见所闻和观点，这本来是一种个人行为，但网民在浏览此类个人化的内容后，将这些内容与记者个人所置身的媒体机构联系起来，认为这些内容是代表媒体的。一旦其中的某些事实被证明是虚假的或者其中的观点被认为是偏激的，会使得网民把对记者个人的"污名化"和"标签"转嫁给其所在的媒体机构，从而给这些主流媒体造成声誉方面的不良影响。

总之，主流媒体及其从业人员运用新媒体的意识和能力有待提高，同时也应该恰当地使用新媒体。

三、新媒体环境下我国主流媒体的声誉管理原则

（一）充分重视媒体声誉管理，树立媒体声誉管理观念

根据资源基础论，稀缺性资源对于一个组织具有重要的意义，而对于主

流媒体来说，声誉恰恰就是这样的稀缺性资源。因而主流媒体应该充分重视自身声誉，同时善用其他稀缺性资源来维护和改善声誉。

在我国主流媒体发展演进的过程中，主流媒体往往都是很关注自身声誉的。例如，有的媒体甚至是媒体的一个部门都制定了自己的规章制度，要求其员工遵守，以避免其工作人员的不当做法给该媒体的声誉带来损失；有的媒体打出自身的形象广告，力图吸引受众；有的媒体坚持"三贴近"，给基层群众留下了很好的印象。总之，任何媒体都会注意到自身的声誉，并采取相应的措施。

然而，对于很多主流媒体而言，它们虽然能够认识到声誉对自身的重要价值和意义，但对于声誉的维护，仍然停留在自发的低层次阶段，而没有进入到自觉的高层次阶段。也就是说，它们对于自身声誉的重视度不够高，也不能采取有效措施系统地解决自身的声誉问题，更没有建立起声誉管理的专门机构。

因此，我国主流媒体首先要在思想意识上提高对于声誉问题的重视，而这种重视首先应该从媒体的管理层开始。媒体的管理层要充分重视声誉问题的重要意义，将声誉问题摆在媒体发展的战略高度，同时，要把声誉管理的思想意识渗透到新闻报道、营销等各个运作环节和采访对象、受众等各个节点，争取让媒体的良好声誉处处开花。同时，媒体也要加强对广大从业人员的教育和培训，让他们明确声誉这一重要的稀缺资源对于媒体发展的重要意义，进而在自己的工作岗位上时时处处关注自身的声誉和媒体的声誉。

为了保证声誉管理能够落到实处并起到良好的效果，主流媒体内部可以设立声誉管理委员会，专门负责管理媒体的声誉。从媒体的公关活动、形象宣传，到从业人员的职业操守、形象设计，都应该成为这个委员会的管理范围。声誉管理委员会的主席可以由媒体的最高领导人担任，他既要负责对外宣传媒体的形象，在外界形成媒体的良好声誉，又要对内加强和改善声誉管理工作。声誉管理委员会的专职人员负责日常的声誉管理工作。

当然，媒体声誉的维护和改善仅仅靠由少数人组成的声誉管理委员会是远远不够的，还要靠媒体内每一个从业人员的参与，这就需要制度建设和教育培训。媒体要在原有的职业道德规范、工作守则等的基础上，建立健全有关声誉管理的规章制度，让每一名从业人员明确自身所处岗位在声誉方面的职责；要建立奖惩机制，对于认真履行声誉职责，对媒体声誉改善发挥重要作用的人给予奖励，对于损害声誉的人进行适当的处罚。同时，还要邀请有关的专家学者开展对于从业人员的教育和培训，让他们树立声誉管理意识，把握声誉管理要点，掌握声誉管理技巧，从而在各自的工作岗位上通过良好的工作作风和业绩为媒体的声誉维护与改善贡献一份力量。

总之，主流媒体声誉维护与改善的第一步，就是从上到下在思想上更加重视自身的声誉问题，还要结合自身的实际情况建立专门的声誉管理机构，建立健全声誉管理的有关规章制度，并定期对从业人员进行教育和培训，不断形成和巩固从业人员的良好声誉意识。

声誉作为一种稀缺性资源，能够给主流媒体带来诸多的收益，主流媒体自然应该更加重视声誉管理工作。与此同时，主流媒体还要看到自身所拥有的一系列其他稀缺性资源，例如自身的宣传平台、党政机关的大力支持、大批受众的拥护，等等，这些稀缺性资源的运用也能促进声誉的改善。因此，主流媒体要有充分发挥资源优势以维护和改善声誉的意识。主流媒体可以借助自身的平台宣传好自己的形象，可以多争取主管党政机关的支持，也可以发动广大受众参与到某项活动中来。

（二）充分利用新媒体资源打造媒体良好声誉

在新媒体环境下，主流媒体受到了很大的冲击，部分关于主流媒体及其从业人员的负面信息在新媒体平台上大肆传播，更使得主流媒体的声誉雪上加霜。在这种情况下，主流媒体更应该重视自己的声誉，让良好的声誉成为促进自身发展的雄厚资本，除了能够实现媒体自身的转型，更要充分利用新媒体来打造媒体自身的良好声誉。

1. 扩大媒体关注范围，将自媒体等新兴媒体纳入关注对象

在新媒体环境下，影响媒体声誉的媒体范围更加广泛，除了重点的传统媒体之外，越来越多的新媒体开始进入公众的视野并日益发挥巨大的作用。为了在新媒体环境下进行有效的声誉管理，主流媒体应扩大媒体关注的范围，

除了媒体自身的旧有媒体，媒体的内部网络、媒体网站、行业网站之外，也要关注网络社区、知名社区论坛、贴吧、行业大V、重点员工及核心高管还有社会知名人士的自媒体，等等，总之要将一切可能影响到媒体声誉的因素都纳入关注的范围，要借助新媒体的影响力来塑造和维护媒体的声誉。

2. 提高媒体的日常接触频率，与其他媒体实时互动

在传统媒体环境下，由于与其他媒体接触的成本相对较高，更由于主流媒体自身作为媒体的原因，主流媒体主动与其他媒体的接触除了业务上的合作往来之外可谓少之又少，主流媒体一般不会主动将其他媒体作为塑造和维护自身声誉的平台。在新媒体环境下，一方面受益于传播成本的降低，另一方面也是出于公众对信息要求的高实效性，媒体必须提高同媒体的接触频率，而且在媒体的选择上要更加精准，让信息有效地到达相关受众。比如，微信公众号现在已成为越来越多的媒体进行信息传递的有效平台，这一平台对信息传递的频率要比传统媒体高得多，有些媒体的公众号不仅几乎每天都发布有质量的文章，甚至已经放弃了传统上的工作日与非工作日、工作时间和非工作时间的区别，做到了信息传递当中的实时和动态传播，大大提高了信息传播的有效性。

3. 提高声誉舆情监控水平，建立媒体声誉预警制度

为了维护和提升主流媒体的声誉，媒体必须对瞬息万变的舆论环境了然于胸。这就要求主流媒体必须提高自身的舆情监控水平，能够利用专业化的舆情软件对所有媒体进行监控，定期形成媒体声誉及潜在舆情的评价报告，并根据评价结果策略性地调整媒体的声誉管理活动，将媒体声誉的危机消除在萌芽状态，对潜在的声誉危机事件则要制订不同级别危机的处理预案。

4. 建构新的媒体关系网络，提升媒体关系处理能力

在新媒体环境下，媒体要提升媒体关系的处理能力，必须注意以下几个方面：首先，要能够根据自身的特点和媒体声誉管理的特定需求来选择适合自己的媒体形式，如针对年轻受众应选择他们喜爱的新媒体样态，针对广告

主和外部管理者则要选择传统的主流媒体。其次，在使用新媒体和与新媒体打交道的过程中要掌握新媒体的信息需求特性，以符合新媒体特性的语言及风格来传递信息。最后，还要加强媒体自媒体及媒体中重要个体的自媒体建设，并使之与有传统媒体背景的自媒体形成有效关联，建立起传统媒体与新媒体领域内的信息有效互动。

5. 拓宽传播新平台，创新传播方式

近些年来，各种新媒体平台涌现在人们面前，尤其是快手、抖音等短视频平台，在短时间内能够迅速吸引用户的关注与转发。目前，《人民日报》、央视新闻、新华社等我国主流媒体已经入驻上述平台，它们正在拓宽内容传播的新渠道。同时，2019 年起，央视新闻在抖音等平台开设的"主播说联播"栏目受到了广大用户的好评，该栏目能够让用户了解主播们不为人知的一面，并通过有趣生动的形式和内容吸引关注，这使得主流媒体逐渐走向亲民化，赢得更好的声誉评价。

综上所述，我国主流媒体首先要充分重视声誉，让这种重视从自发上升为自觉，自觉做好声誉管理的顶层设计并将其实施下去。同时，主流媒体也要学会"借力"，即利用各种稀缺性资源做好媒体声誉的内部管理和外部管理。

第四章　新媒体环境下主流媒体声誉内部管理

第一节　主流媒体声誉内部管理

一、主流媒体声誉内部管理

现代企业的发展，使管理本身作为一项协调组织内外各类人群，实现组织共同目标的活动已经成为组织不可缺少的因素。与此同时，随着媒体科技和人类社会的不断发展，人们对媒体的期望越来越高，当今的媒体不仅要能够为受众提供高质量的信息内容，还要承担起更多的社会责任。媒体作为社会中的一员，对声誉的追求也正在成为媒体发展的动力之一。

媒体声誉的内部管理，顾名思义就是如何通过调整媒体内部的利益相关者的互动关系来对媒体的声誉实施管理。根据一般对于管理的定义，即管理是一种特定组织在一定的条件和环境下所进行的有目的的、持续的、有效的资源配置活动，媒体声誉内部管理可以定义为：媒体组织要求组织的内部利益相关者（管理者、员工等）在进行自我管理的同时，将其对内的组织管理活动等一系列的媒体声誉内部管理进行有效融合以达成构筑、维护和提升媒体声誉的动态创造性活动，其目的在于建立并增强所有利益相关者对媒体的信任，从而达到提升自身竞争力并赢得持续的竞争优势，提升媒体传播力和公信力的目标。

在媒体声誉内部管理的过程中，管理活动由管理主体，即媒体声誉管理活动的出发者和执行者来承担，通常包括媒体组织的管理者、股东、员工，等等，他们是媒体中的内部利益相关者。其中管理者是声誉管理的核心，他们是媒体声誉内部管理的主导者和践行者，股东、员工则是参与管理者。而管理客体既包括媒体组织中的一般成员（他们执行组织分配的工作任务），也包括媒体组织中的声誉资源。与媒体组织中的其他管理如战略管理、人事管理不同，媒体组织声誉管理有自己的独特性。

首先，声誉管理的目标是要建立媒体与所有利益相关者之间互相信任的关系，而在这一过程中首先应该建立媒体与管理层、股东和员工的信任关系，媒体声誉凝聚了利益相关者对媒体的信任。在与媒体的接触过程中，受众对媒体声誉的要求是不容忽视的，而要解决这一问题，媒体首先要处理的就是自身声誉的管理。

其次，媒体声誉内部管理具有全员性特征。声誉的形成是一个长期的过程，要通过媒体长期的努力才能取得一定的成效。由于媒体的利益相关者较多，要提升利益相关者对媒体的信任和赞誉，仅靠媒体的管理者和少数直接的外事或公关部门是远远不够的，它需要全体员工积极热心的参与和维护。很多时候，外部公众是从员工的言行上来判断媒体。每一个个体在某种层面上就代表了其背后的集体即媒体组织，人们往往通过对个体的认识来定义集体的印象。这就需要媒体的管理者创造一个充满信任的内部环境，组织全体员工来创建和维护媒体的声誉。

因此，媒体声誉管理是传统媒体管理的升华，通过媒体声誉内部管理的活动引导媒体外部利益相关者对媒体形成更积极的评价，才能将一个负责任、有道德、有能力的媒体形象更好地展现在所有利益相关者面前。变被动适应为主动改造，正是媒体声誉内容管理的价值所在。

二、主流媒体声誉内部管理的维度

国内管理学学者和芸琴在《企业声誉内部管理——创建持续竞争优势的新视角》一书中，通过头脑风暴的方法组织专家学者对企业声誉内部管理的维度进行了充分讨论。经过提炼，她总结出了企业声誉内部管理的四个维度：股东维度、管理者维度、员工维度、组织维度。[①] 这四个维度虽然是针对企业声誉的内部管理，但因为媒体具有不可回避的企业属性，故此四个维度同样适用于媒体声誉的内部管理，因为我国（中国）媒体的国有性质，股东（实际上相当于媒体的上级管理部门）不能参与到媒体声誉的内部管理，但股东又对媒体声誉的管理影响颇大，所以和芸琴提出的股东的维度将在下一章媒体声誉外部管理中论及，这里只从其他三个维度上来探讨媒体声誉的内部管理。

（一）管理者（层）维度

即在企业的组织架构或企业声誉内部管理中的管理者（层），一般是指对企业各个层级的战略决策或业务执行具有决策能力和指导地位的人。对媒体声誉内部管理而言，其管理者不仅包括在媒体内部各个层次担任领导职务的管理者，如一家报社的社长、总编辑、各个部门主任、业务组长，一家电台或电视台的台长、副台长、总编辑、部门负责人，一家网络媒体的总经理、内容总监、运营总监，等等，也包括实际担任媒体声誉内部管理工作的领导，即执行管理决策每一环的小部门（如有的媒体专门设置的公共关系管理部、舆情监测部等）的领导者。

（二）员工维度

即构成一个企业和媒体组织的一般性成员。作为媒体组织构成的主体部分，员工不仅是媒体组织一切业务活动（即提供产品和服务）的动力源泉，是媒体组织履行社会责任的基本人力资源，而且是构成媒体组织声誉的基础。员工的满意度与顾客的满意度具有很强的正相关关系，这已经得到了许多实证研究的支持。[②] 媒体作为一个独立整体的组织和主体，其声誉的构成与每一个员工的社会行为息息相关。一方面，任何员工由于其工作失误或个人原因所招致的社会公众负面评价，如员工闯红灯、酒后打人等都会影响到媒体组织的整体声誉，牵一发而动全身；相反，员工也可以通过自身的努力为媒体

---

① 和芸琴.企业声誉内部管理——创建持续竞争优势的新视角［M］.北京：经济科学出版社，2012：66.

② 缪荣.公司声誉［M］.2 版.北京：经济管理出版社，2013：5.

赢得更好声誉。另一方面，员工自己对所在媒体的正面评价与强烈归属感亦是媒体声誉构成的重要影响因素，员工的这种正面评价和归属认同在某种程度上会对媒体声誉起到一定的预警和修正作用，可以预防媒体声誉出现大的波动。甚至，当员工无论以何种身份出现在公众视野中时，员工本身就是媒体声誉的形象大使，其一言一行都会对媒体的声誉造成巨大的影响。

（三）组织维度

组织维度即组织作为整体对媒体声誉管理的影响。对于一家媒体而言，其内部的组织架构、运营机制、生产效率、文化认同等因素同样会影响到媒体的声誉，因而组织也是媒体声誉内部管理不容忽视的层面。组织的整体状况反映着媒体声誉内部管理生态是否平衡。组织本身构成往往存在软、硬两个方面，因此组织对媒体声誉管理的影响也必须体现在软、硬两个方面。软的方面，如媒体组织的内部文化、风格特征，硬的方面，如媒体的建筑外观、标记、办公环境等都会影响到媒体的声誉。

三、主流媒体声誉内部管理模型

企业声誉是一种动态结构，其中既有感性的成分，也有理性的成分，媒体声誉亦是如此。与企业声誉一样，媒体声誉一般也具体表现为一系列的信念，如公众对媒体的喜爱、尊敬和信任，等等。学者丰布伦等人经过研究发现，公众建立对企业的直属单位评价的基础，是他们可得到的关于企业的活动的信息，这些信息有的来自他们自己的亲身经历，有的则来自媒体或其他渠道关于企业的特征、能力、产品、服务等与企业相关的各种行为的信息和知识。丰布伦同时也得出结论，当关于企业的能力、成就和前景等方面的信息和知识在更大范围内传播开来的时候，个体的阐释就汇聚成了对企业的声誉评价。[①] 丰布伦对企业声誉以公众对企业直属单位的评价为基础以及评价所依据的信息的来源渠道的研究，对媒体声誉的内容管理同样具有重要的启示意义。

---

① FOMBRUN S. What's in a name? Reputation building and corporate strategy［J］. Academy of management journal，1990（33）：233-257.

　　美国学者道林（Dowling）则把这种个人对企业各方面的评价系统归结为企业的身份和企业形象，并且认为声誉在形成过程中会受到评价者个人价值观的影响，当评价者对企业形象的感知和自身的价值观匹配或者匹配度较高的时候，他们对企业的声誉评价才是比较好的，反之则不然。[①] 而根据社会认知理论，企业内部的利益相关者们会在社会环境中通过对他人的观察、学习来获得某项知识、信念甚至态度。因此，在企业声誉形成和维护的社会网络中，企业的内部利益相关者以及内部利益相关者之间的关系处于声誉形成的核心位置，并在声誉信息传播过程中起重要作用，同时，企业在竞争市场上的行动以及内部利益相关者之间的洞察力量交互也促进了企业声誉的维护和提升。

　　对此，可以将媒体声誉内部管理看成是对股东、管理者和员工这三大内部利益相关者及其所处的组织环境的交互作用、互相影响的一个结果，是一个动态过程，并在与外部利益相关者的沟通过程中互相促进。这样，内外部利益相关者的期望与行动不断交替升级，就形成了媒体声誉管理的螺旋式上升态势，并由此形成了媒体声誉内部管理的模型（见图4-1）。

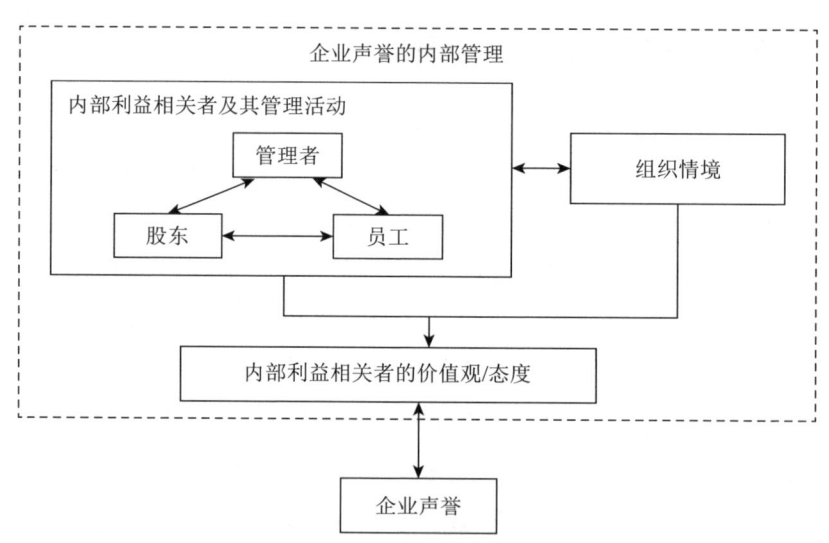

图4-1　企业声誉内部管理 [②]

---

① DOWLING G R. Journalists' evaluation of corporate reputation ［J］. Corporate reputation review，2004，7（2）：196-206.

② 和芸琴. 企业声誉内部管理：创建持续竞争优势的新视角［M］.北京：经济科学出版社，2012：64.

通过以上媒体声誉内部管理的模型不难发现，媒体声誉是经由社会沟通网络形成和发展的，因而具有较强的社会性和扩散性。在现实社会中，很多利益相关者不可能在媒体中有直接的经历，与媒体也没有直接的关系，不会受到媒体的直接控制和影响，因而媒体对其声誉的管理在一定程度上只能起到有限控制的作用。然而，与那些不能受到媒体直接影响的外部利益相关者相比，媒体内部的利益相关者恰恰会受到媒体的直接影响，也最先形成了媒体的声誉，进而，在媒体内部利益相关者与外部利益相关者沟通过程中，媒体的声誉便有可能在外部利益相关者中形成。因此，在媒体声誉管理的大系统中，更应该将重点放在媒体内部，这样才能更有效地赢得社会大众对媒体的关注和信任，从而取得媒体在外部社会空间中的良好声誉。

第二节　主流媒体声誉内部管理——管理者

一、媒体管理者个人声誉与媒体声誉

所谓管理者，即从事管理工作的人员，他们是媒体所有管理活动的行为主体，即通常意义上所说的媒体领导或媒体管理层，如媒体中的台长、社长、主任、制片人等。著名管理学者亨利·明茨柏格（Henry Mintzberg）经过长期研究认为，管理者扮演着 10 种不同但又高度相关的角色，这 10 种角色可以进一步组合成三个方面：人际关系、信息传递和决策制定。[①] 在企业声誉内部管理过程中，企业管理者尤其是企业的高层管理团队的导向作用、示范意义和管理执行工作内容是企业中任何其他成员都无法取代的，因而他们的个人声誉对企业的声誉也有着至关重要的作用。德国《商业周刊》曾经做过一项调查，结果发现，64% 的公司主管深信企业声誉主要来自 CEO 声誉。英国的类似调查则发现，49% 的意见领袖认为 CEO 声誉的好坏决定了企业声誉的好坏。一般认为，CEO 声誉对企业声誉的贡献度，至少要达到 50% 左右，才

---

① 罗宾斯.管理学：第四版［M］.北京：中国人民大学出版社，1997：9.

能算是一个合格的 CEO。

对媒体而言，管理者的角色实际上是指作为一般的管理者在媒体体系内从事各种活动时的立场、行为表现等的综合体现。媒体的管理者，尤其是媒体的高层管理团队，在现代媒体管理中的中心位置无法替代，他们主要关注媒体的战略规划、媒体的文化建设等关系媒体长远发展的全局性问题，他们也是媒体声誉内部管理的绝对核心主体。从这个意义上来说，高层管理团队对媒体声誉有着特殊的作用，这其中包含了高层管理团队的个人声誉、个人道德修养、领导风格和诚信度，等等，这些因素会影响媒体的利益相关者对媒体高层管理团队的信任程度，进而影响他们对媒体的印象和评价。

二、媒体声誉管理与管理者之间的关系

学者杨保军认为，新闻传播的主体分为高位主体和本位主体。所谓高位主体主要是指新闻资产的所有者、经营者和管理者。高位主体决定着新闻传播的总体方向，是新闻传播总体目标的设计者和确立者，是新闻传播活动规范的主要制定者，也是新闻活动的指导者和监督者。[①] 本位主体则指的是媒体自身，包括媒体内部的领导、员工等从事媒体所有业务和管理活动的主体。

这里所说的媒体声誉的管理者概念类似于杨保军所说的本位主体。管理者在主流媒体的发展和运行中有着举足轻重的地位，主流媒体管理者和主流媒体本身的发展及其声誉更是有着十分密切的关系。如果一家主流媒体没有合格的管理者，或一家媒体在其管理者眼中声誉不佳，就很难有好的发展，也很难形成良好的社会公众声誉。因此，在主流媒体进行声誉管理的时候，首先要处理好的就是媒体自身和媒体管理者之间的关系。

主流媒体的管理者又可以分为高层管理者和中层管理者。高层管理者是主流媒体中的最高决策层，如报社的编辑委员会成员、广播电视台的党组成员等。中层管理者主要是指主流媒体各职能部门的负责人，如媒体内部的各中心（频道）领导、部门领导，以及媒体各分支机构负责人，等等。

---

① 杨保军.新闻理论教程［M］.北京：中国人民大学出版社，2005：66-67.

（一）管理者的个人声誉建构

在新媒体环境下，主流媒体的领导者或管理者（在企业通常被称作高管，在媒体则通常被称为媒体的领导层）通常都处于媒体的高度关注之下。与普通员工相比，媒体管理者的素质和形象对媒体声誉的影响更大，其一言一行都很容易引起其他媒体和公众的高度关注，他们在公众活动及关键时刻如果行为表现不佳、个人生活隐私有瑕疵、公开言论不当，存在严重的诚信问题和违规行为，甚至出现严重的违法犯罪行为，通常都会引发媒体声誉危机。

近些年来，一些主流媒体不断曝出的高层经济问题和生活作风问题也确实给媒体的声誉造成了很大的影响。《21世纪经济报道》原总编辑沈灏因为权力寻租落马，不仅使其之前通过《南方周末》新年贺词所建构的悲悯爱民的形象瞬间崩塌，也使21世纪报系的社会声誉降到了原点。江苏广播电视台、福建广播电视台、重庆广播电视台、山东广播电视台高层的腐败，同样不仅给本就在市场竞争中艰难前行的传统广电媒体造成了巨大的经济损失和经济压力，也让江苏广播电视台、福建广播电视台等旗下的广播、电视媒体在声誉方面受到了严重的打击。相反，广东省委宣传部原部长慎海雄在接任中央电视台台长之后，不仅通过一系列改善员工生活和工作条件的管理措施增强了新合并成立的中央广播电视总台全体员工的工作士气，而且亲自上阵，于2018年5月赴莫斯科克里姆林宫对俄罗斯联邦新任总统普京进行了独家专访。这是普京就任新一届俄罗斯总统后首次接受国外媒体专访，也是普京总统首次在克里姆林宫接受中国媒体的专访，更是中国广电发展史上首次由台长担任记者角色做的出镜采访。慎海雄台长的出镜采访不仅展现了他作为一个老新闻工作者的业务风采，更是向全国乃至全世界展示了中国中央广播电视总台的形象，大大提升了中央广播电视总台的媒体声誉。

因此，媒体有必要对媒体管理层的行为进行规范，以防止媒体领导层的行为对媒体声誉产生负面影响。而为了不因个人的行为和形象影响到媒体的声誉，媒体的高层领导也必须树立媒体声誉的意识，适当约束个人的私生活，强化诚信意识，注重个人形象和个人品牌的建设，注意个人在公共场合的言行，杜绝出现违法犯罪的行为。总之，要建构良好的媒体声誉，管理者首先需要通过一系列的主观行动积极建构管理者的个人声誉。当然，从声誉管理的效果来讲，管理者个人声誉的建构除了从对管理者的约束和管理者自身的努力入手，媒体也可在管理者的个人声誉建构方面建立适当的制度，如对管理者的权力进行适当约束、对管理者的公众言行及舆论反响进行监测、对管理者的形象进行专业化的设计引导，等等。

（二）对媒体声誉管理的参与与领导

主流媒体要处理好与这些管理者之间的关系，发挥其在媒体声誉管理中的影响和作用，首先要给予这些管理者一定的权利。作为主流媒体的管理者，在一般人看来具备了与众不同的社会光环，实则不然，处于这个位置上的管理者需要在处理好媒体内部各项事务的同时，还要和社会上其他单位建立良好的关系并维护媒体的形象和利益，完成媒体外部的管理者交付的任务，因此做好这项工作也十分辛苦。主流媒体应该给予自己的管理者适当的且较为丰厚的回报，在此基础上，可以建立激励机制，对于超额完成任务的管理者提供更高的回报。与此同时，主流媒体还要给予管理者适当的权力，让他们能够形成自己的权威，领导员工做好各项工作。这样，才能让主流媒体的管理者能够自觉自愿地做好自己的工作，促进媒体的发展，也能让主流媒体在自己的管理者中享有较好的声誉，留住人才并吸引更多的人才。此外，还要建立相应的处罚机制，一旦主流媒体声誉受损，相应的领导负责人也要承担责任，及时采取挽救和弥补措施。

（三）管理者的权利与义务

长期以来，由于我国主流媒体的事业属性和行政特色，媒体的各级管理层都是由上级领导部门来提拔和任命，媒体各级管理层领导的升迁固然有业务能力和业务贡献的因素，但很多时候也难免存在"被上级领导赏识"的成分。这使得各级管理层往往将工作的重点放在如何出色地完成上级领导交付的任务、如何在领导面前获得良好声誉方向，从而有意无意忽略了媒体声誉的真正主体——社会公众及其他利益相关者的评价，最终影响了对媒体声誉的管理。

当然，主流媒体也要赋予管理者应有的义务并监督他们。对于不同层级的管理者来说，义务自然是有区别的。高层管理者应该为主流媒体的运作和发展奠定好的基调，如加强媒体文化建设，使员工都能有正确的价值观并遵守职业道德；加强制度建设，用制度约束员工，并激励他们为媒体的发展和声誉贡献力量；加强对下属的监督，督促他们改进自己的工作，从而改善媒体的声誉。中层管理者承担着承上启下的使命，既要贯彻好高层管理者的决策指示，又要督促自己部门的员工做好各项工作，还要在工作的各个具体环节考虑声誉管理的问题。在新媒体环境下，主流媒体的管理者要做好谋划，努力促成自身媒体融合，让自身拥有的传统媒体和新媒体相辅相成，相互促进，共同发展。总之，主流媒体要明确管理者的责任与义务，并监督其履行好自身的职责。这样才能使主流媒体包括声誉管理在内的各项工作正常运行，保证良好的声誉。

综上所述，主流媒体既要充分保障管理者的权利，又要赋予管理者必要的义务并进行监督，只有这样，才能保证媒体运作良好，声誉不断改善。

第三节　主流媒体声誉内部管理——员工

一、媒体员工与媒体声誉

著名喜剧演员葛优在电影《天下无贼》里曾说过一句有趣的台词，他诙谐幽默而又严肃认真地自问自答："21世纪什么最贵？人才！"诚然，人才的力量不容小觑，人才的价值体现在社会生产、建设和发展的方方面面，而现代企业之间的竞争最终都会落实到人力资源的竞争上，即人才竞争。当今社会，有知识和技能的员工不仅是现代企业重要的人力资源，也是现代企业在激烈的市场竞争中能否取胜的关键因素。员工是企业声誉的主体和灵魂，是企业及组织声誉的真正的践行者和驾驭者，他们的一言一行、一举一动都是企业和组织形象的重要组成部分，都是企业精神和企业文化的外在表现，都与企业的声誉建构紧密相关。在企业声誉管理的过程中，企业声誉的高低取决于企业利益相关者对它的评价，作为企业重要的利益相关者，员工的支持同样也是企业获得良好声誉的保障。因此，为了企业的生存和发展，企业管理层必须十分重视员工的诉求和需要，并想办法加以满足。爱德曼（Edelman）国际公关公司在美国和欧洲进行的"信任晴雨表"调查中发现，公众认为企业员工传递信息的可信度比企业 CEO 的可靠性高出一倍，可见员工对其他利益相关者有着巨大的影响力。戴维斯·扬也提出，如果没有一个好的内部声誉，企业的外部声誉也不会好，如果员工不信任企业，就会把他们的感觉和意见公开给每个人，这样将会极大地损害企业的声誉，使企业蒙受巨大的损失。[①]

对媒体而言，其员工从广义上来说包括所有构成媒体工作的人员，既包括其中占主体地位的采编人员，保障媒体基础技术和物质条件的技术人员与后勤保障人员，包括为媒体正常运行提供系统保障的党政、财务、服务等各类人员，也包括媒体用于制度改革或为了完成阶段性任务所聘用的各类临时人员（俗称临时工）。创建媒体声誉是媒体全体员工的事情，整个媒体的声誉体现在它的各个部分当中。因此，作为媒体声誉管理的重要任务，媒体管理层必须妥善处理媒体与员工之间的关系，关心员工，加强与员工间的沟通，为媒体员工提供平等、安全的就业机会；加强对员工的职业素养培训，确保每个工种、每个工作岗位的人员都各司其职、各安其位，树立责任意识、促进员工的身心健康；通过精神激励或物质奖励的方式来激发员工建构媒体声誉的积极性、主动性，引导和激励媒体的每个员工都来参与建立和维护媒体的长期声誉，让每位员工都参与其中，关心媒体的声誉。

二、正确处理媒体自身和员工间的关系

习近平总书记 2018 年 2 月在党的新闻舆论工作座谈会上的讲话中强调，"媒体竞争关键是人才竞争，媒体优势核心是人才优势。"我们这里所说的主流媒体的员工就包括前文所说的本位主体，当然也包括一些从事发行、广告及后勤等事务性工作的员工。

---

① 和芸琴.企业声誉内部管理：创建持续竞争优势的新视角［M］.北京：经济科学出版社，2012：113.

（一）通过激励和引导，形成每位员工都关心媒体声誉的媒体文化氛围

员工在主流媒体中直接从事各项具体工作，直接与采访对象、受众、广告商等方面联系，直接采写新闻作品，因而他们是主流媒体开展各项业务的中坚力量。对于员工，主流媒体要为他们提供不低于同类媒体的薪酬福利，并充分保障他们接受培训、休假等方面的权利，与此同时，还要提供给他们广阔的职业发展平台，从而在他们中间形成媒体的良好声誉。习近平指出，"要深化新闻单位干部人事制度改革，对新闻舆论工作者在政治上充分信任、工作上大胆使用、生活上真诚关心、待遇上及时保障。"①如果一家媒体在员工之中没有良好的声誉，就很难招聘到优秀的人才，难以发展壮大。

在善待员工的同时，主流媒体还要加强对员工的管理工作。主流媒体应该加强对员工的职业道德和法律教育，通过制度等手段确保他们遵守职业道德和法律。当然，对员工的管理也要分不同的岗位，对于采编岗位和营销岗位要严格区分开来，以免出现利用发稿权对采访对象进行敲诈的现象。对于采编岗位的员工，媒体应该要求他们具有正确的价值观和良好的职业道德素养，坚决杜绝违背新闻伦理的做法，在此基础上，善待自己的采访对象，创作出既符合主流价值观又满足受众需要的作品。对于营销岗位的员工，主流媒体要加强教育引导，让他们在遵守职业道德的同时为受众做好各项服务工作，从而扩大自身的影响。习近平提出，要加快培养造就一支政治坚定、业务精湛、作风优良、党和人民放心的新闻舆论工作队伍。新闻舆论工作者要增强政治家办报意识，在围绕中心、服务大局中找准坐标定位，牢记社会责任，不断解决好"为了谁、依靠谁、我是谁"这个根本问题。要提高业务能力，勤学习、多锻炼，努力成为全媒型、专家型人才。要严格要求自己，加强道德修养，保持一身正气。

在新媒体环境下，主流媒体还要让自己的员工能用、善用新媒体扩大自身的影响，采编人员可以利用新媒体平台发适合新媒体的新闻报道或评论，营销人员也可以利用新媒体进行与声誉建构、维护和提升的主题营销活动。

---

① 习近平在党的新闻舆论工作座谈会上强调：坚持正确方向创新方法手段　提高新闻舆论传播力引导力［EB/OL］.（2016-02-20）. http://cpc.people.cn/n1/2016/0220/c64094-28136289.html.

与此同时，主流媒体也要规范员工的新媒体传播行为，避免员工的一些不当言论传播出去，给媒体造成不好的影响。总之，主流媒体要让自己的员工掌握新媒体使用的技能，同时规范员工的新媒体传播行为。

（二）妥善处理媒体组织与内部员工间的关系

1. 关心员工成长，加强与内部员工的沟通和交流，使员工与媒体有共享目标的价值观

除了不断向员工传达一系列的纪律和要求，特别是关于各种报道的口径和规范，媒体也要不断向员工通报媒体在各方面活动的信息。一方面，媒体要通过与员工的沟通来增加媒体对员工的情感吸引力，构建起员工对媒体的文化归属感，保证员工在态度和行为上的一致性；另一方面，媒体也必须通过倾听员工的意见、尊重员工的意见来赢得员工的认同与信任。员工越认同媒体的目标和价值观，媒体的凝聚力就越强，员工越支持媒体，就越会自觉自愿地成为媒体的声誉代言人，在其人际关系网络或自媒体中传递关于媒体的积极信息，从而逐步形成媒体声誉管理的良性循环。[①]

2. 审慎处理员工与媒体的利益冲突

研究表明，社会公众对媒体的评价在很大程度上是根据员工的表现做出的，媒体的声誉构建也离不开员工的参与。因此，为了媒体的声誉，媒体必须重视员工的感受，增强员工对媒体的满意度和忠诚度，而员工对媒体工作满意或不满意的原因尽管因人而异，但对大多数员工来说，工作挑战性、对工作感兴趣的程度、需要体力活动的程度、工作环境、报酬制度、同事关系是其中最为重要的原因，因而这也是员工与媒体之间最容易产生利益冲突的地方。而一旦产生利益冲突，慎重处理员工与媒体的此类冲突，为员工提供公平、安全的工作环境，给予他们公平的发展机会和发展空间，促进员工的身心健康无疑是媒体声誉管理的基础保障。

---

① 和芸琴. 企业声誉内部管理：创建持续竞争优势的新视角 [M]. 北京：经济科学出版社，2012：117.

3. 提高员工综合素质，改善员工个体社会形象

员工的职业行为是代表媒体而实施的，不管其中员工的类型是正式工（即有正式编制），还是临时工（未解决编制或正式用工关系的临时工作人员），其形象和行为都会直接影响到媒体的形象和声誉，这方面的例子近年来在媒体界可谓层出不穷。特别是在对待临时工的问题上，一方面，由于在待遇和认同感方面存在的巨大差异，一些临时工从内心深处不能感到媒体对他们的尊重和关爱，因而在主动维护和建构媒介的声誉方面本身就缺少了必要的内在动力和责任约束；另一方面，一旦临时工在工作上出现纰漏，涉及媒体利益，特别是媒体声誉的时候，媒体采取的措施往往不是对员工进行保护（因工作失误受罚是另一回事），而是迅速撇清与临时工的关系，将责任全部推给临时工，唯恐自己的声誉受到影响。而这样做的结果却与媒体的意愿正好相反，不仅对涉事员工和其他临时工造成了巨大的心理伤害，在他们心中埋下了怨恨的种子，而且暴露了媒体急于推卸责任、不关心员工的一面，反而影响了媒体的社会声誉。

因此，为了避免由于员工行为对媒体形象和声誉所造成的伤害，作为媒体声誉的管理者，除了需要动员全体员工，在媒体内形成全员管理声誉的氛围，也需要通过职业培训、文化培训等一系列的管理活动，提高员工的整体素质，使员工的行为符合职业道德，并学会以更加礼貌、热情、得体的方式投入工作状态。

4. 监督约束员工行为，避免因员工个人行为伤及媒体整体声誉

既然员工的行为是媒体声誉组成的重要部分，员工的不良行为亦会影响到媒体的整体声誉，所以从媒体声誉管理的角度出发，媒体声誉管理工作就应当包括关注、约束、监督媒体员工行为的环节和内容。而一旦员工的个体行为影响到媒体的整体声誉，甚至给媒体的声誉带来潜在危机的时候，媒体的声誉管理部门或管理者更是要主动采取媒体声誉管理的应对方案，将由员工行为所造成的媒体声誉的负面影响降到最低。

2016年1月21日晚间，一段时长1分40秒的视频在互联网上热传。视

频中，一名挂着印有"媒体记者"字样胸牌的男子，在乌鲁木齐第十三届全国冬运会的安检口，和工作人员发生了冲突。视频显示，工作人员让这名男子脱下外套进行安检。这名男子连称"我冷"，拒绝脱衣安检，并反问工作人员，"你们省领导也安检吗？"根据胸牌，观众不难看出该男子为央视记者。央视记者在视频中所表现出的无视安检工作制度以及对工作人员的傲慢立即引起了网民的不满。他们通过人肉搜索的方式查找并公开了这位央视员工的个人信息。事后，不仅央视的这位体育记者通过个人微博向公众道歉，而且他所在的央视体育频道也通过官方微博向公众道歉，表示要责成当事人停职反省，并将依规依纪严肃处理。[①] 虽说公众最终也接受了央视及其员工的道歉，但央视员工因个人行为对央视的整体声誉所造成的影响则很难在短时间内消除。同样，《新快报》记者陈永洲利用手中的权力为个人谋取不正当利益，最终不仅造成其个人受到法律的制裁，也使《新快报》的媒体声誉蒙受了巨大的损失。

因此，一方面，主流媒体要善待自己的员工，在员工中形成良好声誉，这样有利于主流媒体吸引优秀人才；另一方面，主流媒体也要有区别地管理好不同类型的员工，让他们遵守职业道德、做好工作、提高技能，让受众乃至全社会满意。

第四节　主流媒体声誉内部管理——媒体组织

一、媒体组织与媒体声誉

就一般性企业而言，企业声誉内部管理的组织维度包括企业的组织结构和企业文化两个方面，而对媒体来说，这两个方面同样是媒体声誉内部管理的重要维度。哈罗德·孔茨认为组织结构的目的是要建立起一种能使人们为实现企业目标而在一起最佳地工作并履行职责的正规体制。[②] 管理就是设计

① 记者称"我冷"拒安检大闹新疆冬运会央视道歉［EB/OL］. http://www.sohu.com/a/56004555_207257.
② 孔茨，韦里克.管理学：第十版［M］.北京：经济科学出版社，1998：158.

和保持一种良好环境，使人在群体里高效率地完成既定目标。优秀的组织结构设计，不仅能够让企业组织高效，又能充分发挥个人的积极性和创造性，甚至可以发挥出以一当十的神奇效用。反之，一个不良的组织结构，则会因为臃肿而效率低下，甚至影响到组织内部的职能分工以及造成权力滥用。组织结构规定了人们在其中的角色，甚至会限定人们的思考和行动，因而企业组织中的结构同样会影响到企业声誉的维护和提升。因此，建立扁平化的组织结构，培养组织之间的信任感，对组织的经济效益考虑加入更多的声誉考虑，既是建构和维护企业声誉的应有路径，也是促使企业可持续发展的保证。

通常，企业文化被理解为组织的一些妥善处理内部环境和外部环境的假设、信仰和价值观的集合，它们被传递给新的组织成员并用来指导他们的行为。科特和赫斯克特认为企业文化有两个层次，深层的文化包括组织成员共有的价值观，表层的文化则包括指导组织成员日常行为活动的规范。从企业内部来看，企业声誉管理不仅取决于企业的组织结构，还与企业的文化密切相关。企业文化的核心是企业价值观，而价值观可以被理解为一种持续的观念，如果一个企业的共有价值观符合道德标准，该企业的文化就会支持维护企业声誉的行为。

同样，对于媒体而言，如何探索和建构能够适应新的媒体发展环境和发展需求的媒体结构和媒体工作流程，充分调动全体员工的工作热情和提高他们的工作效率，如何建构媒体的组织文化，在全体员工当中形成信任协作的文化氛围，形成能够被全体成员普遍认同的核心价值观和行为规范，减少媒体工作者在新闻实践活动中的行为失误，同样是主流媒体声誉管理中所不能忽略的课题。

二、不断完善自身组织结构和组织文化

（一）新媒体环境下主流媒体的机构重设与流程再造

为了适应新媒体环境的发展，为了适应新媒体环境下受众接收信息方式和习惯的改变，以更高的效率满足受众的需求，从而维护和建立主流媒体的声誉，新媒体环境下的我国主流媒体需要在其组织结构和生产流程方面做出

新的调整。以新媒体环境的电视媒体发展为例，企业要保持正常运转，必须处理好生产、管理与运营三大主题，电视媒体的流程再造同样需从内容生产、管理和运营三大主题入手。

1. 内容生产流程再造

（1）"中央厨房"与"订单式"的新闻生产

所谓"中央厨房"，原本是指餐饮业内盛行的采购、配送和生产标准化整合的流程模式，其优势体现在对成本的大大节约。目前，"中央厨房"概念被引入媒体新闻生产过程的目的是整合媒体内部生产资源，改善各自为政的散乱局面。如今，新华社、《人民日报》、湖南广播电视台广播传媒中心等主流传统媒体都开始实践"中央信息厨房"的理念并取得了一定成效，为电视媒体内容生产在流程方面的革新提供了可资借鉴的经验。当然，"中央厨房"也非万应灵药，也有其缺陷，例如，可能出现采编"信息脱节""信息不匹配"等问题。因此，在充分利用"中央厨房"的整合效果之前，电视媒体的频道可以针对自己的需要，以"订单"方式向"中央厨房"发出指令，这样就既可以保证各子平台的个性，也能发挥出部分之和大于整体的协同效应。

（2）"项目制"与"团队化"的创作方式

新闻等资讯类节目可以考虑"中央厨房"式的生产方式，而电视剧、综艺娱乐等其他类型的电视节目在生产上则可以采取"项目制"和"团队化"的模式。所谓的"项目制"，即"项目经理负责制"，是指电视节目在生产过程中对所需资源和人力的管理与调配，以及节目生产各要素、各环节之间关系的协调由项目经理全权负责。项目经理之下再设有策划人、制作人和发行人，负责带领策划团队、制作团队、营销团队完成项目任务。

其中，策划团队负责制定方案，方案的内容包括资金预算方案、节目制作方案、版权管理方案、质量控制方案、传播与推广方案，以及增值产品的设计方案等。制作团队负责完成整个项目的产品生产，特别是节目的制作人要参与到节目制作方案的制定，及时提出制作过程中可能出现的各种问题，避免内耗。营销团队负责整个项目的推广营销发行以及内容增值产品的开发，依据推广营销发行方案，协调制作团队确定在制作过程中涉及的诸如广告植入等事项，力求整个流程畅通无阻。除此之外，还要对内容产品的播出路径和售卖过程进行控制，对各发行渠道的优先级进行排序以明确发行的流程，确保内容价值最大化。营销团队还负责项目版权的维护工作，及时对侵害版权、损害项目利益的行为做出反应。[①]

（3）将"用户"嵌入媒体内容生产的链条

在媒介技术和传播环境的变化之下，电视播出节目内容逐渐不再全由电视媒体自产，网络视频和观众自拍的视频素材（UGC）也成了电视媒体的重要内容供应商。随着供应主体日趋多元，电视媒体在流程再造时就不能局限于组织内部，而是要把位于上游的内容供应商也涵括进流程再造的体系之中，从上游规范业务流程。当然，内容源的多元并非代表任何节目都能播出，在新媒体环境下，电视媒体更要扮演好"把关人"的角色，对内容进行专业化的处理，使之成为适合在电视媒体上播出的内容。[②]

在新媒体技术的推动下，传统意义上的媒体"受众"已经逐步向"用户"转型，"用户与电视内容关系"已成为电视媒体的转型追求。在内容生产中，观众的体验与节目的制作过程高度合一、相互嵌入，从而使得在观众与节目内容之间形成一种极为畅通的交流机制。因为参与了节目生产的过程，观众也就成了传播过程中的主体而非对象。所以说，电视节目的制作者需要努力将观众纳入内容生产的链条当中。而电视媒体也从内容的生产播出者变为与观众协作生产内容、创新节目样式的节目生产者。

2. 管理及运营流程再造

电视媒体内容生产流程的再造，是与电视机构管理及运营流程的再造相辅相成的。这也意味着，如果不改变原有组织内各部门权责分明、彼此隔绝的管理模式，如果不建立以内容生产方式为中心的开放式管理结构，如果不突破传统的单一盈利模式，无论多么周密的内容生产流程规划也只能是一种空想。

[①] 赵鹏程."制播分离"背景下电视内容生产"项目化"操作［J］. 当代电视，2014（10）：4-5.

[②] 高贵武，柏莹.流程再造：新媒体时代传统广播电视媒体的困境突围［J］.国际新闻界，2012（5）：49-54.

（1）建立扁平化与开放化的组织架构

当下，中国绝大多数电视台仍然采用的是传统的事业部制架构，这种架构主要以频道为基本单位设立彼此独立的各大职权中心，每个频道都作为一个职能型的基本播出单位而存在。这种僵化的结构必然导致电视媒体各频道间节目的同质化严重，甚至各电视频道在应对外部力量的竞争时，还不得不与同台其他频道展开竞争，不可避免地造成了收视市场分流、设备资源缺乏统筹规划、整体竞争力趋弱等问题。[①]

因此，电视媒体首先要对既存的组织结构进行审视，将重复、无用的部门和机构剔除，使组织扁平化，尤其要做好内容生产、加工和输出三部分之间的衔接和沟通，便于信息的上传下达。在组织架构的改造过程中，电视媒体也应注重组织架构的开放性，给予各部门、各团队一定的开放空间，对部门团队进行管理时，则应采取更加灵活、机动的方式，让各部门、各团队能够找到适合自身的运作方式，从而减少因体制机制问题造成的内耗和不便。

（2）打造"因人而异"的人才管理模式

近些年来，电视精英人才跳槽事件层出不穷。仅 2013 年至今，公开报道的离职者就有近 30 位，这些离职者有近一半被大型影视公司挖走，超过三分之一的人选择自主创业，还有将近五分之一的人投身于视频网站行业。[②] 对于电视媒体优质人才的流失，有人总结了几个方面的原因：传统媒体对创造力的制约，新技术带来的挑战和冲击，传统媒体在经营中面对压力，以及媒体人个人的职业规划瓶颈。[③] 人才是媒体最为宝贵的资源，媒体间的竞争归根结底是人才的竞争，只有高素质的员工队伍，才能确保电视台的持续健康发展。无论电视人的离职是因何而起，电视媒体都必须重新审视电视媒体已有的人才管理方式，再造真正能够激发员工积极性和创造力的人才管理流程。在这方面，凤凰卫视对于自家名牌职员"因人而异""一人一薪"的管理模式值得

---

① 高贵武，柏莹. 流程再造：新媒体时代传统广播电视媒体的困境突围［J］. 国际新闻界，2012（5）：49-54.

② 广电独家，浙江卫视总监夏陈安请辞，盘点跳出体制广电人［EB/OL］.［2016-05-10］. http://chuansong.me/n/1083647.

③ 陈敏，张晓纯. 告别"黄金时代"：对 52 位传统媒体人离职告白的内容分析［J］. 新闻记者，2016（2）：16-28.

借鉴。①

（3）授权团队开展多种运营

与其他企业一样，媒介经营的目的也是为了增值盈利。一直以来，电视媒体靠的都是将电视节目的内容无偿或低偿传播给受众，再将受众注意力售卖给广告主，即通过二次销售的方式来创造经济价值。近年来，在新媒体的冲击下，报纸、广播的广告收入呈现断崖式下滑，电视的广告收入增幅也在逐年降低，电视媒体的经营压力越来越大。

在这种情况下，除已有的内容和网络资源，电视媒体更需进一步挖掘其他可经营性资源，特别是要充分开发并利用优势的无形资源，如形成电视媒体传媒品牌（媒体品牌、节目品牌、主持人品牌等）、节目版权等，更多地为电视媒体创造经济价值。② 在此思路下，除对广告资源进行更深开掘，电视台也应给予其项目团队以更大的运营空间，使其能够在创作的同时有权进行多种经营，最大限度地发挥自我价值和资本价值。比如，可以发挥自身品牌优势，吸引更多资金投入合作；可以淡化播出平台的属性，突出自身生产能力，并直接销售产品给其他的平台和客户，甚至可以使已有的内容资源发挥更多的长尾效应。这样，不仅可以大大调动创作者的积极性，也使节目内容有了更多变现的可能，既为电视媒体创造了更多收益，也大幅提高了内部员工的收入水平。

（二）建构专业、诚信而富有社会责任的媒体文化

从媒体的发展来讲，媒体的声誉管理不仅取决于媒体的组织结构和生产流程，也与媒体内部的媒体文化密切相关。与企业文化一样，媒体文化的核心也是媒体的价值观。研究表明：支持道德标准的价值观会影响行为的道德取向，如果一家媒体的共有价值观符合道德标准，该媒体的文化就会支持维护媒体声誉的行为。

同时，国内外的研究均已表明，有效履行社会责任，建构诚实而富有社会责任的形象对于塑造和提升企业的声誉有着不可低估的作用。作为具有企

① 王哲平，王子轩.从理论视角看电视人离职潮［J］.视听界，2015（3）：28-31.
② 倪莹.媒介经营视角下我国广播电视媒体产业链研究［D］.乌鲁木齐：新疆大学.

业属性和文化属性的媒体组织，建构良好的媒体文化和媒体社会责任声誉同样是媒体声誉管理不可或缺的重要部分。

习近平在全国新闻舆论工作座谈会的讲话中提出：新闻舆论工作者要增强政治家办报意识，在围绕中心、服务大局中找准坐标定位，牢记社会责任，不断解决好"为了谁、依靠谁、我是谁"这个根本问题。要提高业务能力，勤学习、多锻炼，努力成为全媒型、专家型人才。要转作风、改文风，俯下身、沉下心，察实情、说实话、动真情，努力推出有思想、有温度、有品质的作品。[①] 因此，媒体需要在考虑自身行业特点和实力的基础上，积极投入力量以提高媒体的社会责任实践效果，塑造诚信、专业而富有责任的社会声誉。比如，媒体应当坚守诚信的原则和理念，在产品和服务上要保证真实、客观、公正，不欺诈不违法，杜绝假新闻、有偿新闻、不实报道或媒体审判、媒体侵权等有失公正和有违社会公信的行为。在广告经营方面则诚实守信，不造假，不虚报发行量和收视率等数据。在媒体产品生产的过程中，要符合环境友好和资源节约的要求，并积极投入到保护环境的实际行动当中去。

除此之外，媒体也要积极投身到社会公益事业当中，以自身的优势和能力支持教育、慈善事业，关爱弱势人群，积极服务所在社区，努力建构与所在社区的和谐共处局面。

---

① 习近平在党的新闻舆论工作座谈会上强调：坚持正确方向创新方法手段　提高新闻舆论传播力引导力［EB/OL］.（2016-02-20）.http://cpc.people.com.cn/n1/2016/0220/c64094-28136289.html.

第五章　新媒体环境下主流媒体声誉外部管理

第一节　主流媒体声誉外部管理

一、媒体声誉外部管理

如果说媒体声誉的内部管理是将管理的系统框定在媒体内部，管理的客体是媒体内部的管理者和员工等，是一个相对封闭的小系统，那么媒体声誉的外部管理（见图5-1）就是将管理的系统框定在媒体外部，管理的客体是媒体外部的利益相关者，其中包括媒体高位管理者、媒体的受众、广告商以及媒体的竞争对手，是一个相对开放的大系统。两个系统在管理主体、管理目标、管理手段上面存在诸多相似，所不同的是管理的客体由媒体系统内转移到了系统外，将媒体真正置入了现实的社会生存空间中。

由于声誉实际上是社会公众对于媒体的整体印象和评价，媒体声誉管理的成效关键还是要看社会公众在态度和情感上的改变，所以从某种意义上来说，媒体声誉的外部管理虽然在实践中要比媒体内部管理复杂，相对而言也更加困难，但其对媒体声誉所产生的实际影响也远比声誉内部管理所产生的影响范围要大，时效要更久远。当然，媒体声誉的内部管理与外部管理也并非水火不容、截然分开，两者之间的关系是相辅相成、相互支撑和相互促进的，如果说媒体声誉的内部管理在一定程度上解决的是媒体这坛酒自身是不是很香的问题，媒体声誉的外部管理解决的则是媒体的酒香能飘多远、能飘多久的问题。

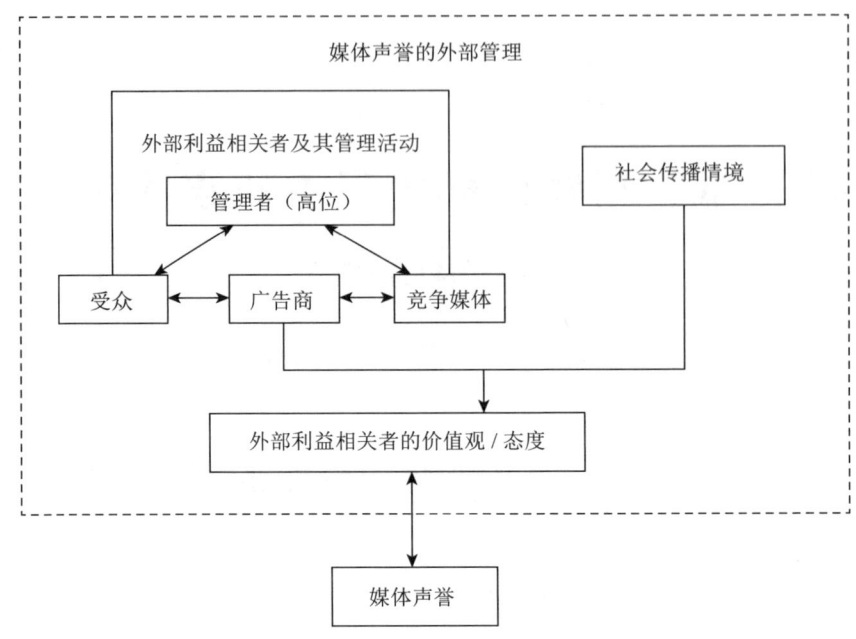

图 5-1　媒体声誉外部管理

除了从媒体系统本身内外来区分媒体声誉管理，媒体声誉的内外部管理还可以从媒体影响的范围或受众群体来进行划分。按照这一思路，媒体声誉内部管理即针对媒体计划范围内社会公众所实施的管理行为，如中央及国家级主流媒体在全国范围内的声誉管理，省市级媒体在本省市内的声誉管理。媒体声誉外部管理即针对媒体计划范围外的社会公众所实施的管理行为，如中央及国家级主流媒体在国际社会公众中的声誉管理，省市级媒体在他省市的声誉管理，等等。尽管由于媒体属性、运行方式以及媒体利益相关者在地域及文化上的差异，这一思路上的媒体声誉内外部管理又存在一定程度的差别，但由于媒体组织利益相关者的相似性，中外企业声誉在评价指标上的大同小异，媒体声誉内部管理的思路和方法在一定程度上也适用于媒体声誉的外部管理。

二、媒体声誉外部管理的维度

（一）党和政府

对于企业组织而言，股东无疑是对其声誉影响最大的利益相关者，因为它实际上决定了企业生存和发展的方向。在媒体作为企业性组织的利益相关者图谱中，党和政府作为媒体的产权所有人实际上应该属于股东的范畴，即对媒体而言，党和政府实际上相当于企业的持股人和公司董事会在企业声誉内部管理中所处的位置。由于中国的主流媒体均属国有媒体，具有党政机关媒体的性质，真正在其中持股的股东少之又少，且要受到各种条件的限制，因此如果说中国的主流媒体中存在着"股东"一说的话，那么其中最大的股东应当算是中国的各级党政机关。

对于媒体而言，党和政府虽然一再强调要党管媒体，但党和政府往往并不直接参与媒体的具体管理（除了中共中央宣传部、广播电视总局等专职机构）。在主流媒体的实践当中，党和政府往往独立和超然于媒体之外，故这一维度对媒体声誉管理而言，与其说属于媒体声誉的内部管理维度，不如说是媒体声誉管理中的外部视角的维度，因此在本书研究的视野中，我们将其作为媒体声誉外部管理的一大维度来阐述。

（二）受众

受众，作为媒体产品和服务的最终消费者，既是媒体的服务对象，也是媒体一切利益和影响产生的基础。从媒体的企业组织属性角度看，受众等同于媒体的顾客，具有选择购买媒体产品或服务的主动权，其消费意愿和消费能力往往是媒体生存和发展的基础。当然，作为理性的消费者，受众在做出选择购买的行为时，媒体的声誉也是其做出重要的理性抉择的参照点，反过来，受众的选择行为又是从行动上为媒体的声誉状况投出了自己的一票。从媒体作为社会公共资源的角度看，受众是构成社会舆论环境的基础，受众对媒体的总体印象和评价则直接构成了媒体的声誉。

媒体外部管理的受众维护就是要媒体通过自身的产品、服务以及社会责任等来建立起与受众之间的关系，赢得受众的情感和评价持续认同，提升媒体在公众中的影响力，并进而将这种宝贵的受众认同资源转化为对媒体人才的吸引力、对广告主的吸引力，增强媒体的竞争优势。

（三）广告商（客户）

与一般的企业盈利模式不同，作为特殊的精神文化内容生产组织，媒体的产品和服务虽然也要接受市场的检验，需要通过受众在市场上的选择和购买才能发挥其作用，但真正为媒体带来经济效益的并不是媒体的产品销售所得，而是媒体向广告客户销售的广告时间和版面所得，这一现象在媒介经济学中被称为媒体的二次销售。由于我国传统主流媒体的盈利模式相对简单和有限，往往主要是通过二次售卖，即第一次是将内容产品以较低价格或无偿的方式出让给受众，并用这种售卖方式来赢得和凝聚受众宝贵但有限的注意力资源，接下来，媒体又会通过二次售卖的方式将这种注意力资源出售给广告商家，这些广告商家的出价则是媒体生存发展最为重要的经济来源，因此在媒体的利益相关者中又少不了广告客户的因素。媒体能够妥善处理与广告客户间的关系，在广告客户中赢得尊敬，使广告客户更愿意在媒体上投放广告，媒体发展的经济实力就会更加雄厚。

当然，由于存在二次销售的过程，媒体与广告客户的关系实际上还是体现在媒体的内容服务，或媒体与其受众之间的关系上。这也使得媒体在实践中有时不得不面对媒体内容与广告诉求间的冲突和矛盾，既要通过对媒体内容和服务品质的提升，也要依靠妥善处理和维护媒体与广告客户之间的关系，来建构和维护媒体的声誉。毕竟，除了媒体的产品内容和服务，媒体的影响和声誉也是广告客户选择在媒体投入广告时的一项重要指标，而广告客户对媒体的印象和评价如何同样是构成媒体声誉的重要元素。

（四）竞争对手

任何企业和媒体都不是孤立存在的，也不可能在媒体市场或受众中永远居于垄断地位，而是存在一定的竞争对手。这既能促进市场良性发展，也能保证消费者有更多的选择。尽管中国的媒体在性质和任务上基本是一致的，但在类型、功能及目标定位上存在着不小的差异，中国的主流媒体也存在多样化和垂直化并存的局面。在资讯高度发达的新媒体时代，由于受众注意力资源的相对匮乏，媒体与媒体之间也必然存在一定的竞争关系。当然，由于我国主流媒体都同属于新闻舆论阵线，都负有舆论引导和弘扬社会主义核心价值观的责任和使命，我国的主流媒体之间的竞争实际上不等同于以美国为代表的西方媒体间的纯市场化的竞争，而是一种竞争与合作的关系，即存在媒体与媒体，特别是传统媒体与新媒体、主流党媒与市场化媒体之间的竞争，但媒体与媒体之间更多的则是一种竞争中的合作关系，需要在竞争中促进各自的发展，也需要在合作中完成共同的使命。

由于媒体自身在社会舆论建构中的巨大影响力，作为竞争对手的媒体之间相互如何评价，对媒体良好声誉的建构具有至关重要的意义。因此，如何处理与竞争对手之间的关系，如何在竞争对手当中树立良好的声誉也是媒体声誉外部管理中不可回避的问题。这种关系处理好了，竞争对手媒体作为舆论公共机构会通过其巨大的影响力来帮助建构和维护媒体的声誉，反之，这种关系处理不好，媒体的声誉则会受到竞争对手巨大影响力的负面影响。

三、媒体声誉外部管理的模型 [①]

在上一章论及媒体声誉内部管理的时候，本书曾试着借鉴企业声誉管理的经验描绘出了媒体声誉管理的基本模型。从模型的构成要素来看，其中既包含了媒体利益相关者中的内部要素，也覆盖了媒体利益相关者中的外部要素，因此，上一章中的声誉管理模式不仅适用于媒体声誉的内部管理，同样也适用于媒体声誉的外部管理，我们在这里不再赘述。提及媒体声誉外部管理的模式，下文拟从声誉管理主体的角度来对其管理模式进行描画。出于相同的理由，下面论及的模式既适用于媒体声誉外部管理，同样也适用于媒体声誉内部管理。

---

① 晏国祥.企业声誉测评指标体系［M］.北京：经济科学出版社，2009：126-135.

（一）CEO 模式

这一模式的核心要义是，在声誉管理的诸多主体中，企业的最高领导，即首席执行官对声誉的管理具有不可推卸的责任。这一模式的理论依据来自布拉马和格瑞在 1998 年提出的观点：战略优势及企业的永续经营都依赖公司的企业形象和企业声誉，因此，高层管理者有责任管理公司的认识和沟通系统，以发展并维持良好的企业形象及企业声誉。早在 1998 年，美国和英国曾就企业声誉进行过一次公众民意测验。通过调查，人们发现 CEO 的声誉因素在企业声誉影响因素中的占比高达 40%。这意味着，作为企业组织的媒体，其高层领导将在媒体声誉管理的实践中承担主要责任，必要时需要通过不定期举行发布会、高层论坛、记者招待会、受众联谊会等方式来建构和维护媒体的形象，要发挥好媒体声誉发言人和形象代表的作用。

（二）声誉总监模式

研究者阿兰·塔活斯、戴维斯·扬在他们的研究中都给出过这样的建议：在媒体声誉管理的实践中应该设立专门的声誉总监职位，该职位与首席财务官、首席运营官处于同等地位，直接向首席执行官负责，专事声誉管理各项工作。声誉总监的职责范围一般包括以下几个方面：确定企业的声誉目标、制订提升企业声誉的战略规划和行动方案、领导公关危机的处理、监测企业声誉、完善督促声誉管理措施的落实，等等。由于声誉总监的主要职责是负责媒体的声誉管理，提高媒体在公众中的声誉，因此，在制度安排上，应该将声誉管理加载于媒体最高决策层，每当媒体组织决议要做出某一项重大决策时，声誉总监必须参与高层决策会议，与总裁一起讨论，声誉总监有责任从媒体声誉角度对相关的决策提出意见和建议，这是保护媒体声誉和媒体公众形象的重要前提和组织保障。

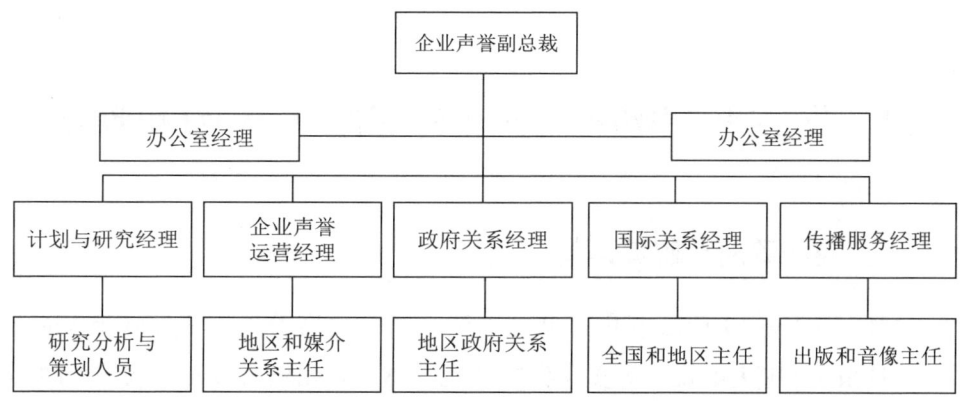

图 5-2　企业声誉管理部门结构[①]

（三）外部咨询模式

当媒体发展到一定规模，特别是当媒体面对比较复杂的声誉危机的时候，仅凭媒体总裁或声誉总监的能力与热情可能已不能适应环境需求，这时在处理媒体声誉管理的重大问题上，就需要在短期的基础上请声誉管理方面的专家或顾问来解决，也有的媒体干脆就把声誉管理的部分或全部工作都转移到了外部咨询公司，这种声誉管理的模式便是外部咨询模式。这种模式的优势是在需要的时候，特别是在面对重大媒体声誉危机的时候能够聘请到相对专业的公关人才，以弥补媒体总裁和媒体声誉总监的专业不足，能够及时有效地处理危机，把危机事件对媒体声誉的损害降到最低。这种外部咨询模式有时候能够以"局外人"的身份迅速捕捉到其他影响媒体声誉的因素，并将其清除，甚至能达到某种"旁观者清"的效果，但其缺点是价格昂贵，缺乏对媒体声誉管理的全面规划和长期跟踪，不能解决媒体声誉管理的日常和持续管理问题。

---

① 晏国祥.企业声誉测评指标体系［M］.北京：经济科学出版社，2009：134.

第二节　我国主流媒体声誉外部管理——党和政府

一、党和政府与媒体声誉

2016 年 2 月 19 日，中共中央总书记、国家主席习近平视察了新华社、《人民日报》、中央电视台等多家我国主流媒体，并在随后召开的党的新闻舆论工作座谈会上强调，加强和改善党对新闻舆论工作的领导，是新闻舆论工作顺利健康发展的根本保证。党的新闻舆论工作要坚持党性原则，最根本的是坚持党对新闻舆论工作的领导。党和政府主办的媒体是党和政府的宣传阵地，必须姓党。党的新闻舆论媒体的所有工作，都要体现党的意志、反映党的主张，维护党中央权威、维护党的团结，做到爱党、护党、为党；都要增强看齐意识，在思想上、政治上、行动上同党中央保持高度一致；都要坚持党性和人民性相统一，把党的理论和路线方针政策变成人民群众的自觉行动，及时把人民群众创造的经验和面临的实际情况反映出来，丰富人民精神世界，增强人民精神力量。[①]

习总书记的讲话，不仅再次强调了我国主流媒体的属性和任务，也表明了党和政府对主流媒体的评价标准。作为我国主流媒体最重要的利益相关者，党和政府对于主流媒体的评价，特别是对声誉的评价，不仅决定着媒体的生存空间和发展方向，还是建构媒体声誉的重要基础，而且更重要的是，党和政府的评价对其他利益相关者关于媒体声誉的评价起着至关重要的引领作用。因此，在我国主流媒体的声誉管理实践中，首要的任务就是明确主流媒体的责任和目标，这就需要通过自身努力服从党和政府的领导，并处理好媒体与党和政府之间的关系。

[①] 习近平在党的新闻舆论工作座谈会上强调：坚持正确方向创新方法手段　提高新闻舆论传播力引导力 [EB/OL]．(2016-02-20)．http://cpc.people.com.cn/n1/2016/0220/c64094-28136289.html.

二、坚决服从党和政府的领导

我国的主流媒体都是由党和政府创办的，自然应该处理好自身与党和政府之间的关系，自觉接受党和政府对媒体的监督管理，完成党和政府赋予媒体的责任和义务，充当好媒体作为党和人民的喉舌的职业角色。

（一）自觉接受党和政府的领导和监管

我国的大众传播媒体都是国有资产，主流媒体是党和政府直接管理的，众多的其他媒体也都分属于各个党政机构领导的团体。新华社、人民日报社、中央电视台等主流媒体都是中央级的媒体，要服从党中央、国务院关于宣传思想工作的各项部署，在业务上要服从中共中央宣传部和国家广播电视总局的领导，在思想和行动方面和中央保持一致，不能犯政治方面的错误。地方各主流媒体也要服从地方党委和政府的管理。主流媒体只有服从党和政府的管理，才能保证自身各项工作顺利进行，才有可能获得来自党和政府的政策支持，才能从党和政府那里获得良好的声誉。

在新媒体环境下，党中央对主流媒体的发展提出了一系列指导意见，对此，主流媒体应该认真对待并不断改进自身工作。

2014 年 8 月 18 日，习近平在主持召开中央全面深化改革领导小组第四次会议时强调，强化互联网思维，坚持传统媒体和新兴媒体优势互补、一体发展，坚持先进技术为支撑、内容建设为根本，推动传统媒体和新兴媒体在内容、渠道、平台、经营、管理等方面的深度融合，着力打造一批形态多样、手段先进、具有竞争力的新型主流媒体，建成几家拥有强大实力和传播力、公信力、影响力的新型媒体集团，形成立体多样、融合发展的现代传播体系。

习近平的讲话精神符合新形势下主流媒体的发展规律，为主流媒体的发展指明了方向。因此，各级主流媒体应该贯彻落实中央的精神，做好媒体融合，打造新型主流媒体，切实增强主流媒体的传播力、公信力、影响力，唯有如此，才能让党和政府满意，并从中获得良好的声誉。

（二）认真履行自身的职责

习近平在党的新闻舆论工作座谈会的讲话中指出，在新的时代条件下，党的新闻舆论工作的职责和使命是：高举旗帜、引领导向、围绕中心、服务大局、团结人民、鼓舞士气、成风化人、凝心聚力、澄清谬误、明辨是非、联接中外、沟通世界。[①]党的路线、方针、政策和政府的各项政策、指令，都需要主流媒体传达给广大人民群众。对此，主流媒体要将党和政府的声音如实地传达给广大群众，在传播的过程中绝不能出现丝毫偏差，以免出现严重的政治错误。同时，主流媒体还要创新传播方式和手段，用群众听得懂、愿意听的语言进行传播，并用好新媒体平台，力争好的传播效果，让党和政府满意。

主流媒体还要积极为党和政府提供内参。我国主流媒体有为党政机关提供内参的传统，这些内参为党政机关了解基层情况、制定方针政策提供了重要依据。在新媒体环境下，主流媒体应该一如既往地为党和政府提供有价值的内参，同时，要利用新媒体平台积极联系群众，获取更多有价值的信息，提供给党和政府参考。很多内参对于国家和社会发展政策的制定意义重大，利国利民，这样的内参自然可以帮助媒体赢得良好的社会声誉。

（三）依法合理进行舆论监督

从20世纪50年代至今，舆论监督一直就是我国媒体尤其是我国主流媒体的重要使命，很多优秀的舆论监督作品对党和政府的工作提出了意见和建议，解决了群众生产生活中的问题，在社会上产生了积极的影响，为媒体赢得了好的声誉。因此，主流媒体要继续坚持舆论监督的光荣传统，但与此同时，舆论监督也要合法、合理。习近平总书记在党的新闻舆论工作座谈会上的讲话中明确提出："舆论监督和正面宣传是统一的。新闻媒体要直面工作中存在的问题，直面社会丑恶现象，激浊扬清、针砭时弊，同时发表批评性报道要事实准确、分析客观。"[②]

---

①② 习近平在党的新闻舆论工作座谈会上强调：坚持正确方向创新方法手段　提高新闻舆论传播力引导力［EB/OL］.（2016-02-20）.http://cpc.people.com.cn/n1/2016/0220/c64094-28136289.html.

　　舆论监督首先要建立在事实的基础之上。媒体对党政机关的批评必须以事实为依据，而不能偏听偏信。习近平指出："真实性是新闻的生命。要根据事实来描述事实，既准确报道个别事实，又从宏观上把握和反映事件或事物的全貌。"现实生活中，有的人为了一己私利对党政机关造谣诬陷，因此，面对事实不清的问题，要首先核实事实，然后再进行相关的批评。建立在错误事实上的监督将给媒体带来很大的声誉损失。"以主旋律、舆论监督的名义出现的生动的假新闻，则是一种独特的记者或自由撰稿人谋利的方式。任何正面的口号、要求，在市场经济的条件下都有可能被趋利目的所利用。"①

　　舆论监督不能成为媒体牟利的工具。有的主流媒体工作人员通过舆论监督来威胁党政机关，以获取不正当的利益。一旦事实暴露，不但会触犯法律，主流媒体的公信力和声誉也都将受到巨大的损失。因此，主流媒体要杜绝这种以权谋私的行为。《新快报》记者陈永洲收取贿赂在报纸上发表"监督"三一重工集团的系列文章，最终付出代价，便是一个非常典型的例子。

　　2013年4月，农夫山泉的水质问题遭到舆论质疑。4月10日，《京华时报》加入"监督"行列，此后28天，《京华时报》连续用了67个版面，76篇报道与农夫山泉展开了多个回合的论战，至5月6日农夫山泉召开新闻发布会，论战达到高峰。双方从最初的交手逐渐升级为誓把对方公信力打倒，以捍卫自己名誉的决斗，为此不惜投入大量版面、财力，并开创了一家媒体批评一个企业的新闻纪录。这场所谓的舆论监督，不仅让农夫山泉声誉受损，退出北京市场，《京华时报》也因其不专业和蛮横式的报道而饱受质疑，在声誉方面受到不小的损害。

　　舆论监督往往能为主流媒体带来好的声誉，但媒体应该对舆论监督行为及其作品严格把关，防止带来声誉方面的损失。

---

① 陈力丹 . 我国舆论监督的理论与建构［M］. 新闻界，2004（4）：24-26.

第三节　主流媒体声誉外部管理——受众

一、受众与媒体声誉

受众，是传播学的一个概念，指的是媒体使用人和媒体信息接收者，也称受传者、收受者、阅听人等，具体包括报纸杂志媒体的读者，广播电视媒体的听众、观众，网络媒体的网民用户，以及其他各类传播媒体的接受者。

除了党和政府之外，能够直接左右媒体生存发展的恐怕就是受众了，缺了受众，媒体的全部传播活动都将成为"无源之水、无本之木"，媒体组织也会成为沙漠中的布道者，在根本上失去了存在的意义和价值，可以说媒体信息传播的整个过程都是围绕着受众而展开的。

在主流媒体的利益相关者中，受众既是媒体产品的消费者，也是媒体的主要服务对象，受众通过直接的购买行为体验着媒体产品和服务的效果，良好的顾客体验能够为媒体带来优质的评价，也能够进一步增强受众的忠诚度和使用黏性。受众也是构成媒体注意力资源的基础，是广告商投放广告的依据，是媒体的价值和影响所在，同时受众通常又是社会公众的代表，其对媒体所形成的印象和看法直接构成和影响着媒体的声誉评价。

因此，作为媒体的重要利益相关者，受众不但是媒体的目标市场和服务对象，同时又是媒体信息积极主动的使用者，即受众并不是媒体的被动接受者，而是有着自己的主观判断和主观需求的。特别是在新媒体环境下，传统的传播形态和传播方式已经发生巨大变化，受众与媒体间的关系已不再是过去那种简单的主客体关系。受众不仅是媒体信息的接受者，同时也是媒体信息的生产者，其身份也开始由单一的受众群体向复杂的、多元的、挑剔的用户方向转变。在这一过程中，受众体现出了更强的主观能动性。媒体是否能够给用户提供满足其信息需求、具有良好用户体验的产品和服务，不仅决定着受众的购买行为（从媒体声誉的根源上来讲，声誉正是在购买行为的反复中生成的），也决定着受众对媒体品牌的忠诚度和信任度，更决定着受众对媒体的整体评价，即决定着媒体声誉的建构。

二、正确处理自身和受众间的关系

主流媒体最重要的职责和任务是新闻报道，而新闻报道又是为广大受众服务的，因而，来自广大受众的关于新闻报道的好评，无疑对于主流媒体声誉的改善有着无可替代的作用。主流媒体与受众之间的关系在所有关系中居于核心地位，因此，主流媒体必须认真处理好自身与受众的关系。

（一）满足受众对信息服务的要求

早在 2006 年，习近平就提出："要贵耳重目，坚持实事求是的思想路线，深入调查研究，用事实说话。"[1] 主流媒体向受众提供的信息必须是真实的、客观的，只有真实的、客观的信息才有价值，才能为受众的工作和生活提供必要的参考。有的媒体为了吸引"眼球"，经常将还没有证实的消息发布出来，这就给自身的声誉带来了很大的风险。《人民日报》曾经发文批评过这种现象：有的媒体惯用"疑""或""传"等字词，表面上是出于严谨、不轻易给出结论，仔细推究却是既想抢时效、夺眼球，又想省去采访调查的功夫，同时给自己留点余地。[2] 媒体如果经常刊登这样的文章，必将丧失公信力。近些年来，随着媒体间竞争的加剧，特别是由于受到新媒体的冲击和影响，一些主流媒体上所谓的"反转新闻"也逐渐多了起来，其中最具典型意义的莫过于 2013 年 12 月，各大媒体网站纷纷在首页头条位置推出的新闻"扶起摔倒中年大妈，外国小伙疑遭讹诈"。在"扶不起"成为舆论痛点的背景下，这条新闻立即成为公众发泄口，针对"讹人"大妈的抨击高涨。然而事件随即转向，北京警方回应称，外籍男子因存在无证驾驶、驾驶无牌照摩托车及交通肇事行为，将被处罚。事后，新闻发布者表示，"因为中年女子情绪比较激动，但是有点夸张，再加上之前我看到她平躺在地，至少我看到就有两三分钟了，我是下意识就以为想多要点钱。"随后，舆情迅速发生逆转，网友们一方面开始谴责肇事的外国小伙，另一方面则开始指责媒体的失实报道，涉事

---

① 习近平.对驻浙中央新闻单位全体新闻工作者的讲话［N］.浙江日报，2006-07-22.
② 李浩燃."悬疑新闻"当休矣［N］.人民日报，2014-09-09（4）.

媒体的声誉也不可避免地受到了影响。

除了真实，媒体报道的信息也应该对受众有一定的参考价值。受众接触新闻报道的一个重要动机就是为自己的工作或生活提供积极有益的指导，当受众能够实现这样的目的时，自然会认为媒体是有价值的。例如，主流媒体提供各行各业的发展情况，为年轻人择业提供参考；主流媒体提供一个地区的发展经验，为其他地区提供参考。即使是在新媒体环境下，真实、客观、有参考价值的事实信息依然是最受广大受众欢迎的。同时，新媒体为主流媒体提供了及时发布新闻的渠道和手段，有助于提高主流媒体新闻的时效性。因此，主流媒体要用好各自的新媒体平台，及时发布各类消息尤其是重大消息，满足受众第一时间获取新闻的需要。

2015年8月12日深夜，天津滨海新区一危险品仓库发生爆炸，现场腾起蘑菇云。据测算，爆炸破坏力相当于24吨TNT炸药当量——能量接近53个战斧式巡航导弹。新华社报道：截至13日9时，事故已致17人死亡，400余人受伤。爆炸发生后，微博、微信群、朋友圈被刷屏，微博相关话题阅读量已超2亿次，人们急切希望知道更多权威的信息。但爆炸事故发生后，天津市有关方面的信息发布、新闻报道严重不足。

针对天津媒体的失语，网上有评论毫不客气地指出，从3年前的蓟县大火，到如今的塘沽爆炸，天津的媒体没有丝毫进步，"天津是一座没有新闻的城市"这句话再次成为人们对天津媒体表示不满的说法。甚至有天津市民在网上抱怨："地铁事故你们不报，公交车死人你们不报，街头上的凶杀案你们不报，成天就报道婆婆妈妈的小事，喜欢报道小偷小摸呀、丢井盖啊、积水啊、撞车啊……"更有媒体从业者不无揶揄地分析："天津媒体的特色是副刊、葵花灯下及都市报道，而不是新闻、评论及新文化；有新闻理想的人，不善于周旋者，别在天津做媒体人。"[1]或许天津的媒体在报道突发事件时有特定的制度和要求，但既然中共中央已经对此次爆炸事故做出重要批示，其中明确要求"及时公开透明向社会发布信息"，天津媒体这种集体"沉默"的行为显然已对其在受众心目中的"声誉"造成了影响。

---

[1] 塘沽大爆炸，天津依然是座没有新闻的城市［EB/OL］.（2015-08-13）. http://news.sina.com.cn/zl/zatan/2015-08-13/10364281.shtml.

2019 年年末到 2020 年年初，一场以湖北武汉为中心源头的新型冠状病毒肺炎传染病迅速在全国蔓延，在党中央的指挥部署下，一场全民参与的抗"疫"战亦迅速在全国展开。在这场举世瞩目的抗疫战中，以《人民日报》、中央广播电视总台为代表的我国主流媒体及时发布权威信息，准确公开报道疫情，回应社会关切，积极引导舆论，为抗击新冠肺炎疫情营造了良好的舆论氛围，在舆论引导和社会服务方面发挥了积极的建设性作用。如中央广播电视总台 2020 年 1 月 27 日起开设的 24 小时慢直播，共计吸引了近 1.2 亿人次在线"云监工"，凝聚起亿万观众一起为武汉加油、为中国加油。① 《人民日报》则充分发挥媒体自身优势，除了及时报道信息、引导舆情，还积极搭建信息平台，联络和发动广大民众组成志愿者团队，及时沟通患者和医院间的信息，帮助更多患者解决了住院治疗的难题。主流媒体的这些表现不仅稳定了社会不安情绪，树立了全国人民的抗疫信心，也赢得了广泛的赞誉，大大提升了媒体声誉。

而另一方面，湖北和武汉的一些主流媒体则因为在这次疫情中对疫情信息披露不及时、对民众舆情的回应不当而受到了民众的质疑，大大影响了媒体自身的声誉。如武汉《长江日报》2020 年 2 月 13 日针对民众关于日本捐助物资上中国古诗词的感叹所刊发的评论《相比"风月同天"，我更想听到"武汉加油"》，以及之前汉网发表的《"疫"流而上，何不多给武汉市长暖暖心》等报道，就立即让刊发这些评论和报道的媒体陷入了舆论的旋涡，遭到了广大民众的批评。有网友甚至直接发问："长江日报是疯了吧"，并"强烈要求长江日报向全国人民道歉"②，至此，《长江日报》媒体声誉受影响已然是不容置疑的事实。

（二）做好受众调查，并以此作为提供新闻产品的依据

主流媒体要想提供受众喜爱的新闻产品，就必须做好受众调查，了解受

---

① 高晓虹.畅通信息 增强信心 稳定人心：中央广播电视总台在抗击新冠肺炎疫情中的报道分析［J］. 中国广播，2020（3）：5-10.
② 长江日报是疯了吧？别人风月同天，你却不共戴天？［EB/OL］. http://www.cbfau.com/cbf-201585742.html?tt_from=weixin.

众群体的构成及其变化，了解不同的受众群体各自喜爱什么类型的新闻产品。传统的受众调查往往通过面谈、问卷等方式完成，费时费力且误差很大。在新媒体环境下，媒体可以随时跟踪掌握新媒体平台上每一篇新闻作品的点击量，从而了解到什么样的新闻作品更受欢迎；媒体可以通过网络发布调查问卷，从而掌握受众的构成及其各自对新闻产品的喜好；媒体还可以通过微博、微信、客户端获取大量的受众反馈。总之，主流媒体应该充分发挥新媒体的优势，更好地了解受众，并以此为依据提供更符合受众需要的新闻产品，从而在受众中形成更好的声誉。

值得注意的是，作为主流媒体可持续发展的重要依据的受众调查必须是建立在真实性的基础之上的，一旦调查或调查的数据存在不真实或有意造假的情况，则这种调查不仅本身不能作为主流媒体进一步提供内容产品的依据，而且会严重损害媒体的声誉。2018 年 9 月 15 日，知名编剧、导演郭靖宇在网络上发布文章，直指电视剧收视率造假黑幕，据郭靖宇称，现在的收视率已经涨到了 100 万元一集，只要出钱，就可以向调查公司购买收视率。次日，国家广播电视总局发布《总局就收视率问题展开调查》一文回应舆情，表示国家广播电视总局已采取相关措施，一经查实违法违规问题，必将严肃处理。9 月 17 日，中国电视剧制作产业协会也发布声明，号召行业共同抵制收视率造假行为，努力营造中国电视剧产业健康、有序的发展环境。①

（三）正确引导舆论，为受众提供有价值的意见和指导

一提到引导舆论，很多人会认为舆论引导就是为官方服务的，其实，好的舆论引导还可以为广大受众提供必要的意见和指导，这种引导不仅仅是引导广大群众，也可以引导领导干部。2015 年 3 月 19 日的《人民日报》发表了一篇评论《群众获得感要真切实在》，这篇评论认为，改革首先要找好起点，从群众最期盼的领域改起，然后中间环节不能跑偏，不断以群众获得感来校正航向。② 这篇评论在中国上下全面深化改革的今天，为广大的改革者提出

---

① 导演郭靖宇曝光业内收视率造假黑幕谁在背后收 7200 万黑钱？［EB/OL］．http://www.ittime.com.cn/news/news_24274.shtml.
② 赵鹏．群众获得感要真切实在［N］．人民日报，2015-03-19（5）．

了期待，指明了方向，很好地引导了舆论，同时这种舆论也深得民心，必然会得到群众拥护和支持。主流媒体的舆论引导要站在广大人民群众的立场上，同时经得起实践、群众和历史的检验。

在新媒体环境下，主流媒体的舆论引导要紧跟形势，做好舆情监测工作，尤其是新媒体上的舆情监测工作。主流媒体要及时掌握社会上各个阶层、各类人群的言论，了解广大群众的意见和呼声，以此作为舆论引导的重要依据。习近平总书记在新闻舆论宣传工作座谈会上曾指出："舆论监督和正面宣传是统一的。新闻媒体要直面工作中存在的问题，直面社会丑恶现象，激浊扬清、针砭时弊。"①同时，主流媒体还要善于运用新媒体平台进行舆论引导，在此过程中要牢记使命，为社会各界提供意见和指导，为群众利益鼓与呼。唯有如此，主流媒体的舆论引导工作才能赢得社会的广泛认可。

（四）努力改变文风，切实做好"三贴近"

"三贴近"，即贴近实际、贴近生活、贴近群众。提到主流媒体，人们往往会认为其有些报道过于严肃，过于刻板，不接地气，脱离群众。因此，主流媒体应该从多方面入手，做好"三贴近"。第一，主流媒体应该从选题方面更接近群众，关注人民群众普遍关心的就业、医疗、教育等方面的问题，并通过报道事实、发表评论为问题的解决提供建设性意见。第二，主流媒体应该从语言方面多下功夫，让语言变得更加通俗易懂，生动活泼。第三，主流媒体要让新闻产品的外在形式更接地气。报社可以在报纸的编排方面下功夫，例如让字体变得更加圆润，让图片更丰富多彩，增加漫画等。广播电视台可以在播音员播报、片头片尾包装等方面做一些改进。

在新媒体环境下，新媒体平台上的内容更要具有一定的特色。《人民日报》官方微博就经常将复杂严肃的新闻简化到140字以内，并用生动的语言表述出来，在发表新闻的同时还不忘和"粉丝"打个招呼。同时，《人民日报》官方微博还经常向"粉丝"传授一些生活中的常识。这些内容有助于拉近主流媒体和受众之间的距离，改变人们对主流媒体的刻板印象，提升主流

---

① 习近平在党的新闻舆论工作座谈会上强调：坚持正确方向创新方法手段　提高新闻舆论传播力引导力［EB/OL］.（2016-02-20）. http://cpc.people.com.cn/n1/2016/0220/c64094-28136289.html.

媒体的声誉。与此相对应，微信上的内容不受字数限制，主流媒体可以通过微信公众号发布一些较长的文章，但也要注意题材的选择和文字的改编，从而让文章更接地气。

对于主流媒体而言，无论是传统媒体还是新媒体上的内容，都要力争做到"三贴近"。当然，新媒体为主流媒体的创新提供了更加广阔的平台，主流媒体应该多加重视，在微博、微信和客户端等新媒体平台上做好内容创新。唯有如此，主流媒体才能不断满足受众的需要，赢得良好的声誉。

三、正确处理媒体自身和报道对象间的关系

新闻报道是主流媒体的核心业务，而新闻一般都来源于采访对象。报道对象，既是一般意义上的媒体的受众，同时也作为与媒体有更直接接触的公众，对媒体声誉有更真切的认识。媒体如何处理与报道对象的关系，关系到如何获得他们的理解和信任，顺利完成媒体的工作，而且这部分受众也会通过其人际传播效应对媒体声誉产生不可忽视的影响。因此，主流媒体必须保持和报道对象之间的良好关系，才能在报道对象中形成好的声誉，从而得到更多的新闻资源。

（一）尊重和善待报道对象

报道对象可以是一个人，也可以是一群人或者一个组织，不论是何种报道对象，都应该受到媒体及其从业人员的善待。记者在采访之前，要做好充分的准备工作，对采访对象有一个充分的了解，这是对采访对象的尊重。在采访过程中，记者要与采访对象平等交流，不能居高临下或者说出一些不尊重对方的话。在采访完成后，记者可以与采访对象保持一定的交流，以补充采访，避免出现事实错误，必要时可以将稿件提供给采访对象审阅修正。

但是，我们也看到一些记者为了完成采访任务或为了追求现场的惨烈而出现了一些不当采访。例如，施救人员正在营救一位老大爷（遇难者上方有块板，随时有可能垮塌），某电视台女记者对施救人员说："你让让好不好，我们先拍。"大家都说救人要紧，女记者竟然说："只要5分钟就好。"女记者现场报道说："在我们的下方还掩埋着一位老大爷，一直发出呻吟，我们现在

试试把话筒伸下去看看能不能听见老人的声音。"女记者喊:"大爷,能听见吗? 大爷,说说话。"大爷又发出了呻吟声。又例如,一位女警察在地震中失去了父母和女儿。记者追问她在地震中是否失去了亲人? 怎么能在痛失亲人的情况下还在拼命工作? 最后问:"你在救助这些灾民的时候,看到老人和小孩,会不会想到您的父母和女儿?"女警察悲伤得话都讲不出来,很快昏倒。[1]

(二)尊重报道对象的各项权利

采访对象有自身的隐私权、名誉权等,记者应该在法律允许的情况下为采访对象保守秘密,在报道的过程中尊重采访对象的名誉。当然,采访对象也有权拒绝媒体的采访,这时,记者也应该对其保持尊重。

在新媒体环境下,很多记者都是通过社交媒体与采访对象取得联系的,即使在这种看似虚拟的采访环境中,记者也应该充分尊重采访对象,当然也要对采访对象进行一定的辨别,以免出现报道失误。

主流媒体要处理好受众与采访对象的关系。在很多情况下,受众希望获得更加具体全面的信息和观点,而采访对象不愿意过多透露个人的信息或观点,在这种情况下,双方诉求就会发生矛盾。面对这种情况,一方面,主流媒体要在尊重采访对象权利的基础上尽可能提供更多有价值的信息,以便为受众提供参考;另一方面,主流媒体也要积极引导受众尊重当事人包括隐私权在内的各种权利,兼顾自身和他人的权利。2018 年 7 月,黑龙江广电集团一档在当地乃至全国很有名的情感谈话节目《叶文有话要说》被当地新闻出版广电局责令停播,当地广电局给出的处理意见中有"主持人言语出位、随意贬损听众、态度轻慢"的字眼。这档节目的主持人叶文在当地一向以说话大胆出名,其在节目中往往对打电话来求助的听众轻则无情地嘲讽、贬损,重则斥责、呵骂,毫不尊重听众个人情感和感受。对于这样一档节目被停播,网上言论一度出现一片叫好声,有网民表示"这不是一个情感调解节目,而

---

[1] 陈洁.出镜记者的形象和修养[J].新闻前哨,2008:9.

是一个你打电话我骂你的节目"，"节目早就该停"，^① 可见此节目在听众心目中的地位和声誉。

一些讲究礼仪和懂得尊重采访对象的记者或主持人，在不得不提问一些敏感和隐私问题的时候，一般会试探性地征询被采访者的意见，如果对方表示已经做好准备，记者才可以提问；如果没有征得对方同意，记者上来就问些涉及隐私的问题，会很唐突，也容易令人讨厌。李亚鹏有一次在媒体报道中跟摄影记者发生了冲突，他说，"明星对于一般的普通公民来讲，隐私范围是大大缩小了，这没关系，你偷拍我，你跟拍我，都没关系，但是我绝对不允许你拍我的孩子，或者你拍我的家人，这严重侵犯了我家人的私人生活"。作为一名记者，尊重采访对象是最起码的礼貌，在没有征得被采访者同意的情况下而进行公开的报道，既不道德，亦很失礼。

综上所述，利益相关者之间的矛盾能否处理好，关乎主流媒体的声誉。主流媒体在处理这几对矛盾时，要坚持合理、合法、公平、公正的原则，在此原则基础上，要兼顾双方的利益，而不能偏袒其中的一方，要争取双方利益最大化，同时争取社会效益最大化。唯有如此，才能实现主流媒体声誉的最大化。

第四节　主流媒体声誉外部管理——广告客户

一、广告客户与媒体声誉

刊播广告既是主流媒体的一项重要经济功能，又是新闻媒体实现盈利的重要渠道。在现代传媒行业中，多数媒体主要是依靠广告来盈利的，有的媒体的广告收入甚至占到整个收入的 90% 以上，可以说，新闻媒体要实现可持续发展，广告所提供的经济支持是必不可少的。尽管由于受到新媒体环境的强烈冲击，主流媒体，特别是一些传统主流媒体的收入（主要是广告收入）

---

① 情感调解节目《叶文有话要说》遭停播！网友拍手叫好！［EB/OL］. https://baijiahao.baidu.com/s？id=1605683136155928499&wfr=spider&for=pc.

出现了断崖式的下跌，有些媒体依靠广告收入已经不能维持正常运转，甚至出现了媒体需要依靠举办户外大型活动、组织策划比赛等形式来创收的情况。主流媒体传统的盈利方式面临着巨大威胁。

不可否认的是，在没有找到新的更好的盈利模式之前，由于媒体二次售卖过程的实际存在，刊播广告仍是媒体创造经济价值的主要方式，从这个意义上来说，广告客户也是媒体的主要顾客，因此也是媒体利益相关者构成中的重要一员，是主流媒体获得良好声誉的重要组成部分。主流媒体能否得到广告客户的赞誉和好评，能否招徕更多的广告客户，在一定程度上决定着主流媒体的财务业绩和可持续发展的能力。与此同时，主流媒体的良好声誉也是广告客户选择是否与媒体合作，是否愿意购买主流媒体注意力资源的重要依据。

二、正确处理媒体自身和广告间的关系

我国主流媒体的性质属于事业单位，但基本实行的是企业化管理。部分主流媒体虽然可以从政府获得一部分的财政支持，但也需要自己承担经费中相当大的一部分，而有的主流媒体则需要完全自负盈亏，因此，对于主流媒体来说，创收盈利也就成了一项重要任务。在主流媒体的盈利中，广告收入占很大一部分比重，因此，对于主流媒体来说，需要处理好它们与广告主之间的关系，这样不但可以促进媒体的发展壮大，还可以在广告主之间形成良好的声誉，促进更多的广告洽谈与合作，从而形成良性循环，为主流媒体的发展注入新的源源不断的活力。

（一）为广告客户提供良好的服务

广告主投放广告是为了有效地宣传自己的产品，因此，主流媒体可以为广告主提供一定的咨询服务，为广告主投放广告提供一定的建议和参考，以帮助广告主达到最佳的广告组合效果。

在如火如荼的新媒体环境下，很多广告主更倾向于通过新媒体平台发布广告，这对主流媒体的广告业务形成了很大的冲击。因此，主流媒体也要不断探索并发展自身的新媒体广告业务，力争在新媒体领域为广告主提供优质的服务，从而在广告主中维护自身的良好声誉。

（二）严格把关

主流媒体应该尽可能为那些诚实、善良、有社会责任感的广告主做广告，而避免为那些信誉不好的广告主做广告。在现实生活中，我们经常可以听到消费者抱怨某家媒体为黑心商人做广告，这就给媒体的声誉造成了很大的损害。另外，主流媒体还要尽可能让广告主的产品和媒体自身的风格相称，一些格调不高、难登大雅之堂的产品广告自然不适宜在主流媒体上出现。

在很多情况下，在媒体和广告主之间，还有一个广告代理商的环节。广告代理商一方面负责广告的创意策划，另一方面还为广告主提供咨询，帮助他们寻找适合投放广告的媒体。因此，主流媒体还要和广告代理商建立良好的合作关系，通过广告代理商寻找到合适的广告主，与此同时，也不能忽视对广告主的把关。

（三）平衡传播内容与广告间的关系

尽管广告客户是主流媒体的主要顾客，是主流媒体创造财务业绩的基础，但广告客户毕竟不是主流媒体内容和产品的直接消费者，换句话说，构成媒体主要内容和服务的仍不是广告，而是其作为内容生产部门所创造的符合受众需求的信息及娱乐等内容和服务。这往往会带来一个矛盾，即从满足广告客户需求和创造更多经济价值的角度上来讲，媒体的内容中应该广告内容越多越好，但从满足受众需求的角度来讲，由于广告明确的功利诉求，受众一般对广告会比较反感，不愿意看到过多的广告内容，特别是不希望因为媒体中插播广告比例过多而影响他们对媒体信息内容的正常接收。如一旦发生这种情况，受众或者会舍弃媒体或者宁可选择其他付费方式来接触媒体，也不愿将自己的注意力继续停留，而这可能会导致媒体最终失去对其生存来说更为重要的受众基础。除此之外，媒体上广告内容过多，也会给受众留下媒体唯利是图的印象，影响他们对媒体的声誉评价。

2018 年 9 月 1 日，为配合全国中小学的开学，中央电视台综合频道照例制作了面向全国中小学生的专门节目《开学第一课》。由于节目播出前全国各中小学都通过学校途径接收到了国家教育部所发的收看此节目的通知，因此这档节目备受全国中小学生和家长的关注。但节目播出的当晚，这档节目以及中央电视台受到了众多家长的质疑和抱怨，原因是节目既没有按照约定的时间准时播出，而且在节目开播之前播出了将近 20 分钟的商业广告。在一档注意力资源丰富的节目当中插入广告对媒体而言可以理解，但过多的广告内容在给媒体带来丰厚利益的同时却大大伤害了受众的情感，严重影响了媒体在受众心目中的地位和形象，严重损害了媒体的声誉。在节目播出后的几天里，《开学第一课》甚至演变成了一个公共舆论话题，在新媒体当中迅速流传，引发了更多家长对于这档节目在内容、导向等方面的质疑。有不少家长群情激愤地表示，"开学第一课，孩子准时坐在电视机面前，盯着电视足足看了 13 分钟广告，才等来正片，这种性质的节目，这样注重经济效益，这样不吝惜孩子的时间，这样不在意孩子的视力健康，央视的格局和底线实在让人失望。"甚至有人直接表示这是他们最后一次看央视的节目。[①]尽管央视很快就此事做出了道歉，表示"将不断改进工作，更好地为观众服务"[②]，但这些舆情的广泛扩散对央视及《开学第一课》的声誉造成了不可估量的伤害，这种伤害在一定程度上也是难以弥补的。

近几年来，随着直播带货的盛行，为了增加媒体的收益，一些传统主流媒体也开始纷纷试水直播带货。有的采取媒体从业者与网红主播合作的方式，有的直接将某些原有的服务类节目办成了另一种直播带货，在节目服务性内容中充斥着大量的推销。甚至在一些非服务而是新闻类的节目当中，主持人们也总是在节目主持当中"一开口先来一段广告词"，这种行为既对节目的既有内容形成了一定程度的影响，也在一定程度上失去了媒体人应有的客观与中立，并因过于强烈的商业色彩和功利味道而降低了媒体的品位和格调，引起了受众的不满和诟病，大大影响了媒体在社会公众中的声誉。

所以，在媒体处理与广告客户关系的时候，如何平衡媒体正常内容与广告（包括软文、带货、植入等各种类型的广告）间的比例也是维护媒体声誉不得不面对的问题。而国外一些发达媒体的做法通常是：广告与媒体内容之

① 这堂"开学第一课"上砸了［EB/OL］. https://www.huxiu.com/article/260614.
② 央视为《开学第一课》道歉了，然后只是因为"延误收看"吗？［EB/OL］. https://www.sohu.com/a/251486180_372467.

间不仅有着鲜明的界线和区分，在广告内容与媒体内容比例发生冲突，特别是在一些重大突发事件发生，受众及广告客户皆对媒体的版面有着浓厚的兴趣之时，媒体的广告部门和编辑部门在经过激烈协商后，最终都是由广告部门做出让步。因为媒体的管理者们清楚，媒体声誉受损绝对不是任何广告收入所能弥补的，他们深知如果媒体内容让位于广告内容，虽然可以获得丰厚的广告收入，但从长远来看，这是对媒体声誉无形的伤害，这种行为无异于饮鸩止渴、竭泽而渔。

第五节　主流媒体声誉外部管理——其他媒体

一、其他媒体与媒体声誉

在媒体行当似乎一直存在一种所谓的"灯下黑"怪圈，即媒体组织都深知媒体的力量，也深谙媒体运作之道，但这种深谙往往是对外不对内，致使一群最专业的媒体和传播队伍恰恰不懂得或不善于对自己的形象进行传播。媒体由于扮演着拟态环境的角色，是现代社会中人们认识社会、了解各类组织信息的重要源泉，因而媒体在决定人们对社会及事件的评价和判断上起着不可低估的作用。媒体对某个社会主体的正面报道，往往会使受众产生对于该社会主体的较为正面的评价，反之，负面的媒体报道，将会给被报道的社会主体带来较大的损失和声誉上的伤害。由于媒体的公开性、广泛性和合法化的功能，特别是居于社会主流地位的媒体，即便是少数人的意见，只要经过媒体的提示和强调都会被当成多数人的意见，并产生巨大的舆论影响力。

到了新媒体环境之下，除了既有的传统媒体仍然在发挥巨大的媒体影响，包括网络媒体、网络论坛、自媒体等在内的新兴媒体亦开始发挥影响，一些网络舆论意见领袖的信息和意见往往会成为引爆社会关注和媒体热点的导火索，有时甚至会演变成公众情绪的表达口，在一定程度上成了影响着社会公众的新的媒体力量。因此，处理好与其他媒体之间的关系，有效利用媒体（包括自身媒体和其他媒体）的影响来塑造和维护主流媒体的声誉，特别是当媒体的声誉由于其他媒体的报道而出现危机时，如何通过专业的媒体应对策略来转危为安，也是新媒体环境下主流媒体进行声誉管理的必经之路。

二、正确处理媒体自身和其他媒体相互间的关系

（一）正确处理与其他媒体的竞合关系，争取互利共赢

主流媒体和其他媒体之间是既竞争又合作的关系，媒体间适度的竞争，有利于媒体乃至媒体产业的发展，媒体之间的合作则可能给双方都带来诸多便利。因此，主流媒体要和其他媒体保持良好的合作关系，这也有助于提升自身在行业内部的声誉。

主流媒体应该学会对其他媒体的尊重，一方面要积极发挥自身的优势和特点，在媒体竞争日益激烈的环境下战胜竞争对手，取得各个方面的成功。另一方面，要学会和其他媒体的配合。毕竟，在中国社会的语境下，尽管媒体间的竞争关系不容忽视，但由于相同的属性和媒体责任，主流媒体间同样存在巨大的共性和合作空间，既可以互相分享新闻线索，也可以互相借力，如已有着半个多世纪历史的中央人民广播电台《新闻与报纸摘要》节目中的报摘部分便是很好的例证。主流媒体在保持自身竞争力的情况下，可以将自己获得的新闻线索适当地分享给其他媒体，这样也可以在有需要的时候获得来自其他媒体的新闻线索，如此，媒体之间便可以实现互利共赢。

近几年来，针对一些重大主题的宣传报道，以及一些特别重大的突发事件，一方面，中央有关部门会组织相关的媒体进行集体采访和集体报道；另一方面媒体之间也会进行积极的合作，如 2008 年的四川汶川地震、杭州 G20 峰会、青岛 APEC 会议期间，中央电视台等中央媒体都会和当地的地方媒体进行报道人力、技术设备和信号传送等方面的合作。而随着新兴媒体的迅速发展，一些传统媒体也在积极地寻求与网络媒体的合作，如《新京报》和腾讯视频的合作、《华西都市报》与花椒直播平台及今日头条的合作，等等。通过这些合作，媒体之间不仅在一定程度上实现了资源共享、信息共享和优势互补，而且在彼此的受众群以及社会公众中树立起了良好的形象，提升了彼此的声誉。

（二）积极与其他媒体开展合作，拓宽信息来源渠道

作为媒体，在习惯政府、企业等社会组织将自己视为重要的媒体资源并与自己展开积极合作和打交道的同时，主流媒体也要放下身段，积极去学会和适应与其他媒体打交道，比如主流媒体可以在推广自己方面加强和其他媒体的合作。主流媒体的推广，仅仅靠自身的力量是不够的，如果能在其他媒体的平台上宣传自身的良好形象，能够在短期内达到更好的效果。再比如，一旦主流媒体遭遇媒体声誉危机，一定要学会冷静地与其他媒体配合来积极应对，特别是对于一些新兴的自媒体和网络媒体，主流媒体需要主动与这些媒体进行沟通，而不能一味轻视其存在。为了体现出与媒体打交道的专业性，主流媒体在这方面不妨借鉴一些企业和社会组织的做法，一方面要建立起一支专业化、高素质的专门性媒体关系团队，另一方面则要了解各类媒体的内容构成、传播特点，等等，通过与其他媒体建立长期的关系来取得其他媒体的信任，促成长期合作，真正能够通过媒体公关的路径来塑造和提升媒体的声誉。

（三）充分利用新媒体平台，积极发挥新媒体技术的优势

在新媒体环境下，主流媒体也可以在新媒体平台上做好和其他媒体的推广合作，这样能够有效地扩大各媒体的影响，也能够通过合作改善自身在媒体行业内部的声誉。具体来说，主流媒体，特别是作为传统媒体的主流媒体要能积极适应媒体整合的发展趋势，积极拓展新媒体业务，并学会善于充分利用新媒体技术。

用好新媒体技术，向新媒体平台转型，一方面可以反映出媒体的发展潜力及增长空间，从其发展潜力的角度为主流媒体赢得更多、更好的媒体声誉；另一方面，利用好新媒体技术，特别是能使新媒体平台在年轻的社会公众中建立良好声誉，亦会为媒体声誉的未来奠定新的基础。一些主流媒体现在都纷纷开设微博账号和微信公众号，并在新媒体的使用中积极探索新媒体平台的语言风格及特点，这都为主流媒体在一定程度上赢得了良好声誉。2017 年6 月 21 日，新华社微信公众号上曾经发表了一篇《刚刚，沙特王储被废了》

的文章，全文简短干练，短短几十个字的新闻瞬间阅读量达到了十万多，虽然我们并不一味地推崇阅读量，但这种现象在日趋衰落的传统媒体间是一股清流，也得到了诸多网友的好评："言简意赅、耐人寻味，接地气。"但是，媒体想方设法利用新媒体平台时也要遵循严谨认真的原则，新华社的文章里"废黜"一词打成了"废除"，这也是值得注意的地方。

2017 年建军节前夕，《人民日报》客户端在 7 月 29 日晚推出了刚刚开发的 H5 产品《快看呐！这是我的军装照》，截至 8 月 2 日 17 时，短短几天时间，"军装照"H5 的浏览次数累计达 8.2 亿，独立访客累计 1.27 亿，一分钟访问人数峰值高达 41 万。[①]一向以传统媒体示人的《人民日报》不仅推出了崭新的新媒体产品，而且瞬时间在社交媒体上刷爆了朋友圈，成为现象级的媒体产品，为《人民日报》在新媒体用户中赢得巨大的赞誉。由于创意新颖、影响巨大，《人民日报》的这款 H5 产品也毫无悬念地获得了当年中国新闻奖所增设的媒体融合类新闻作品一等奖。

（四）培养自己的意见领袖，引导舆论

由于主流媒体工作人员在传统媒体方面积累了不少的专业知识和经验，他们在新媒体环境下很容易展现出自身的优势，相对于其他的自媒体创业者而言，他们更容易迅速成长为新媒体环境中的舆论领袖。现在新媒体环境中较为活跃且有影响力的网络大 V、人气博主大多都是从传统媒体跳出去的人，有些人气很高的微信公众号也是出自传统媒体人之手。这些意见领袖能在很大程度上影响受众、引导舆论。从声誉管理的角度来看，媒体不仅需要鼓励和支持旗下的专业媒体人学会利用新媒体，而且应当培养自己媒体内的舆论领袖，并通过他们的影响来改变受众对传统主流媒体刻板的印象，通过网络互动来塑造和维护媒体的声誉。

2019 年 11 月 9 日，中央广播电视总台《新闻联播》播音员康辉跟随习近平主席出访希腊、巴西，与以往不同的是，康辉这次随行采访除了给《新闻联播》发回正常报道之外，还在中央广播电视总台新闻官方微博推出主持

---

① 人民日报：扭转新旧媒体战局的 10 亿"军装照"［EB/OL］.（2017-09-30）. https://www.sohu.com/a/195640935_405942.

人康辉的第一支 vlog 视频。一经发出，这支 vlog 视频很快便引爆全网并登上微博热搜。这一做法通过展现传统媒体新闻生产流程不为人知的一面，满足了公众更多的信息期待，使公众对于央视有了全新的认识，让过去受众心中"高高在上"的中央电视台近在咫尺，拉近了媒体与社会大众之间的距离。有学者撰文指出，从"羡慕嫉妒恨"和"满嘴跑火车"到"怨妇心态"与"遮羞布"，央视新闻一改原先沉闷严肃的话语体系，向诙谐、接地气的语言风格转变。这样的央视怎不惹人爱？①

而早在 2017 年全国"两会"期间，中央人民广播电台中国之声微信公众号经过精心策划和扎实准备，推出了一组基于朋友圈的场景视频 H5 系列产品《央广主播的两会朋友圈》(简称《主播朋友圈》)，这款新媒体产品一经推出，便深受好评，仅首期产品点击量就突破 100 万人次，被誉为"给人惊喜的现象级创新产品"②。看过《主播朋友圈》的受众都有深刻印象，这组报道充分发挥了微信这种平台型社交媒体的聚合资源功能，将央广主播王小艺的视频抠像，嵌入虚拟微信朋友圈及聊天场景之中，致力于打造虚拟现实中的人际传播，轻松自然地吸引网友点击阅读并大量转发，较好地推介了中国之声全国"两会"报道的主要安排和特色内容。《主播朋友圈》的创意不仅让人称道，而且通过在社交媒体中推出自己的舆论领袖——主播王小艺，吸聚了大量人气，达到了理想的传播效果。也是因为创新、影响巨大，这部作品同样毫无争议地获得了第 27 届中国新闻奖新增设的媒体融合类新闻作品一等奖，也为央广赢得了良好声誉。

---

① 陈宇恒.从康辉的 vlog 爆火看传统媒体该如何转型［EB/OL］. http://yuqing.people.com.cn/ n1/2019/1111/c429781-31448024.html.

② 当传统广播人登上了社交媒体……以《央广主播的两会朋友圈》为例［EB/OL］. http://www.sohu. com/a/161289080_738143.

第六章　中外主流媒体声誉测评指标比较

第一节　企业声誉测评

美国学者罗纳德·奥尔索普曾经这样描述声誉管理，"声誉管理的第一步，就是衡量自己的声誉"[①]。因此，对于媒体声誉管理来说，第一步便是对媒体的声誉进行测量。媒体的声誉属于一种潜在的无形资产，因而对媒体声誉进行测量也是一个比较复杂的过程。由于媒体的声誉意识和声誉管理水平相对落后，在媒体声誉的测量方面几乎没有什么现成的模式和工具，因此，媒体声誉的测评也需要从企业声誉的测评当中汲取先进的经验。

由美国著名声誉管理专家丰布伦主持的声誉学会通过多年大量的理论和实证研究发现，企业的声誉与企业的产品服务、公司业绩、公司治理、创新力、领导力、社会责任、工作制度七大方面以及细分指标高度相关，为此他们在广泛实验的基础上开发出了企业声誉指标测量分析模型（见图6-1）。

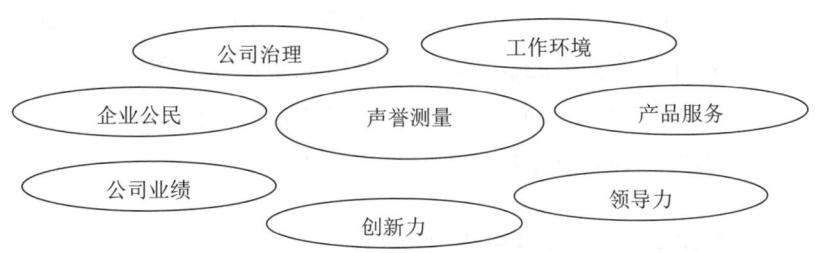

图6-1　企业声誉指标测量分析模型[②]

① ALSOP R J. The 18 immutable laws of corporate reputation：creating，protecting and repairing your most valuable asset［M］. New York：Free Press，2004：16.
② 和芸琴. 企业声誉内部管理：创建持续竞争优势的新视角［M］. 北京：经济科学出版社，2012：57.

根据企业声誉测评经验，许多学者一致认为对企业声誉的测评不应只是一种"好"或"坏"的综合评判，因为这样的测量设计不能有效地指导企业的声誉管理实践。在多数情况下，声誉并不是一维的，人们对于一个企业的声誉通常会从各个角度持有各种感受，况且一个企业的声誉也不是固定不变的，而是随时处在变化当中，它们可能太复杂，所以不能简单地用"好"或"坏"来概括。为了找到更加合适的测评方法，不少学者都在努力建构能普遍适用于各种企业的多维的企业声誉测评工具。① 现在，企业声誉管理测评体系的研究丰富多彩，国内外研究学者都取得了丰硕的研究成果，然而，目前中国尚没有专门针对媒体或主流媒体的声誉评价。尽管现有的一些评选，如"中国电视榜"、中国媒体品牌影响力排行榜等涉及了媒体声誉的某些因素，但离真正的媒体声誉评价尚有距离，一是这类评价的出发点和着力点皆不在媒体声誉方面；二是这些评选活动并未完全覆盖媒体的所有利益相关者，难以称为真正意义上的媒体声誉评价体系，并不能完整反映媒体组织的声誉总体状况，也不能为媒体组织的声誉评价与管理实践提供更多可操作性的指导。

通过研究我们发现，国内外企业声誉评价体系大致可以分为三种基本模式：一是设立具体指标进行声誉评价，即通过一级指标、二级指标等赋分，最终计算得分，其中有代表性的是德国《管理者杂志》的"综合声誉"测评；二是经过推荐委员会反复投票衡量进行评选，有代表性的包括北京大学电视研究中心的"中国电视年度掌声·嘘声"评选、《新周刊》的"中国电视节目榜"；三是既有推荐委员会的提名，又有严格的指标赋分程序，美国《财富》杂志的"全美（球）最受欢迎公司"评选、美国声誉研究所与哈里斯－丰布伦的"声誉商数"测评是其中的代表。具体模式如下：

一、国外企业声誉测评的主要模式 ②

尽管国内外学者对于企业声誉测评的研究各有侧重，但主要还是通过考察媒体关于企业的新闻报道来加以测评，其中涉及的企业则主要集中在金融

---

① 徐金发，等.企业软实力与声誉管理［M］.北京：社会科学文献出版社，2010：47.
② 晏国祥.企业声誉测评指标体系［M］.北京：经济科学出版社，2009：137.

领域和食品领域。也有研究者开发了新的媒体声誉测量方法，将媒体好感度、媒体可见性和时新性相结合，将其预测能力与媒体好感度的预测能力进行了比较。当然，对企业声誉的测评不应只是一种"好"或"坏"的评判，这样的测量亦不能有效指导企业的声誉管理实践。在多数情况下，声誉并非一维的评价，而是需要采取多种维度，如有学者就提出四个维度，即公共的维度、市场的维度、组织的维度与新闻业的维度，这表明人们对于一个企业的声誉通常会从不同角度持有不同感受，随时处在不确定的变化中。为了寻求更加合适的测评方法，不少学者也在努力建构能普遍适用于各种企业的多维企业声誉测评体系。其中，美国《财富》杂志的 AMAC 和 GMAC 评选、德国《管理者杂志》公布的"综合声誉"测评、曼弗德的二维评估模型以及哈里斯－丰布伦的"声誉商数"测评等，在学界、业界都起到了较大的示范和引领作用。

（一）美国《财富》杂志的 AMAC 评选和 GMAC 评选

早在 1983 年，《财富》杂志就已经采用拨打电话和邮寄信件的方式来对企业声誉展开调查，调查对象大多是高级经理人、集团董事会成员和财务分析师，杂志要求调查者提名他们认为的行业领先企业，并对这些企业按照创新性、管理质量、长期投资价值、社区和环境责任、吸引和留住人才、产品或服务质量、财务合理性、资产运用等 8 个方面进行打分，并以全部指标得分的平均分来取前 50 名。在获得第一手的调查资料后，他们再组织邀请财经记者、学者和创业者对所选企业的各项表现进行打分，各项指标得分的平均数就是企业的全面声誉指数（ORS），得分排在前列的就能当选全美最受欢迎公司（AMAC）殊荣。经过十几年的实践，1997 年以后，《财富》又在 AMAC 8 个指标的基础上增加了"公司全球业务的有效性"指标，公布了对全球范围 500 个企业的排名，开始评选全球最受欢迎的公司（GMAC）。

（二）德国《管理者杂志》的"综合声誉"测评

在美国《财富》杂志开展最受欢迎公司的评选之后，从 1987 年开始，德国《管理者杂志》也启动了对企业声誉的测评工作，并开始主办德国 100 家最大的制造业和服务业企业的评选活动。杂志采用的是包括管理质量、创新性、沟通质量、环境责任感、财务和经济稳定性在内的 5 个指标评估量表，由大约 2000 个管理人员对每一个企业的整体声誉状况进行排名，并对企业声誉作出综合评价。

（三）曼弗德的二维评估模型

2004 年，曼弗德等人提出了一个测量企业声誉的二级模型，因为他把声誉定义为一个由认知（构成竞争力）和情感（构成感召力）两部分组成的态度结构，因此他认为应该从企业的竞争力和感召力两个方面来对企业声誉进行评估。在认知方面，曼弗德等人开始调查利益相关者对公司特征的主观认知和理解，选用三个指标体现公司的竞争力，分别是公司业绩水平、全球化经营能力、在市场上作为领先竞争者的声誉。在企业声誉的情感部分，他们调查了利益相关者对公司的主观情感，选用"对公司的喜爱""调查对象如何支持公司"和"如果公司倒闭，他们会如何表示遗憾"这三个指标来表示公司的号召力。然后，再通过多元线性回归分析来对感召力和竞争力进行解释。曼弗德等人最后得出的结论是：责任、吸引力和质量对感召力有积极影响，而业绩对感召力产生负面影响，这说明在企业与民众的沟通中，企业的声誉管理如仅限于业绩和利润方面就可能会失去利益相关者的感情。尽管竞争力实际上是由企业的产品质量、业绩和吸引力来驱动的，但这种竞争力也会因为企业缺乏相应的社会责任而丧失。

（四）哈里斯 – 丰布伦的"声誉商数"测评

从 1999 年开始，由美国著名声誉管理专家丰布伦（又译福诺布龙）领导的声誉研究所开始借助哈里斯互动市场调查公司发达的信息网进行企业商誉测评，旨在评出"美国声誉最佳的企业"，并将测评结果，即"声誉商数"（RQ），在《华尔街杂志》公布。依据前面所提出的企业声誉指标测量分析模型（见图 6-1），丰布伦对声誉的测量指标和方法做了部分调整，具体来说，丰布伦的 RQ 测评主要分提名和评定两个阶段。在提名阶段，调查者主要通过网络和电话在普通公众中进行调查，要求他们分别提名两个声誉最好和最差的公司。在评定阶段，则根据设定的项目通过网络调查来在评估量表（7分表）上打分。其中的项目由包括情感吸引力、产品和服务、财务业绩、愿景和领导、工作环境、社会责任6个部分的20个项目构成。具体分布如下：

1.情感吸引力（对公司有好感、赞美和尊敬公司、信任）：你只是自然而然地喜爱、尊敬和信任这家公司。

2.产品和服务（创新性、高质量、物超所值、强大后盾）：你认为这家公司的产品或服务不仅是优质的，而且富于创新精神并且值得信赖或者具有良好的价值。

3.财务业绩（有良好的利润记录、投资风险低、有强烈的发展期望、拥有良好的竞争优势）：你对公司的业绩深感满意，深信它有美好的前景，投资它没有太大的风险。

4.愿景和领导（有优秀的领导层、战略愿景明确、能识别和充分利用市场机会）：你认为公司对未来有明确的远大目标，愿意为企业而努力工作。

5.工作环境（工作氛围良好、拥有优秀的员工、有公平的员工待遇）：你相信公司管理良好，拥有优秀的员工，愿意为企业而努力工作。

6.社会责任（有良好事业的支持、具有环境责任感、善于待人处事）：你认为公司是社会中良好的成员——拥有好的事业，不破坏生态环境，同时投身于社会公益事业。

为了检测形成良好声誉更深层次的驱动因素，丰布伦等人还从美国数据分析中总结出了一个统计模型（见图6-2）①

---

① 福诺布龙，范里尔.声誉与财富：成功的企业如何赢得声誉［M］.郑亚卉，刘春霞，等译.北京：中国人民大学出版社，2004：59.

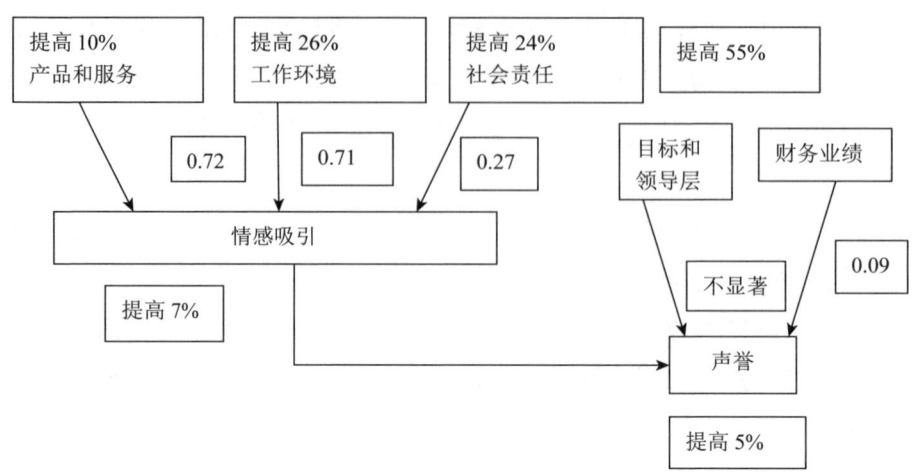

图 6-2　影响公司声誉的因素

　　根据一系列测算分析，丰布伦等人还精确地计算出，如果想在声誉方面提高 5%，那么企业必须在情感吸引力方面提高 7%，进一步推断下去，即公司需要将公众对其产品的认可提高 10%，或是在工作环境方面提高 26%，或是在社会责任方面提高 24%。而公司的财务业绩必须提高 55%，才能使声誉获得 5% 的提高。

　　RQ 测评最初只是在美国进行，后来随着其影响力和接受度日益提高，又被美国声誉研究所的分支机构推广到了欧美和亚洲（包括中国）许多国家，由于哈里斯－丰布伦框架在一定程度上克服了《财富》指标的缺陷，一些公共部门也开始把声誉商数的测评结果作为重要的决策参考依据。

（五）声誉研究所的 RepTrak 体系

　　丰布伦除了与哈里斯公司合作，他还倡导并建立了自己的声誉研究所，建构了独具特色的 RepTrak 体系。声誉研究所是由声誉研究的开拓者丰布伦等人所成立的面向全美和世界企业进行声誉测评的机构，从 1997 年起便致力于企业声誉的动态研究。2005 年，声誉研究所引入了声誉追踪体系 RepTrak———一个用来跟踪分析企业声誉的前沿工具包，该体系基于 RepTrak 记分卡，跟踪了 7 个核心驱动因子内的 23 个重要的业绩指标（见图 6-3）。

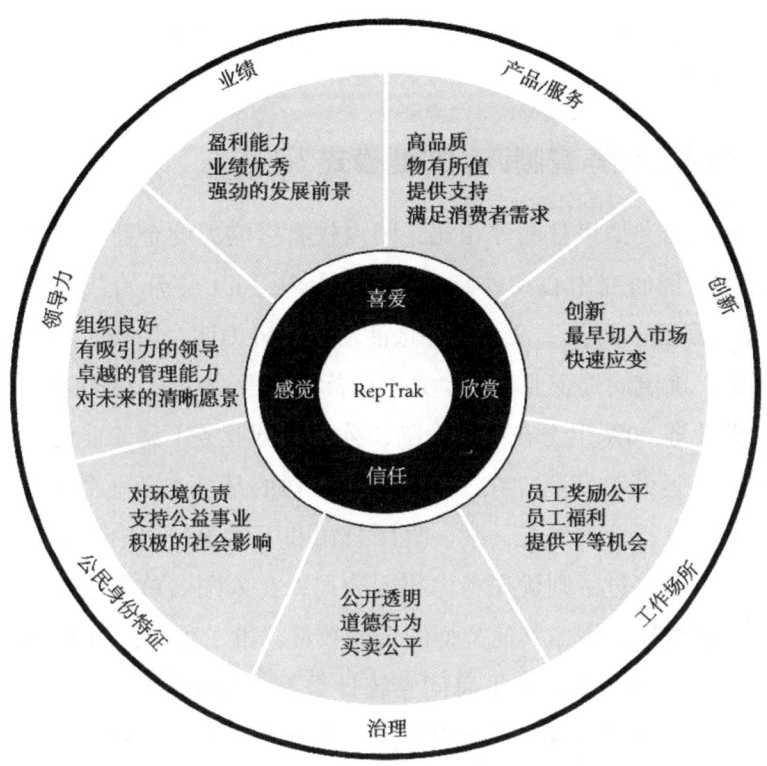

图 6-3　声誉研究所的 RepTrak 记分卡

　　RepTrak 是世界上第一个用于国际范围内追踪跨利益相关方群体企业声誉的标准化综合工具。声誉研究所的 RepTrak 的优势在于，与声誉商数不同，RepTrak 各维度在统计上是各自独立的，这减少了数据分析时的多重共线性问题，也进一步确定了特定属性和维度对公司整体声誉产生的相对影响。更重要的是，声誉研究所把 RepTrak 记分卡作为企业传播整合分析的一部分，声誉被视为利益相关方基于公司传播和媒体报道解释其所见所闻的产物。由于这些优点，除了美国，RepTrak 也被包括英国、荷兰等国在内的世界各地的许多企业和组织所采用。

　　除了以上几种声誉测评方式，国外现存的、有较大影响的企业声誉测评的模式还包括英国《金融时报》的全球最受尊敬的企业（WMRC）、英国《现代管理》的英国最受欢迎的企业、博雅公司的最佳企业声誉、中国香港《远东经济评论》的亚洲领先企业名单、澳大利亚普华永道的最受尊敬企业评选，等等，其基本思路与方法都与前面提及的几种声誉测评的方式大同小异，这里不再一一赘述。

二、国内企业声誉测评的主要模式 [①]

与国外的同类型声誉测评相比，国内较有影响力的企业声誉测评当属北京大学管理案例研究中心和《经济观察报》从 2001 年开始共同主办的年度"中国最受尊敬企业评选"活动。评选活动大体分为四个阶段。第一阶段：根据筛选标准，确定候选企业名单，其中的标准涉及企业的注册地在中国大陆，或者其主营业务 60% 以上在中国大陆；公司经营业务不属于非健康产业；企业在中国大陆运营时间至少在 5 年以上；公司的某项主营业务进入行业前 5 名，公司规模在行业内领先；某一集团公司和下属子公司中入围企业最多不能超过 2 家，若超过了则优先考虑集团公司；在入围名单中适当减少国有资源型垄断企业数量，增加其他类型的企业数量。第二阶段：向 MBA、EMBA及企业高管开展问卷调查，汇总问卷统计数量，对所有候选企业进行排名。第三阶段：向前 50 名企业发放调查问卷，要求企业提供一些相关的资料和数据。第四阶段：成立专家评委，并向排名前 50 名的企业征集评选数据，由专家根据数据从人力资源、财务能力、社会责任感、公司形象、发展潜力等几个维度打分，并得出最终的中国最受尊敬企业名单。

表 6-1　中国最受尊敬企业评价体系 [②]

企业受尊敬指数					
基本指标				修正指标	
一级	二级	三级	考察变量	国有企业、民营企业	外资企业
	人力资源	吸引人才的能力 维持人才的能力 发展人才的能力	员工大专以上学历比例 员工流动率 培训投入率	国际竞争力	对中国市场长期承诺

---

① 晏国祥.企业声誉测评指标体系［M］.北京：经济科学出版社，2009：148.
② 晏国祥.企业声誉测评指标体系［M］.北京：经济科学出版社，2009：156.

续表

企业受尊敬指数					
基本指标				修正指标	
一级	二级	三级	考察变量	国有企业、民营企业	外资企业
	财务能力	获利能力 偿债能力 资产运作能力 公司实力	销售净利率、资产净利率、权益净利率 资产负债率、流动比率 总资产周转率、应收账款周转率、存款周转率 资产、销售额		
	社会责任感	对国家、社会的贡献 环保意识	社会贡献率、向教育和慈善机构捐款率 ISO14000 系列认证		
	公司形象	企业整体形象 产品形象	企业美誉度、品牌价值、罚项支出比率 ISO9000 系列认证		
	领导	企业领导人 高层管理团队	领导人决策能力、领导人工作经验 高层管理团队工作经验、管理团队成员大专以上学历比例		
	管理质量	信息化建设水平 组织机构精干 管理制度合理	SCM、ERP、CRM 系统 人均销售额、人均利润额		
	发展潜力	行业发展前景 企业自身发展素质	行业销售增长率 学习型文化、企业销售增长率、资产增长率、市场份额增长率		
	创新	技术创新 管理创新	研发投入率、专利率		

　　国内企业声誉测评较有代表性的还有台湾地区的"标杆企业声望调查"。标杆企业声望调查是由台湾《天下杂志》每年通过 500 多位产业分析家、1100 位各行业企业家调查并确定 10 大标杆企业。《天下杂志》的评比方式与国际媒体基本相同，其最终评比的指标分为 10 大指标，每项指标最低为 1 分，最高为 10 分，标杆企业声誉最终排行是以受评企业 10 项指标的平均分数高低排列。其所使用的评选指标分别为：前瞻能力、创新能力、以顾客为导向

的产品服务品质、营运总绩效及组织沟通能力、财务能力、吸引及培养人才的能力、运用科技及信息加强竞争优势的能力、跨国界的国际运营能力、长期投资的能力、担负企业公民责任等 10 项。

第二节　我国主流媒体声誉测评

由于媒体声誉问题尚没有引起我国社会和我国媒体的足够重视，加之国内媒体声誉管理意识和管理水平的落后，国内目前尚没有专门针对主流媒体所进行的声誉测评活动，在主流媒体的声誉测评方面亦没有形成统一、科学且得到广泛认可的声誉测评，只有零星的一些关于企业声誉或媒体的测评，它们跟媒体的声誉测评或多或少有一定的关系，对于国内建立主流媒体声誉测评体系具有借鉴意义和指导作用，这里不妨先来梳理一下与媒体相关的关乎媒体声誉测评的做法和模式。

一、中国最受尊敬企业评选

如前所述，国内目前针对企业声誉的测评活动较有影响力的属北京大学管理案例研究中心和《经济观察报》从 2001 年开始共同主办的年度"中国最受尊敬企业评选"活动。该评选活动为纯公益性活动，至今为止，已经成功举办了多届。一大批优秀中资企业和外资企业榜上有名，得到了社会各界的高度认可。评选活动的目的在于：通过评选最受尊敬企业，弘扬企业社会责任，传播企业最佳实践，推动企业和社会的共同进步。因此此项活动的关注点主要包括：

1. 强调对企业的普遍关怀和包容；

2. 强调社会各界的参与，做到公开透明；

3. 强调评选机制的科学性和公正性；

4. 强调评选过程的学术规范性和可信性。

整个评选活动所秉持的原则，一是底线原则，企业在各方面的表现都至少达到了利益相关者的最低要求；二是亮点原则，企业至少有一个或几个方面的表现十分突出，能够赢得尊敬。

评选活动遵循严谨的评选流程，共分作四个阶段（实际评选为三个阶段）进行，第一阶段为提名阶段，其主要工作包括：

1. 成立候选企业提名委员会，提名委员会由 500 位来自不同职业、行业、区域的提名人组成；

2. 提名人就自己心目中"最受尊敬企业"提名，根据提名理由归纳最受尊敬标准；

3. 对提名结果进行统计分析，按提名的频次及年度主题评估指标，确定 150 家候选企业。

第二阶段为初评阶段，此一阶段的工作主要包括：

1. 确定问卷调查样本（《经济观察报》订户，商学院 MBA/EMBA 学员，北大 / 外经贸、复旦 / 南大校友会成员等）；利用最受尊敬企业评价标准，通过问卷、门户网站在线投票等方式进行调查；

2. 对问卷进行统计处理，根据问卷来源设计不同权重，问卷（95%）、门户网站在线投票（5%）按频次结果确定入围企业；

3. 产生入围的 50 家企业名单。

第三阶段是评选活动的终评阶段，在这一阶段，活动组织方要完成以下五个任务：

1. 获取 50 家入围企业详细资料；

2. 汇总入围企业所有资料，向评审委员会提交；

3. 评审委员会专家独立评审并打分，汇总评审结果；

4. 根据评审委员会综合统计，最终从 50 家入围企业中产生 25 家获选企业；

5. 对获选企业进行公示。

第四阶段通常是颁奖典礼，一般会邀请政界、商界、学术界知名人士出席在北京大学百年讲坛举行的颁奖典礼。

在总共举办过的 15 届最受尊敬企业评选当中，一些顶尖企业，特别是在经济效益和社会效益方面成果卓著的企业均榜上有名。在过去的 15 届评选当中，媒体企业当中的《南方日报》、新浪、腾讯等都曾经登上榜单，凤凰卫视还曾经有过 13 次蝉联上榜。

二、《新周刊》的中国电视榜

在对我国媒体，特别是我国电视的口碑的声誉评选方面还有一个较为突出的活动，即广东《新周刊》从 20 世纪末开始会同其他媒体所推出的中国电视节目榜。中国电视节目榜的原意并非在于媒体或媒体栏目的口碑和声誉，但自节目榜诞生以来，该榜一以贯之地关注中国电视，并以《弱智的中国电视》《春节联欢晚会：十六年之痒》《砸烂电视》《1999 中国电视节目榜》等一系列犀利的报道，见证并推进了中国电视的发展，并以响亮的声音和深刻的见解，成为评价中国电视的舆论先锋。

从 2000 年开始，《新周刊》连续多年会同报纸、杂志、电视、网络四大类媒体，全方位、多角度、大规模地对中国跨媒体电视节目、节目主持人以至中国电视业年度发展业绩进行立体审视。中国电视节目榜已成为《新周刊》最有价值的延伸品牌，对中国电视乃至中国传媒起到了深远影响。

三、媒体品牌和投资价值评选

在诸多与中国媒体口碑或声誉相关的评选活动中，还曾经出现过如"中国媒体品牌影响力（软实力）排行榜"以及"中国最有投资价值媒体评选"的活动。

"中国媒体品牌影响力（软实力）排行榜"由中国人民大学新闻学院、复旦大学新闻学院、北京大学新闻与传播学院、清华大学新闻与传播学院、中国传媒大学等 10 所传媒院校联合举办、由中国报业网和中国品牌媒体联盟联合承办，并由中国人民大学品牌形象实验室、舆论研究所公布，其中包括"所有媒体品牌指数总排行榜""报刊品牌指数总排行榜""报纸品牌指数排行榜""都市报品牌指数排行榜"，等等，评选指标包括影响范围、社会责任、网络传播力、创新力、曝光度、知名度、美誉度、信任度等十多个指标，最终形成"中国媒体品牌影响力（软实力）排行榜"。

"中国最有投资价值媒体评选"活动则由中国传媒论坛和复旦国际传媒研究中心主办，评选参考社会公信力、核心管理团队、政策垄断资源、品牌知名度、市场运作机制、目标受众市场、财务运行状况等七项指标，结合网上评选、专家推荐，最后由中国传媒投资年会代表现场投票产生，上榜的媒体包括广播电视类的凤凰卫视、上海东方卫视、CCTV《对话》栏目、CCTV新闻频道，报纸类的《北京青年报》《南方周末》《参考消息》，此外还有杂志类的《时尚》《读者》《新周刊》等，网站类的新浪网、搜狐网、新华网等，以及传媒机构，如光线电视、海润集团、星美传媒，等等。

四、其他相关的评选活动

除了以上几个规模相对较大、评选相对较完整的与媒体口碑、声誉有一定关系的评选活动之外，在社会上针对媒体或媒体栏目的评选较有影响力的还有中国新闻奖的新闻名专栏评选，以及北京大学电视研究中心举办的一年一度"中国电视年度掌声·嘘声"评选和北京大学视听传播研究中心举行的一年一度的"中国电视满意度博雅榜"活动，等等。

新闻名专栏的评选是针对报纸、通讯社、广播电台、电视台和新闻网站刊播有共同特征（同类主题、同类题材、同类体裁）的新闻报道的版块（单元），即在报纸上具有固定的名称，位置相对固定和独立，不含专刊和专版，在广播、电视媒体当中具有固定名称、标识、开始曲，在网络固定页面有固定名称和链接位置的专栏。作为中国新闻奖的一个品类，新闻名专栏的评选也是旨在检阅我国新闻工作年度业绩，表彰德才兼备的优秀新闻工作者，展示新闻战线"三项学习教育"活动和"走转改"活动成果，发挥优秀新闻作品和优秀新闻工作者示范作用，引导和鼓励广大新闻工作者坚持马克思主义新闻观，继承和发扬党的新闻工作优良传统，弘扬职业精神，恪守职业道德，促进新闻媒体多出精品、多出人才，推动我国新闻界建设政治强、业务精、纪律严、作风正的高素质队伍，推进新闻事业更好地为人民服务、为社会主义服务、为全党全国工作大局服务。[1]

"中国电视年度掌声·嘘声"评选由北京大学电视研究中心于2011年创立。与国内相关机构发布的全面盘点式报告不同，这一活动针对这一年中国

---

[1] 中国新闻奖、长江韬奋奖评选办法［EB/OL］.（2013-12-05）［2014-09-03］. http://media.people.com.cn/n/2013/1205/c40606-23754057.html.

电视媒体对当下公共事件的报道和节目传播，以掌声和嘘声的方式，表达自己独立的学术立场，独特的社会发现，独到的专业评论，以及传达学人富有社会责任感和北大精神气质的价值选择、专业判断与学术观点。

"中国电视年度掌声·嘘声"共评选出四个"年度掌声"、两个"年度嘘声"和一个"年度特别致敬"。"年度嘘声"是对本年度电视与拓展领域中所呈现的违背媒体伦理或破坏电视生态的问题、现象，发出学界独立的警醒之声。作为北京大学电视研究中心年度品牌活动，截至 2019 年，"中国电视年度掌声·嘘声"已走过了 8 年的历程，并成为评判中国电视媒体质量的重要风向标。

2010 年开始，北京大学新闻传播学院等 12 所重点大学的新闻学院发起了有"中国艾美奖"之称的"首届中国电视博雅奖"，在此基础上改进而成的"2011 首届中国电视满意度博雅榜"于 2012 年 2 月 19 日在云南腾冲首次发布。

"博雅榜"与"博雅奖"的共同点是：都摒弃以收视率为取舍标准的简单方法。两者最大的不同是："博雅榜"的评估引进了新媒体和新技术，并与专家的评估相结合。即先由北京大学视听传播研究中心的科研团队使用网络搜索引擎加语义分析软件技术，按照一定的指标体系，将过去一年网民和微博用户对上千个电视频道和电视栏目的海量评论进行分类和量化分析，初选出上榜候选栏目和频道；再由北京大学、中国人民大学、复旦大学、清华大学和中国传媒大学等全国最著名的 12 所大学新闻传播学院的 13 个顶级专家组成的评委会，按照"创新能力、文化品位、社会价值、人际口碑和总体印象"的标准进行打分评选；最后和软件分析评比的结果按照 3∶7 的权重，评选出新闻、文教、生活服务和娱乐四大类节目满意度的前 20 名和全国卫星频道、省级电视台及城市电视台满意度的前 10 名。这种利用新媒体、新技术与专家独立判断相结合的评比方式，最大限度地保证了评比结果的科学性、公正性和权威性。

第三节 中外主流媒体声誉测评指标比较

一、中外媒体声誉测评指标的选择

从以上分析不难看出，不同国家不同地区对媒体声誉的测评尽管存在很大差距，但基本上都使用了比较相似的指标体系。这些指标体系在设计方面大多分为不同的层次，包括一级指标、二级指标，等等，有研究者对各国声誉评价指标选取的情况进了汇总统计（见表6-2）。

表6-2　各国声誉评价指标选取情况汇总统计[①]

项目	出现次数
最好的市场实践者	1
商业领导力	1
其他企业竞相模仿的程度	1
对当地经济的贡献	1
财务合理性	6
全球化经营	1
创新	4
以顾客为导向的创新	1
长期投资价值/将来获得潜力	4
长期财务洞察力	1
顾客满意忠诚度最大化	1
总体的尊敬程度	1
对公司的总体评价	1
总体的领导能力	1
增长潜力	1

① 晏国祥.企业声誉测评指标体系［M］.北京：经济科学出版社，2009：161.

续表

项目	出现次数
管理质量	5
营销质量	1
产品和服务质量	7
按重要程度的贡献排名	1
健康人性化的公司文化	1
社会责任（社会、环境和社区）	5
持续的强的获利能力	2
精心制定的战略	1
公司资产的使用	3

学者晏国祥在进一步深入的研究中发现，在企业声誉评价的早期，指标体系更多体现的是财务数据的影响，如《财富》杂志 AMAC 评价以及后来的 GMAC 评价都是如此。国外也有学者发现，当大众为企业声誉进行排名的时候，经济绩效指标往往成为一项重要的评价参考指标。

二、中外媒体声誉测评调查对象的确定

与大多数评价数据的获得一样，媒体声誉评价的相关数据一般也都是通过调查获得的。因为，媒体声誉反映的是媒体相关利益者对媒体的综合评价，因而调查对象的选择非常重要。通过比较国内外媒体声誉测评指标体系可以发现，在目前的大多数声誉评价操作中，都是以商界人士及专家学者为主要调查对象，调查结论也都是建立在有限的调查对象的应答上面，基本上对与媒体相关的其他利益者的反映均不予考虑，因此，并没有真正反映出媒体各利益相关者的综合认识。

因此，为了真正反映媒体的声誉现状，在对媒体声誉进行测评的时候还应该考虑其他利益相关者的反映，声誉调查的调查对象应该既要包括一般的专家学者和商界人士，也应该包括媒体的外部领导者（党和政府管理部门）、媒体管理层、受众、广告商、员工、竞争对手等。在这一点上，现行的 RQ 评选以"海选"的方式获取入围企业名单的方法值得借鉴。

三、中外媒体声誉测评的样本架构

在以往的媒体声誉测评模式当中，可以发现它们大都存在这样几个方面的偏差，大部分的调查都将其样本来源限制在级别比较高的中央或省级媒体之上，而对行政级别比较低的媒体较少涉及。另外，由于媒体发展迅猛，关于媒体声誉测评的样本也大都集中在报纸、广播电视等传统媒体之上，对于新兴的新媒体涉及得不是很多。最后，这些调查通常都是要求被调查者仅对他们所处类别的媒体进行排序，这很容易发生共谋的现象，实际上是有违声誉的本质的。

四、我国主流媒体声誉测评指标体系设计中应注意的问题

针对现有的媒体声誉测评中存在的不足和缺陷，也为了能够更加准确地掌握媒体的声誉状况，为媒体的可持续发展提供有利的决策依据，媒体声誉测评指标体系的设计应当注意以下几个方面的问题。

（一）注意体现测评指标体系的开发

与其他无形资产的度量方法不同，媒体声誉指标主要是建立在对非量化因素测评的基础上，而不是仅仅依靠市场或资产价值。与此同时，媒体声誉是建立在其内部和外部利益相关者的综合评定基础之上的，所以媒体声誉测评的指标体系应该与媒体的利益相关者紧密相关。如果一个要素不相关，那么它就不能反映媒体的声誉，也无法确定其是提升媒体声誉还是损害媒体声誉的因素，因此就不宜进入总分的计算，这也是声誉指数的本质是排序而绝非一个绝对值的原因。

（二）适当弱化经济指标在媒体声誉评价中的作用

媒体声誉是媒体在竞争过程中所创造出的无形资产，媒体也正是借助这样的无形资产将媒体的特性和价值传达给受众，并进一步来提升媒体的社会地位。因此，尽管经济指标是衡量媒体生存与发展的一个重要指标，但媒体声誉的形成在更大程度上是受到非经济因素的影响。因此在设定媒体声誉的

测评指标时，既要考虑到经济指标的因素，但也不宜突显经济指标的作用，而是应当适当放大媒体的社会责任及媒体产品与服务指标的权重，在媒体各利益相关者的理性与感性之间求得平衡。

（三）提高参评人员的代表性

费里曼在自己的研究中指出，企业声誉是企业不同利益相关者采用不同的标准来对企业的绩效所做出的评价，因此企业声誉评价模型要包含不同利益相关者可能用来评价企业的经济和非经济因素。[①] 为了提升企业的声誉，企业需要努力满足不同利益相关者对企业的期望。因此，在对媒体进行声誉评价的时候，除了针对业内人士和本领域的专家，还应当适当增加党和政府管理部门、媒体员工、受众、广告客户等利益相关者的人数，通过全方位的调查来对媒体进行全面评价。媒体的声誉不仅要从媒体的受众和用户处获得，也应该从媒体的合作伙伴处获得，甚至要从媒体的竞争对手和媒体行业之外的人士那里获得。2003 年，伟达公关公司发布的《企业声誉国际调查报告》中有一个问题就是关于"不同行业的人士对怎样测量企业声誉的认识"调查，结果发现，不同行业的人都认为企业的利益相关者都对企业声誉的评价拥有发言权，不论行业领域，只要与企业利益相关的因素都应该列入考察范围，这也给媒体声誉的调查提供了新的启示。

（四）加强对媒体声誉概念的全面认识

声誉是一个比较复杂的概念，其中既包括客观的物质基础，也包括被测评者的心理感受；既包括被调查者的主观情感，也包括他们的理性评价，甚至会受到被调查者所处情境的影响。这些复杂性无疑都大大增加了媒体声誉测评指标建立的困难。因此，媒体声誉测评指标的设立必须是建于测评指标体系的科学性和系统性基础之上，否则，媒体声誉测评的实践中就有可能出现某些有违声誉本质的因素。

---

① 晏国祥.企业声誉测评指标体系［M］.北京：经济科学出版社，2009：166.

第七章　新媒体环境下我国主流媒体声誉测评指标体系

第一节　我国主流媒体现有媒体声誉评估

如前一章所述，目前我国尚没有专门针对媒体及主流媒体所做的专门性声誉评估，现有的一些跟媒体稍有关联的评估，如中国电视节目榜评选、中国新闻奖中的新闻名专栏评选、中国媒体品牌影响力（软实力）排行榜以及中国最具投资价值媒体评选等，虽在一定程度上涉及了媒体声誉的某些因素，如中国媒体品牌影响力（软实力）排行榜的评选指标包括影响范围、社会责任、网络传播力、创新力、曝光度、知名度、美誉度、信任度等十多个指标，其中的知名度、美誉度、信任度、社会责任等皆已涉及媒体声誉的指标，但离真正的媒体声誉评估尚有距离。这一方面是因为这类评估的出发点和着力点均不在媒体声誉而在媒体品牌方面，另一方面，这些评选活动也没有完全覆盖媒体的所有利益相关者，因此算不上是真正的媒体声誉评估。

与此同时，能够算得上对媒体进行声誉评估的当属北京大学管理案例研究中心和《经济观察报》从 2001 年开始共同主办的年度"中国最受尊敬企业评选"活动。无论是从评估的着力点、评估的指标设计，还是从评估的评选过程来看，"中国最受尊敬企业评选"与媒体的声誉评估已经非常接近。但较为遗憾的是，因为这样的评选不是专门针对媒体，尽管上榜企业中亦不乏媒体的身影，但并不能完整反映媒体行业的声誉整体状况，亦不能真正为媒体的声誉管理实践提供更多的务实性操作指导。

为了更完整地了解和发现我国主流媒体的声誉状况，也为了给媒体的声誉管理实践和决策提供切实的参考，特别是结合在新媒体环境下我国主流媒体在声誉管理方面所要应对的局势，设计科学、有效的声誉管理测评指标应该是当下我国主流媒体声誉管理的当务之急。

指标是指反映总体现象的特定概念和具体数值，任何指标都是从数量方面说明某一现象的某种属性或特征的，指标也不是一个一个地孤立存在，它总是作为一个体系建立起来并发挥作用。由此不难推出指标体系的概念，即由一系列相互联系、相互制约的指标所构成的科学的、完整的总体，它既具有一定的目的性，为一定的目标所服务，也具有一定的理论性，任何指标体系的设计都必须在科学、自觉和明确的理论指导下才可能被设计出来。指标体系的设计还必须具有科学性和系统性，这也意味着指标体系的设计应该符合客观实际，符合已被实践证明了的科学理论。同时，指标的设计还应该形成一个具有层次性和内在联系的指标系统，任何科学的指标体系，都应具有很强的系统性，而不应该有任何游离于系统之外的孤立的指标。

我国主流媒体声誉测评指标体系的构建，是人们对我国主流媒体声誉的总体特征认识逐步深化、逐步求精、逐步完善、逐步系统化的过程，是一个"具体—抽象—具体"的辩证逻辑思维过程。我国主流媒体声誉测评指标体系的构建方法路径主要分为以下三个阶段：

在理论准备阶段，我们对国内外的学界、业界等多领域的研究成果进行了全面梳理，深入研究我国主流媒体声誉管理的理论内涵，科学归纳我国主流媒体声誉管理的理论和实践模式。

在素材收集阶段，我们对国内外相关的媒体声誉测评体系、指标和案例进行广泛收集、系统整理，为我国主流媒体声誉管理指标体系的初选提供实操经验数据。

在专题研讨阶段，我们通过德尔菲法对我国主流媒体声誉管理的指标体系进行建构和测验。具体由中国人民大学、中国人民大学新闻与社会发展中心、中国传媒大学、浙江传媒学院、新华社、人民日报社、中央广播电视总台等单位的多位专家和学者，围绕"我国主流媒体的声誉管理实践与理论"的主要话题，进行深入挖掘和系统研究，在北京、杭州两地多次召开专题研讨会，认真研讨每一个一级指标和二级指标的构成内涵，从目标分解开始，建构具有层次结构的中国主流媒体声誉管理测评指标。

最终，借鉴和参照丰布伦的企业声誉指标测量模型以及企业声誉测评的一般性原则，结合既有的声誉及媒体声誉评估的实践，我们认为，一套科学、完整的媒体声誉评估指标体系至少应该包括媒体的公众形象、媒体的产品服务、媒体的工作环境、媒体的社会责任及媒体的发展前景、财务业绩等诸多方面，而更具体的二级指标则可以细分为表7-1中的内容，具体的测量方法则可以采用李克特5度量表来采集相应的数据。

表 7-1　媒体声誉测评指标体系

一级指标	二级指标	非常适合	比较适合	中等适合	不太适合	很不适合
公众形象	1. 媒体是否值得尊敬	1	2	3	4	5
	2. 公众对媒体的知晓	1	2	3	4	5
	3. 公众对媒体的好感	1	2	3	4	5
	4. 公众对媒体的信任	1	2	3	4	5
	5. 媒体诚信而有道德	1	2	3	4	5
	6. 媒体对国家、社会的贡献	1	2	3	4	5
产品与服务	7. 报道是否真实准确	1	2	3	4	5
	8. 报道是否迅速及时	1	2	3	4	5
	9. 报道是否客观公正	1	2	3	4	5
	10. 报道是否具有人文情怀	1	2	3	4	5
	11. 报道是否创新独到	1	2	3	4	5
	12. 产品与服务质量	1	2	3	4	5
工作环境	13. 工作地址交通便利	1	2	3	4	5
	14. 工作环境现代舒适	1	2	3	4	5
	15. 工作空间宽敞自由	1	2	3	4	5
	16. 工作氛围融洽友好	1	2	3	4	5
	17. 工作上升空间大小	1	2	3	4	5
	18. 工作待遇优厚	1	2	3	4	5

续表

一级指标	二级指标	非常 适合	比较 适合	中等 适合	不太 适合	很不 适合
社会责任	19. 支持慈善公益事业	1	2	3	4	5
	20. 环保意识	1	2	3	4	5
	21. 善待他人（组织）	1	2	3	4	5
发展前景	22. 战略愿景清晰	1	2	3	4	5
	23. 应对经济环境变化的能力	1	2	3	4	5
	24. 行业发展前景	1	2	3	4	5
	25. 技术创新	1	2	3	4	5
	26. 信息化建设水平	1	2	3	4	5
财务业绩	27. 媒体经济实力	1	2	3	4	5
	28. 媒体盈利能力	1	2	3	4	5
	29. 媒体增长潜力	1	2	3	4	5
	30. 媒体受众基数	1	2	3	4	5

需要说明的是，本书所建立的媒体声誉测评指标体系是一个宏观的体系，较为全面地涵盖了基本的评价要素，至于地域、级别及媒体属性分类等具有特殊性的指标需要具体问题具体分析，研究者可以在具体操作上加以调整，并结合研究问题进一步区分各项指标的权重或细化相应的测评指标。

第二节　我国主流媒体声誉测评指标

不同的指标体系会导致截然不同的评价结果，一项严肃的评价应该有严格的评价体系和评价方法，建立科学、完整的声誉评价指标体系，既是评价工作的基础，也是评价工作的核心。假如没有指标体系，评价工作就会无从入手，人们就不清楚该评价什么、该怎么评价。指标体系，一般包括评价的项目及评价的要点，以及各项指标的权重系统与标准的文字描述等。

一、媒体的公众形象

媒体的公众形象，即公众心目中的媒体是什么形象，它是公众认识媒体的第一步，也是媒体声誉构成中最基础和最直接的部分。媒体在公众心目中的形象差一般反映着公众对媒体声誉有着较低的评价，反之，媒体在公众心目中的形象好，则可能表明公众对媒体的声誉有着较高的评价。媒体的公众形象一般反映在以下几个方面，可以通过对以下指标的测量来得到媒体的公众形象：

（一）媒体是否受到公众尊敬

媒体是否值得或得到利益相关者的尊敬，从总体上反映了利益相关者对媒体的一种综合印象和综合评价，是最能反映媒体声誉的指标。一个得到利益相关者尊敬的媒体，必然是在利益相关者中享有良好公众形象的媒体。也只有在公众心目中具有良好公众形象的媒体，才能让利益相关者对其各个方面做出正面的评价，并得到他们的尊敬。

（二）公众对媒体的知晓

利益相关者对媒体的知晓，即媒体是否在利益相关者，特别是公众心目中具有一定的知名度，这也是影响媒体公众形象的重要因素。公众对媒体的知晓是媒体树立公众形象的基础，一个默默无闻、不为人知的媒体，公众不可能对其产生印象，更无从谈起对其印象的好坏。这其实也说明，媒体声誉管理不能忽视对媒体知名度的打造和提升。

（三）公众对媒体的好感

公众对媒体的知晓决定着一家媒体在多大范围内被公众所知晓，是媒体知名度的体现，公众及媒体利益相关者对媒体在多大程度上存在好感或给予正面评价则是媒体美誉度的体现和基础。利益相关者对媒体产生好感，说明媒体在其心目中的公众形象良好。只有媒体具有良好公众形象，公众才会对媒体的形象给予正面评价，从而对其产生好感。否则，如果公众对媒体缺少好感，则说明媒体的公众形象必定存在瑕疵。因此，利益相关者对媒体的好感度也是反映媒体声誉的重要指标。

（四）公众对媒体的信任

据英国一项"2018 信任度晴雨表"的报告，超过三分之一的英国人认为社交媒体对整个社会不利，多达 57% 的人认为这些社交媒体平台垄断并利用人们的孤独来牟取暴利，大约 62% 的英国人认为社交媒体公司非法出售个人信息。而公众对所谓传统媒体的信任度则增长了 13 个百分点，达到 61%，这是自 2012 年以来从未达到过的水平。[①] 对媒体的信任，即媒体利益相关者对媒体整体的相信和依赖程度，既是媒体公信力的具体表现，也是利益相关者对媒体公众形象存在好感的结果。利益相关者对媒体的信任可以大大减少媒体与利益相关者之间相互了解的环节和成本，利益相关者省去了对媒体公众形象重新认识的过程，媒体也省去了在利益相关者中进行以扩大知名度为目的的宣讲过程。

（五）该媒体诚信而有道德

在人类社会的发展中，随着人类认识水平的提高和理性思维的进一步成熟，真、善、美成了人类社会发展的追求目标，也成了人类评价社会和他人的永恒标尺。凡一事物如果在一定程度上符合了真善美的标准和特征，则必然会在人们的心目中留下好感，一个诚实而有道德的媒体势必会契合人们对于真和善的期盼。因为诚实，媒体的所作所为必然符合真的标准和要求；因为有道德，媒体的所作所为必然符合人们对于善的标准和要求，必然会以媒体的品格赢得利益相关者的尊重和信任。

（六）媒体对国家、社会的贡献

对国家和社会有贡献，在一定程度上反映的也是媒体的一种善，这种善不再是上一项指标中媒体的严于律己的诚实和内在道德品格，而是拓展到了

---

① 调查称社交媒体遭遇信任危机，公众开始转向传统媒体［EB/OL］．（2018-01-24）. https://baijiahao.baidu.com/s?id=1590458068383904815&wfr=spider&for=pc.

媒体与人为善的外在道德行为，体现的是媒体勇于承担社会责任、不以私利为目标的兼济天下的胸怀。有了这种行为、责任和胸怀，媒体自然能够得到利益相关者的好评，树立起良好的社会公众形象。

二、媒体的产品与服务

美国著名报人约瑟夫·普利策曾说："假如把一个国家比作海上航行的一艘大船，记者就是船头的瞭望者，时刻注视着前面的暗礁。"由于分工不同，媒体在社会上的职责主要通过向社会传播信息而得以实现，因而，向受众提供信息并使这些信息以最便捷和最有效的方式到达受众，这既是媒体向社会所提供的产品和服务，也是媒体与公众产生直接联系，并在公众中产生良好形象的关键所在。

（一）报道内容真实准确

真实是新闻信息存在的基础，是新闻的本质和生命所在，也是媒体行使舆论监督职责的根本保证，更是公众评价媒体的基础和底线，因此向社会和公众提供真实准确的信息对于媒体而言至关重要。在媒体的所有活动中一旦出现报道失实或制造、传播假新闻、假报道的情况，媒体不仅会因为无法正常履行社会责任而伤害社会，更会因为失去公众信任而严重伤害其公信力和声誉。

（二）报道发布迅速及时

时效性也是新闻信息发挥其真正价值的前提条件，缺少时效的新闻报道会因为信息落后而变得毫无价值，尤其是在媒体竞争日趋激烈的新媒体环境下，谁抢到了新闻发布的第一时间，谁就拥有了报道的主动权，从而会赢得受众更多的关注和信任。媒体的报道要迅速及时，特别是当一些重大新闻发生的时候，媒体能够在第一时间到达第一现场，同时进行即时直播报道，更是媒体赢得社会尊重的绝佳机会。

（三）报道立场客观公正

从某种意义上来说，媒体的报道客观公正秉承的仍是新闻报道要真实准确的精神，因此报道客观公正对媒体而言同样至关重要。如果说新闻报道的真实准确尚且履行的是媒体报道要忠于事实、接近事实真相的基本职责的话，新闻报道的客观公正就是从更高层次来防止新闻报道出现因为追求时效、追求局部或追求某一方真实而伤害报道的全面真实的情况，真正实现报道的不偏不倚，从而真正赢得公众的信任和尊重。

（四）报道方式创新独到

除了追求新闻报道的准确、及时和客观，新闻媒体所提供的新闻报道或服务信息同样要追求在报道方式和报道路径方面的创新与独到。相同的信息，如果大多数媒体都在以同一种方式报道，而某家媒体却能够独辟蹊径以独特的方式来报道的话，报道本身吸引人的程度和效果是可想而知的。创新独到的报道不但因为特点鲜明、独树一帜而更受关注，而且会让受众因媒体在报道上付出的努力和具有的独创精神而折服，让受众对媒体心生好感。

（五）报道具有人文情怀

新闻报道固然要追求科学精神和发扬专业主义精神，既要保证事实准确，也要保证报道的及时和客观，但媒体报道的出发点除了反映社会现实之外，更应该明白媒体反映社会现实的目的是为了推动社会朝着更好的方面发展，是为了推动社会的健康和谐发展，因此媒体在秉持科学精神的同时也绝不能忽视媒体伦理的存在。媒体的报道既不能建立在伤害他人和社会的基础上，也不能置社会基本的道德底线于不顾，而只有那些既坚持了媒体的专业主义精神，又温暖、动人，处处闪耀人文情怀和人性光芒的报道和媒体才更能赢得公众的好感。

（六）产品与服务质量

媒体从其生产和创造的角度来讲属于名副其实的内容产业，其产品和服务更多体现在媒体的内容，即媒体所提供的报道和其他各类信息上，但作为向受众出售信息产品，特别是向广告商出售受众注意力资源的组织，媒体向受众及广告商提供的产品质量也影响着受众与广告商对媒体的评价。媒体所提供的好的产品和服务不仅体现在媒体报道的及时、准确和公正等产品质量方面，也体现在这些产品到达受众的整个流程的优质服务方面，如平面媒体纸张是否优良、是否印制精良，是否便于获取、携带和便于阅读，电子媒体的信号是否稳定、清晰，是否符合受众视听情境，网络媒体的网络是否流畅、页面是否便于浏览、体验感是否舒适，等等，媒体提供的所有服务的质量都将是影响受众对媒体是否会产生好感的重要因素。

三、媒体的工作环境

声誉是声誉主体的所有利益相关者对其所产生的总体感知和评价，因而声誉测评的指标设计应该覆盖声誉主体的所有利益相关者。就媒体而言，除了考虑其管理层和受众的意见及感受，也必须顾及媒体内部员工对媒体的评价。媒体内部员工对媒体的较高赞誉不仅能更好地调动媒体内部进行声誉维护和管理的积极性和主动性，更是保证全员动员机制顺利实施的基础，而且还可以通过员工的影响辐射到更大范围，以人际传播的有效方式达到媒体声誉管理的效果和目的。

（一）工作地点交通便利

大都市人口密集，各项基础设施较之人口相对稀少的农村地区更加便利，因而主流媒体的总部办公地一般都选择在人口密集的大都市。位于大都市的主流媒体其员工可以通过各种交通工具以最快的速度接近各类新闻信息源，但他们在享受便利的同时也不得不面对大城市交通所带来的困扰，比如堵车。因此，工作地点位于城市交通中心，方便其员工上下班或外出采访、方便员工在工作之余享受生活的便利、方便员工对于文化品位和文化活动的追求，也是一家媒体赢得员工好感的必要条件。

（二）工作环境舒适

对于媒体组织内部的全体员工，特别是从事正常报道业务的一线媒体员工来说，工作环境的好坏也是激发其工作积极性和增加其对媒体好感的重要方面。由于工作的需要，特别是因为新闻报道 24 小时需要，许多媒体员工不得不经常在办公室里加班，甚至需要连续几天住在办公室里，这使媒体员工对媒体的工作环境较为在意。工作环境的现代舒适，哪怕是办公环境里新增一个小小的咖啡壶或饮水机，多几盆绿色植物或几台空气净化器，都能在一定程度上让员工感受到来自媒体的温情和关爱，也会大大增加他们对媒体的喜爱和尊敬。

（三）工作空间宽敞

工作空间一方面包括媒体员工进行日常工作的特定物理空间，如宽敞的办公室、宽敞的图书馆和会议室、宽敞的餐厅和咖啡厅、宽敞的运动休闲场所以及宽敞的其他公共空间，等等；另一方面则指媒体员工工作时的心理空间，即媒体员工在工作时不会感到过分压抑，个人的个性发展和精神创作需求的自由能得到一定程度的满足。在这样的空间里工作，媒体员工不仅能够心情愉快，而且能够调动起更大的积极性和创造性，从而增加对媒体的热爱和心理归属。目前被大多数媒体所采用的大编辑部办公空间和中央厨房式的办公格局虽然便于媒体工作人员之间的交流，便于媒体生产流程方面的操作，但也存在不利于独立精神创作、个体工作容易受到干扰的弊端，这值得媒体重视。

（四）工作氛围融洽

工作氛围通常是指媒体员工在工作时与媒体及媒体其他员工之间因为工作和个人交往而形成的物理及心理关系，工作氛围融洽友好意味着媒体员工在工作场域可以进行自由、坦诚的交流，意味着员工之间能够相互关爱和相互帮助，能够享受到工作所带来的愉悦。反之，则意味着媒体员工在工作时不是尔虞我诈就是相互拆台，而在这样的环境下工作，既无法充分调动员工的工作积极性，使员工创造出好的媒体产品和服务，也无法增加员工对媒体的信任和好感，更会影响到媒体的声誉。

（五）工作提升空间大

对于媒体员工而言，在媒体工作不仅是其供职或谋生的方式，也是其追求个人事业发展、实现个人理想和体现个人价值的重要途径。在工作中有个人发挥的空间，特别是在未来的职业发展中有较大的上升空间，也是媒体员工选择到媒体工作和对媒体怀有感情的重要因素。一旦感受到在某家媒体的工作已没有上升空间或上升空间不大时，员工们所做的选择要么就是离职，到别的媒体和行业去寻找更大的发展空间；要么便会对媒体减少好感，以更消极的方式和态度来对待工作。近年来传媒界出现所谓的离职潮固然有传统媒体待遇吸引力下滑方面的原因，其中也不乏很多的优秀人才是因为看不到未来的上升空间而转身投向新媒体之怀抱的。

（六）工作待遇优厚

工作待遇的好坏既是媒体员工满足个人生活需要、衡量个人工作成就、实现个人人生价值的重要基础，也是媒体员工常常用来衡量和评价媒体的重要标尺。给予员工丰厚的待遇，一方面可以增加媒体员工的自豪感、赢得员工的好感，激励员工热爱媒体、为媒体的事业发展做出更多的贡献；另一方面，优厚的待遇也是媒体留住人才、吸引优秀人才加盟、赢得社会对媒体产生向往和好感的重要基础。一般来看，当一个媒体的员工待遇达到峰值、对其他社会成员极具吸引力的时候，往往也是该媒体社会声誉状况最好的时候。据中央电视台以前的员工介绍，央视一度的黄金时期，即当年以《东方时空》一批新节目在社会上形成最大影响力、为央视赢得最多社会声誉的时候，也是央视员工在待遇、福利等各个方面最好的时候。

四、社会责任

社会责任是指一个组织对社会应负有的责任。一个组织应以一种有利于社会的方式进行经营和管理。社会责任通常是指组织承担的高于组织自己目标的社会义务。如果一个企业不仅承担了法律上和经济上的义务，还承担了"追求对社会有利的长期目标"的义务，该企业就可以说是有社会责任的。社会责任包括企业环境保护、安全生产、社会道德以及公共利益等方面，由经济责任、持续发展责任、法律责任和道德责任等构成。媒体组织作为具有企业属性的社会公益性组织，能否承担起应有的社会责任，以及媒体组织社会责任的履行情况等，都反映着媒体的公众形象。

（一）支持慈善公益

慈善事业是一种有益于社会与人民的社会公益事业，是政府主导下的社会保障体系的一种必要的补充，是在政府的倡导或帮助、扶持下，由民间的团体和个人自愿组织与开展活动的、对社会中遇到灾难或不幸的人，不求回报地实施救助的一种无私的支持与奉献的事业。慈善事业实质上也是一种社会再分配的实现形式。支持慈善公益事业，如向受灾群众捐款捐物、兴建希望学校，等等，体现的是媒体的公益属性和对道德责任的履行，媒体的善举不仅会让受助者心存感念，更能燃起他们对生活的希望，激发起他们以自己的方式回报社会和他人的正能量，媒体的这种行为同样也会赢得社会的普遍尊重。

（二）具有环保意识

环保意识，也叫环境意识或环境保护意识。尽管目前国际上还没有一个普遍公认的概念，但人们对其含义有一个基本认识，即环保意识是人们对环境和环境保护的一个认识水平和认识程度，又是人们为保护环境而不断调整自身经济活动和社会行为，协调人与环境、人与自然互相关系的实践活动的自觉性。环境意识包括两个方面的含义，其一是人们对环境的认识水平，即环境价值观念，包含有心理、感受、感知、思维和情感等因素；其二是指人们保护环境行为的自觉程度。这两者相辅相成，缺一不可。环境意识目前已逐渐被国际社会广泛接受。在一些发达国家，环境意识已成为一种潮流，已逐渐成为人们思想意识的一部分，也是人们用来判断和评价个体与组织履行社会责任的重要指标。

（三）善待他人

这里的他人是一个泛指的概念，既可以是具体的个体，如媒体利益相关者中的受众、员工、采访对象等，也可以是具有主体性质的社会组织或机构，如其他企业、媒体、公关公司等。善待，则指以公正、友好、无私等与人为善的方式来对待社会中的所有个体和组织。媒体作为社会公共部门以及出于媒体工作的专业属性，应该做到公正、不偏不倚，不以非正当手段谋取私利，不倚仗特权挟私报复，不将媒体利益凌驾于他人利益之上，不恃强凌弱，这既是媒体工作的题中应有之意，媒体也会因为对社会良性发展的促进而赢得全社会的好评。

五、发展前景

对企业而言，发展前景指企业在国家产业政策、区域经济规划中的地位，行业发展趋势及市场预测，企业在同行业中所处的地位，主要产品竞争能力，包括生产工艺、技术水平、成本和价格、产品的市场供求状况及效益、产品销售的计划，等等。企业未来的发展能力和前景，一般是从市场预测、发展规划及措施和管理手段三个方面，通过对企业销售收入增长率、利润增长率、资本保值增值率、权益增长率和固定资产净值率等定量指标和其他定性指标来反映和考核。对于媒体来说则是媒体面对未来发展的适应和调整能力，这是振奋媒体利益相关者信心，令其产生好感和好评的基础。

（一）战略愿景清晰

战略愿景是对未来的一种憧憬和期望，是组织努力经营想要达到的长期目标。战略愿景一般是要解决"我们希望成为什么"的问题。具体来说，战略愿景是具体领域内的规划者或参与方在宏观战略层面上就期望达成的单个或诸多目标而进行的综合设想。战略愿景清晰，说明媒体对未来的发展有着较为明确的战略规划和战略发展策略，具有应对社会经济环境变化和抵抗社会风险的能力。反之，媒体缺乏明晰的战略愿景或其战略愿景不甚清晰，则可以反映出媒体对未来的发展缺少应有的目标，也无法准确预见媒体未来发展可能存在的机遇和挑战，甚至对媒体发展可能存在的困难和风险缺少洞见，因此在未来的发展道路上也就有可能失掉了迎接挑战和克服困难的能力。面对这样的媒体，利益相关者对其的感知和评价自然会打折扣，其声誉也会大受影响。

（二）适应经济环境能力

所谓经济环境是指构成企业生存和发展的社会经济状况和国家经济政策，

是影响消费者购买能力和支出模式的因素，它包括收入的变化，消费者支出模式的变化等。以媒体为例，尽管社会整体的经济形势稳定，国家对主流媒体的经济政策和政治扶持依然有力，但随着媒体新技术的不断发展，新媒体的传播方式更是层出不穷且变化迅速，这使得传统媒体生存和发展的媒体生态环境发生了巨大变化，使传统主流媒体的生存和发展遭遇了前所未有的尴尬和困难。尽管由于历史积累的专业优势尚不足以完全动摇主流媒体在媒体格局中的地位，但内部人才的大量流失、受众基数和广告收入的大幅下降，都已明确表明了主流媒体声誉在下降的现实状况，其中的原因恐怕还是要归咎于主流媒体缺乏应对经济环境变化的能力。

（三）行业发展前景

媒体及企业组织的生存发展，特别是媒体及企业组织是否具有良好的发展前景与企业自身的实力和努力，与企业自身是否具有清晰的战略愿景、是否具有应对社会经济环境变化的能力等要素密切相关，也与媒体和企业组织等所处的行业发展前景密切相关，甚至更大程度上取决和依赖于行业的发展前景。随着媒体环境和受众接收媒体信息方式的改变，传统媒体，特别是以纸张作为载体、以文字和静态图像为主要传播符号的纸质媒体行业的生存和发展受到了严峻挑战，而这也不能不成为评价纸质媒体个体发展前景的重要因素。如果身处夕阳行业，公众对整个媒体行业的发展前景已不看好，即使媒体作为个体仍旧发展势头蓬勃，独领风骚，也不能扭转公众对其发展前景的忧虑，甚至有可能面临被受众抛弃的境遇。这不是杞人忧天，这有可能就是明天迎头而来的惨痛一击，如今的科技和经济发展瞬息万变，我们对所处的行业和领域以及发展前景必须要有清醒的认识。

（四）技术创新

熊彼特（J. A. Schumpeter）在 1912 年的《经济发展理论》中指出，创新是指把一种从来没有过的关于生产要素的"新组合"引入生产体系。这种新的组合包括：（1）引进新产品；（2）引用新技术；（3）开辟新的市场；（4）控制原材料新的来源；（5）实现任何一种新的组织。概括起来说，创新是指：以现有的知识和物质，在特定的环境中，改进或创造新的事物（包括但不限于各种方法、元素、路径、环境等），并能获得一定有益效果的行为。创新包括：方法创新、学习创新、教育创新、技术创新，等等，技术创新只是众多创新中的一种，通常包括产品创新和工艺方法等技术创新，因此技术创新是科技创新中的一种表现方式。作为重要的生产力，创新既是对旧有基础的突破，也是对未来发展趋势的顺应，不断地进行技术创新，既能为媒体的发展寻找到不竭的动力源，也能让媒体在未来发展的战场上得心应手，以更大的成绩赢得公众的热爱。

（五）信息化建设水平

信息化建设指媒体或企业组织利用现代信息技术来支撑品牌管理的手段和过程。随着计算机技术、网络技术和通信技术的发展与应用，企业信息化已成为品牌实现可持续化发展和提高市场竞争力的重要保障。信息化建设通常包括媒体在电话通信、网站、电子商务方面的投入情况，在客户资源管理、质量管理体系方面的建设成就等。信息化建设是媒体品牌生产、销售、服务各环节的核心支撑平台，并随着信息技术在企业中的应用的不断深入，信息化建设显得越来越重要，媒体的信息化水平既是媒体发展能力的体现，也是媒体声誉评价不可忽视的因素。

六、财务业绩

财务业绩，有时也叫经营业绩，一般是指企业和社会组织在创造经济价值方面所取得的成绩，企业经营业绩是企业行为的最终结果，也是检验现代企业制度建立工作是否成功的重要标志。企业和社会组织财务业绩好，不仅反映出企业和社会组织发展态势良好，能为企业和社会组织创造可持续发展的经济基础，也反映出企业和社会组织能为社会做出的贡献较大。因此，良好的财务业绩不仅可以增加其内部员工的自豪感和积极性，增加对外部优秀人才的吸引力，也能得到社会的普遍赞赏和尊敬。

（一）整体经济实力

经济实力，一般是用来衡量企业或社会组织在自身经济基础方面所积蓄的力量以及对社会经济发展所具有的影响力，一般包括企业或社会组织的经济总量和资产总量，如企业和社会组织的固定资产、固定投资以及企业或社会组织持有的储蓄、流动资金、良性股票、债券，等等。媒体的经济实力则指媒体的经济总量和资产总量等。媒体的经济实力强意味着媒体具有更大创造价值和抗风险的能力，反之，媒体的经济实力弱则意味着媒体在发展和抗风险等方面存在一定的局限性，会影响公众对媒体的信心，也影响媒体的声誉建设。

（二）创收盈利能力

盈利能力，也称收益能力，是指企业获取利润的能力，也称为企业的资金或资本增值能力，通常表现为一定时期内企业收益数额的多少及其水平的高低。企业在一定时期内赚取的利润率越高，盈利能力就越强。盈利能力的指标通常主要包括营业利润率、成本费用利润率、盈余现金保障倍数、总资产报酬率、净资产收益率和资本收益率等多项内容。作为具有企业属性的社会组织，是否具有一定的盈利能力也是其利益相关者较为关注的内容，因而也是其利益相关者和社会公众对其进行判断和评价的依据。近几年来，随着新媒体的崛起和发展，一些传统媒体，特别是传统的纸质媒体和地方级的广播电视媒体由于受众人数急剧减少、广告收入大幅下滑，不仅影响到了媒体的日常生产活动和产品的质量，影响了其从业人员的队伍稳定，也因为盈利能力下降本身直接影响了这些媒体在社会大众心目中的形象，间接影响了媒体的声誉。广电总局发布的《2017 年全国广播电视行业统计公报》显示，2017 年，电视广告收入 968.34 亿元，比 2016 年减少 36.53 亿元，同比下降 3.64%。[①]

---

① 2017 年全国广播电视行业统计公报［EB/OL］. http://www.gapp.gov.cn/sapprft/contents/6588/379318. shtml.

（三）未来增长潜力

除了媒体已经取得的财务业绩，即媒体已经具备的经济实力和盈利能力，媒体在未来发展中的经济实力和盈利能力如何，同样是公众及媒体利益相关者关心的问题，同样影响公众及媒体利益相关者对媒体声誉的判断和评价。一个具有良好增长潜力的媒体不仅能够吸引到更多的投资和更优秀的人才，具备未来发展壮大的基础和优势，而且能够增加公众及其利益相关者对其未来发展的信心。而作为重要无形资产的信心不仅是现代社会经济发展的重要保证，更是企业，包括媒体组织等社会组织赢得社会公众信赖和好评的重要基础。

（四）媒体受众基数

无论从哪个方面来讲，受众对于媒体的意义都是非同寻常的，受众既是媒体的传播对象，又是媒体传播效果的检验者，是媒体声誉评价的重要利益相关者，受众的注意力也是媒体创造价值、实现财务业绩的基础和保证。媒体受众基数，即媒体实际的传播对象，包括报纸杂志的发行量、广播电视媒体的收听（视）率、网络等新媒体的点击量等，不仅是媒体的广告客户对媒体价值进行衡量的重要指标，也是媒体实力和媒体声誉的重要来源。

第八章　新媒体环境下主流媒体声誉管理实证研究

第一节　主流媒体声誉管理调查问卷设计

　　测量是社会科学研究的重要环节，它依靠一定的测量工具对社会现象进行观察和测定。在社会科学研究中，用来收集数据资料的测量工具很多，而量表是其中应用非常广泛的一种测量工具。在媒体声誉测评量表的研究问题上，由于目前缺乏对媒体声誉的统一认识，因而也没有一个公认的声誉测评量表。在声誉测评实施的具体过程中，最常用的工具是调查问卷。

　　调查问卷是指一套有系统、有顺序、有目的的问题表格设计。调查问卷常用的调查量表有两类：定类量表和定序量表。定类量表的答案只作为分类之用，而定序量表的答案表示一定的顺序关系。本书采取定序量表开展调查。

　　问卷设计一般要经过六个步骤：（1）提出分析框架；（2）决定调查方式与问卷形态；（3）拟定问卷初稿；（4）问卷访谈和初稿修订；（5）预试和评估；（6）修正问卷、编写问卷说明。

　　根据以上原则和方法，本书为了了解我国主流媒体声誉及声誉管理的现状，针对媒体自身和受众设计与修正了不同的调查问卷（见附录），其中一个是针对媒体从业者的调查，另一个是针对一般受众的调查。

第二节　主流媒体声誉测评问卷调查结果分析

在经过几轮的修正和试调查之后，本书选择在 2016 年的 3、4 月间通过网络调查的方式利用上述问卷做了相应的实际调查，因为本书的调查重点是我国主流媒体声誉的管理现状、媒体从业者对媒体声誉重要性的认识、受众对媒体声誉的理解和认识，因此本部分的问卷调查结果分析重点也在于我国主流媒体声誉管理的现状、声誉及声誉管理之于媒体的意义及媒体声誉管理的内涵和路径。

一、媒体从业人员声誉调查结果分析

本次调查自 2016 年 3 月 22 日开始，至 2016 年 4 月 7 日结束，以随机（立意）抽样的方式，通过微信、QQ、贴吧等线上渠道回收问卷。最终通过各种途径共回收有效问卷 413 份，从数量上已经满足了一般性调查的需求。

以下是对本次调查结果的具体分析。

（一）被调查者的基本情况

在有效样本中，在报纸、杂志媒体工作的被访者占 20.58%，在广播电台工作的被访者占 17.68%，在电视台工作的被访者占 39.95%，在网络新媒体工作的被访者占 17.19%，在通讯社工作的被访者占 1.45%，在其他媒体工作的被访者占 3.15%。

这些媒体中，中央媒体占 31.48%，省级媒体占 30.75%，市级媒体占 18.64%，市级以下媒体占 3.15%，其他占 15.98%，可见调查对象大多在市级及以上影响力等级的媒体工作。

被访者中，一般编辑记者超过半数，占据 53.51%，管理层居后，占 23.24%，行政办公人员、经营管理人员、技术人员以及其他职业者分别占 4.84%、5.57%、3.87% 和 8.97%。

就个人学历而言，初中及以下、中专或高中占比微乎其微，分别仅有

0.24% 和 0.73%，大专或大学最多，占 62.47%，硕士则占 33.17%，博士及以上占 3.39%。整体来说，样本基本符合目前媒体从业人员的职位及学历比例分布。

（二）被调查者对于媒体声誉的理解和认识

1. 媒体声誉及其重要程度认知情况

在被问到"您认为衡量一个媒体是否成功，最重要的标准是什么"时，超过半数的受访者选择将媒体的社会影响力作为最重要的标准（59.56%），26.39% 的被调查者选择内容质量，选择媒体声誉的占 7.75%。随着受访者学历的升高，选择媒体声誉和社会影响力作为评价媒体成功标准的比例也有所增加（见图 8-1），而随着受访者学历的降低，媒体的内容质量和媒体的规模在衡量媒体成功中所占的比重越大。在初中及以下学历的媒体从业者中，认为媒体的规模是媒体成功重要标准的比例高达 100%，这从一定程度上反映出被调查者的学历与其对问题认识的深入和理性之间存在的相关性。

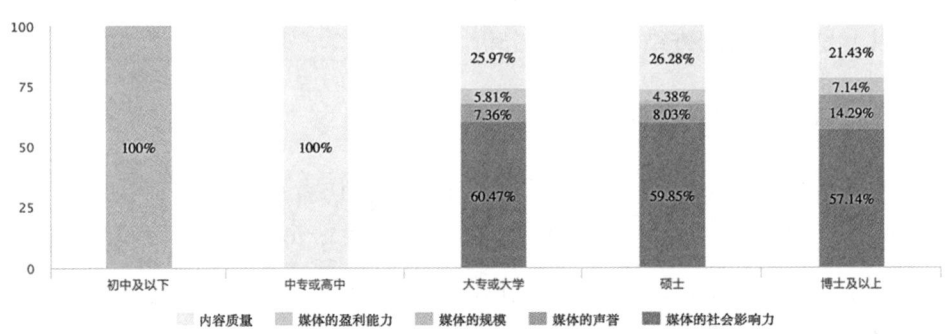

图 8-1　学历和评价媒体成功标准交叉分析图

而当被问到"您认为声誉对一家媒体的重要程度"时，75.97% 的被调查者认为非常重要，20.63% 的被调查者认为比较重要，而认为有点重要和一般重要的受访者分别仅占 1.21% 和 2.18%，没有人认为不重要。

将"您认为声誉对于一家媒体的重要程度"和"您认为衡量一个媒体是否成功最重要的标准是什么"进行交叉分析后发现，对媒体声誉重要程度持有更加肯定态度的受访者，在媒体的社会影响和媒体的公信力这两个评价标准上的选择比例相对较高；认为媒体声誉有点重要的受访者，选择媒体报道内容质量和盈利能力作为成功标准的比例偏高（见图8-2）。从中可以看出，在媒体从业者的心目中，媒体的社会影响和媒体的公信力与媒体的声誉具有较大的相关性。

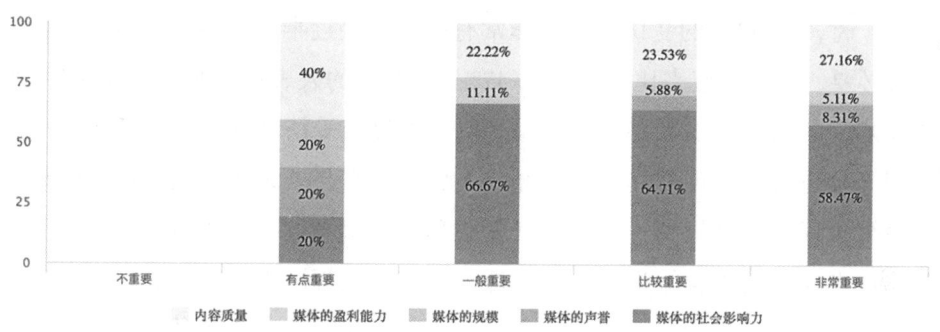

图 8-2　媒体声誉重要性与评价媒体成功标准交叉分析图

从整体上来看，媒体从业人员普遍认为声誉对于一家媒体来说是非常重要的。媒体的社会影响力对他们而言既是媒体声誉的重要体现，也是评判媒体是否成功的重要标准。

当被问到"您认为良好的媒体声誉会给媒体带来什么优势"时，338人认为可以增强报道的可信度，占81.84%，293人认为会增加阅读关注人数，234人认为会使盈利增多，264人认为有利于招到高质量人才，认为会增强媒体社会影响力的则多达371人，占89.93%。

表 8-1　良好的媒体声誉会给媒体带来什么优势

选项	小计	比例
报道可信度增强	338	81.84%
阅读关注人数增多	293	70.94%
盈利增多	234	56.66%
有利于招到高质量人才	264	63.92%
社会影响力增强	371	89.83%

续表

选项	小计	比例
其他	5	1.21%
本题有效填写人次	413	

当被问到"您认为一家主流媒体应该设置专门的部门负责媒体的声誉管理吗"时，36.08% 的受访者认为非常有必要；接近半数（49.39%）受访者认为有必要，二者加起来比例高达85.47%；7.99% 的人表示无所谓；只有5.57%和0.97% 的人认为没必要和非常没必要。通过与受访者在媒体中所承担工作的交叉分析可以发现，其中行政办公人员认为有必要设置专门部门负责媒体的声誉管理的比例最高，媒体的管理层和一般编辑记者认为有必要设置专门部门负责媒体的声誉管理的比例最低，这在一定程度上反映出，对媒体声誉管理的认识在媒体的大多数从业者中，特别是从事主流业务的大多数从业者中并没有得到应有的重视。

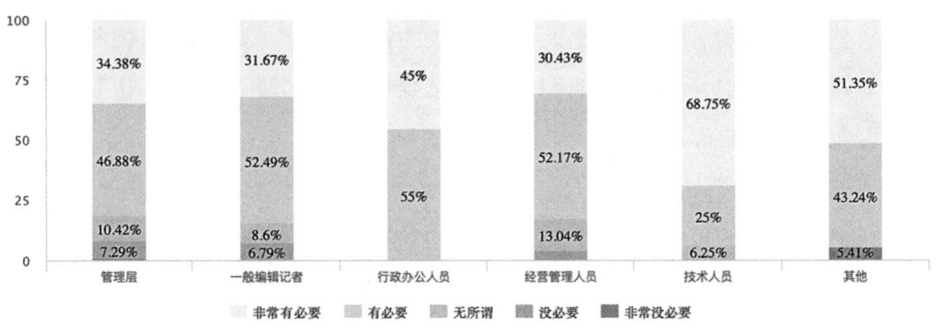

图 8-3　主流媒体设置专门部门负责媒体声誉管理必要程度的交叉分析图

2. 对所在媒体声誉关注程度和声誉的认知

当被问到"您所在的媒体对本机构的声誉关注程度"时，51.57% 的受访者回答比较关注，33.9% 的受访者回答非常关注，无所谓、不关注和根本不关注的只分别占 9.69%、2.42% 和 2.42%。然而根据他们的判断，认为其所在的媒体声誉管理的意识很强的只有 9.2%，较强的占 18.16%，35.35% 的受访者认为有一定意识，不强以及说不清楚的分别占 18.16% 和 19.13%。当被问到"所在媒体是否有专门的部门负责媒体的声誉管理"时，将近 7 成的受访者（68.28%）的回答是否定的。

当我们将受访者所在媒体和所在媒体机构对声誉关注程度进行交叉分析时发现，传统媒体和网络新媒体都对声誉给予了较大程度的关注，而相较于报纸杂志、广播电台和电视台等传统媒体，网络新媒体关注程度更高（见图8-4）。将所在媒体影响力等级和所在媒体机构对声誉关注程度进行交叉分析则可以明显看出，随着媒体影响力等级的提高，其对声誉的关注程度也提高了（见图8-5）。

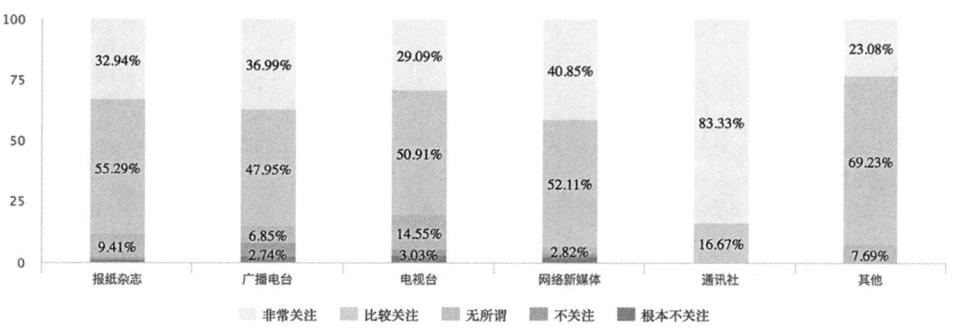

图8-4　所在媒体和所在媒体机构对声誉关注程度交叉分析图

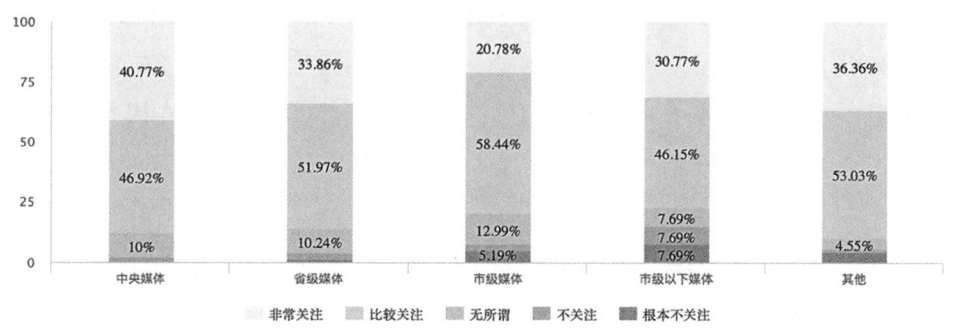

图8-5　所在媒体影响力等级和所在媒体机构对声誉关注程度交叉分析图

当被问及"您对自己所在媒体的声誉感受"时，只有 1.94% 的受访者表示非常满意，24.7% 的受访者表示比较满意，36.8% 的受访者表示一般满意，有点满意占 11.14%，不满意高达 25.42%。受访者对所在媒体的声誉感受并不乐观。

当被问及"您觉得自己与所在媒体声誉间的关系"时，55.93% 的受访者认为非常紧密，自己的行为会直接影响媒体声誉；31.96% 的人认为有点关系，但是关系不大；8.96% 的受访者说不太清楚，认为没什么关系甚至毫无关系的分别仅占 2.91% 和 0.24%。相比较而言，在媒体机构从事内容生产和管理业务的受访者觉得自己与所在媒体声誉间的关系更加紧密。

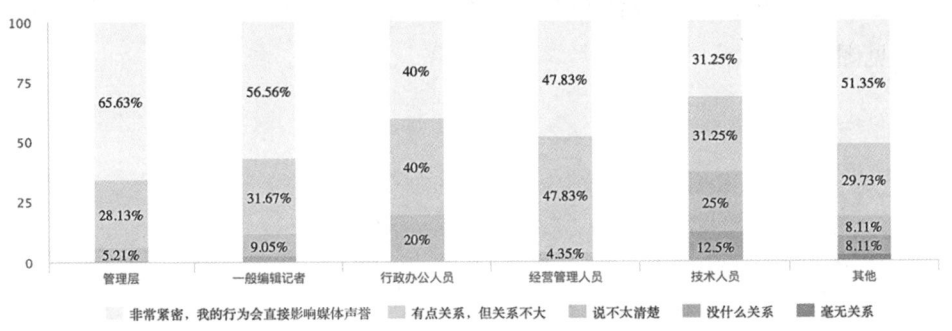

图 8-6　在媒体中担任角色和认为自己与所在媒体声誉之间关系的交叉分析图

当被问及"您所在媒体近三年来是否遭遇过声誉危机"时，35.35% 的受访者表示遭遇过，其中 23.97% 的人认为所在媒体遭遇声誉危机是领导个人原因；19.86% 表示是因为报道质量出现问题；14.38% 认为受广告商牵连，12.33% 认为因为违反了新闻职业道德；认为原因是工作人员形象问题、受竞争对手攻击的分别占 6.16% 和 4.11%；另有 21 人认为责任不在媒体。这 21人中，12 人表示是政治压力使然，3 人和 5 人分别认为是经济压力和媒介环境使然。

而从受访者在媒体中担任角色的角度来看，管理层在面对所在媒体遭遇声誉危机原因问题时候考虑的影响因素更多。选择各因素的比例与其从事工作内容有着一定的关联，例如，认为原因是受广告商牵连比重最高的人群是经营管理人员。

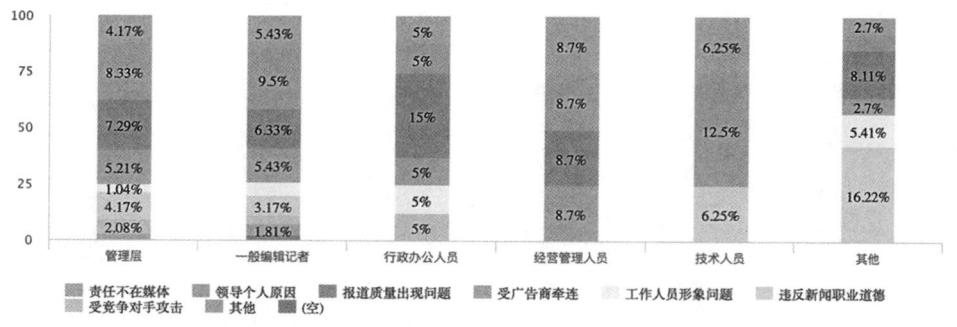

图 8-7　在媒体中担任角色和所在媒体出现声誉危机原因的交叉分析图

3. 对媒体声誉影响因素的认知

当被问到"您认为身边的媒体以下现象是否严重"时，对不严重、有点严重、一般严重、比较严重、非常严重分别赋值 1、2、3、4、5 来计算平均得分，得出受访者认为身边媒体出现下述现象的严重程度顺序为报道宣传味道浓（3.72），报道缺少特色（3.59），报道不专业、不深入（3.22），重大新闻不作为（2.85），报道不够真实（2.67），报道不公正（2.58），新闻敲诈（2.19）。

当被问到"您认为以下哪种行为对媒体的声誉影响最大"时，绝大多数受访者认为对媒体声誉影响最大的是不实报道（83.54%），其次是一味颂扬或只唱赞歌（72.4%）、新闻敲诈（69.98%）、媒体内出现违法违纪行为（64.41%）和重大新闻不作为（63.92%），超过半数的还有报道不公正（59.56%）、过度追求经济利益（59.32%）、有偿新闻或有偿不闻（52.78%），接近半数的有领导个人出现问题（48.91%）和广告太多或虚假（41.89%）。

我们将在媒体中担任的角色和对媒体声誉产生较大影响的行为进行交叉分析，可以看出，各类角色都以较大比例赞同了不实报道会对媒体声誉产生较大影响。

当问到"在报道内容上，您认为哪些因素对媒体声誉的影响最大"时，91.04% 的受访者认为报道内容是否真实对媒体声誉的影响最大，报道是否客观占 80.63%，报道是否深入独到占 72.15%，其次是报道是否贴近现实

（58.84%）和是否丰富（30.99%），其他占 1.45%。

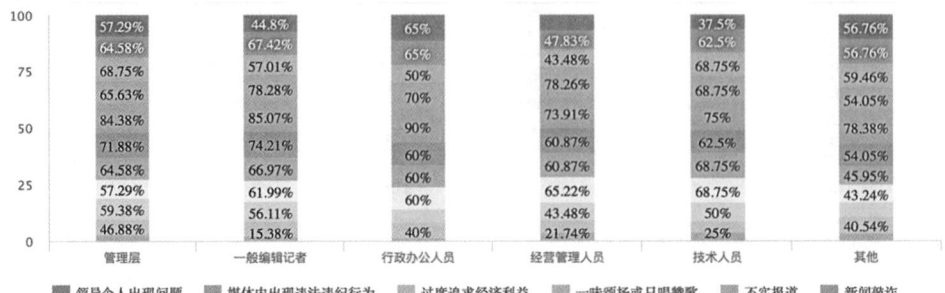

图 8-8　在媒体中担任的角色和对媒体声誉产生较大影响的行为的交叉分析图

谈及"您认为媒体哪个部门的员工行为最能影响媒体的声誉"，50.36%的受访者选择编辑记者，41.4%的受访者认为媒体管理层最能影响媒体声誉。由此看来，大部分媒体从业人员认为报道者本身对媒体声誉的影响是最大的，而媒体管理层的影响程度比较次要。

当被问及"您认为来自哪类人的公开批评对媒体声誉的影响最大"时，超过半数（55.69%）的受访者表示是网民在网络平台上的批评，认为上级党政部门的批评影响最大的占 23.97%，10.9% 的受访者认为是专家学者的批评，9.44% 的受访者认为是其他媒体的批评。其中，经营管理人员中有 69.57% 认为网民在网络平台上的批评对媒体声誉的影响最大，且比例最高。

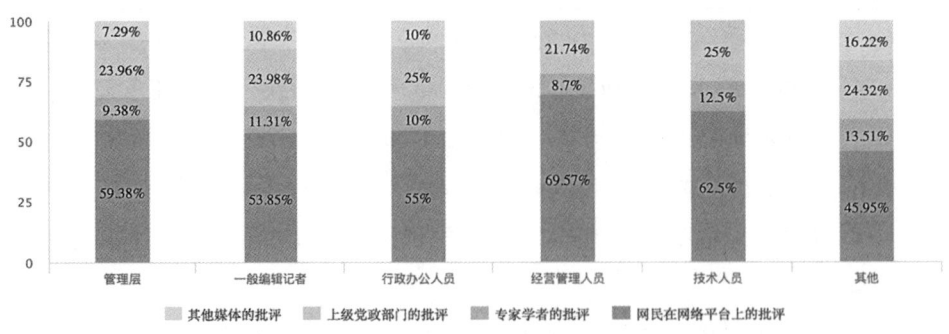

图 8-9　在媒体中担任角色和认为哪类人的公开批评对媒体声誉影响程度最大的
交叉分析图

4. 对主流媒体声誉整体情况感知及理解

当问到"您对我国主流媒体总体的声誉现状是否满意"时，认为不满意的受访者占 43.1%，8.23% 的受访者表示有点满意，35.84% 的受访者表示一般满意，仅有 12.59% 和 0.24% 的受访者分别对主流媒体的声誉表示比较满意和非常满意，从整体上来看，受访者对我国主流媒体的声誉满意度不高。

在"下列因素对主流媒体声誉影响的重要程度"这一题中，对不重要、有点重要、一般重要、比较重要、非常重要分别赋值 1、2、3、4、5 来计算平均得分，得出受访者认为对主流媒体声誉影响因素的重要性顺序为媒体报道的质量（4.47）、媒体工作人员的形象（3.99）、媒体在新媒体方面延伸的能力（3.75）、与受众互动的多少（3.69）、媒体的国际影响力（3.64）、媒体的公益行为（3.47）、媒体的经营业绩（3.38）、广告的比例及种类（3.25）。

将学历和认为新闻报道质量对媒体声誉影响程度进行交叉分析，我们发现，随着学历的升高，受访者认为新闻报道质量对媒体声誉影响的重要程度总体上有所降低。将在媒体中担任角色和认为与受众互动多少对媒体声誉重要程度进行交叉分析，我们看出技术人员对与受众互动多少给予了更多的关注。再将所在媒体和媒体在新媒体方面延伸能力对声誉影响的重要程度进行交叉分析，通讯社认为新媒体方面延伸能力对声誉影响的重要程度最高，报纸杂志则最低。

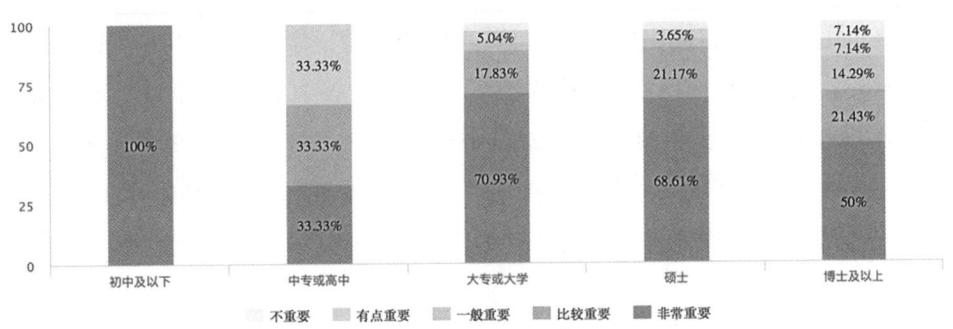

图 8-10　学历和认为新闻报道质量对媒体声誉影响程度的交叉分析图

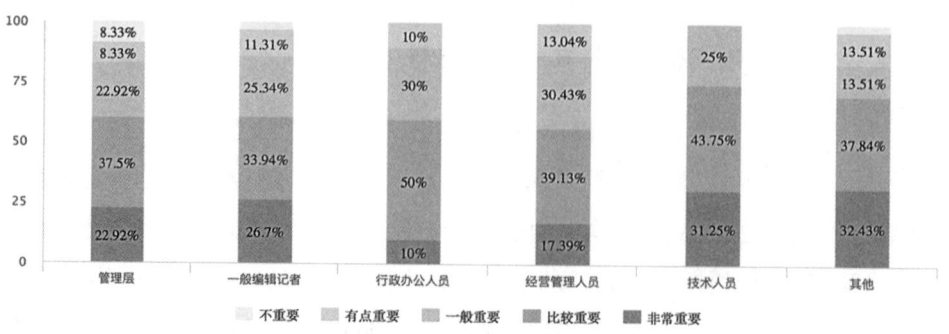

图 8-11　在媒体中担任角色和认为与受众互动多少对媒体声誉重要程度交叉分析图

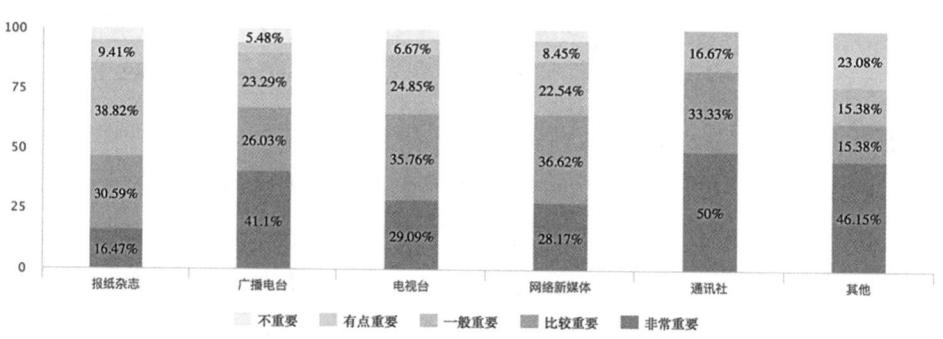

图 8-12　所在媒体和媒体在新媒体方面延伸能力对声誉影响的重要程度的交叉分析图

5. 媒体从业者心目中我国声誉最好和最坏的媒体

在问卷中，我们提出假设，"如果有机会跳槽，您最想去和最不想去工作的媒体"，通过对所有提及具体媒体名称的有效答案进行整理后发现，受访者表示最想跳槽去工作的媒体主要是中央电视台（81人）、《光明日报》（74人）、新浪（53）、《南方周末》（48人）、《财新》（47人）和新华社（41人），而最不想去工作的媒体主要是《人民日报》（120人）、中央电视台（49人）、新浪（47人）。

原本在报纸杂志、广播电台和电视台工作的人分别想跳槽去影响力最大的纸媒、电台或电视台的比例相对最高，网络新媒体和通讯社的选择比例相对均衡多样。同时，网络新媒体人有最高比例受访者表示不会跳槽去《人民日报》，与此对应，纸媒从业者也有最高比例的受访者表示不会跳槽去新浪工作。

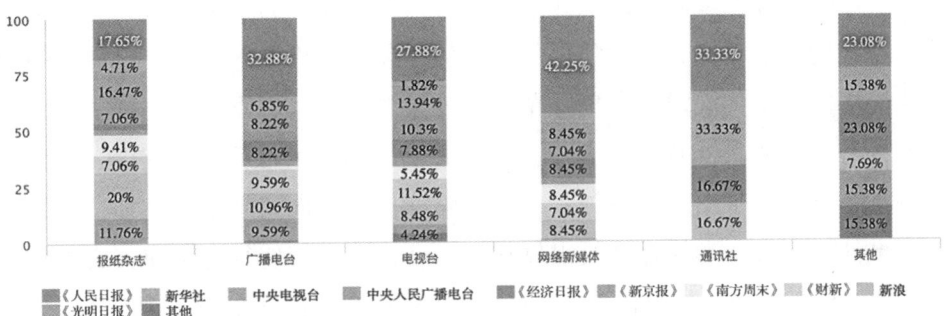

图 8-13 所在媒体和如果跳槽最想去的媒体交叉分析图

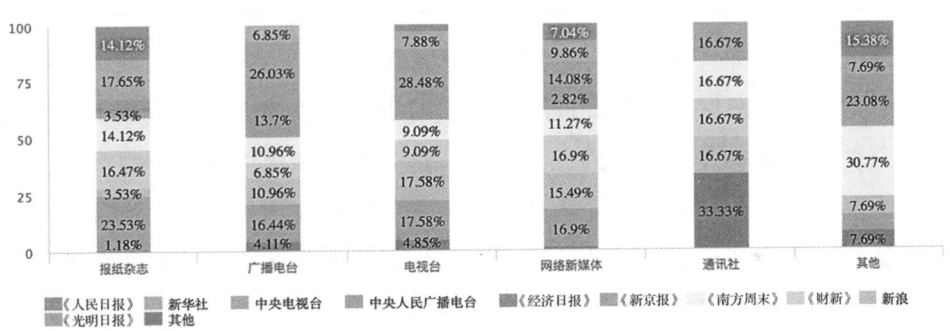

图 8-14 所在媒体和如果跳槽最不想去的媒体交叉分析图

　　从总结的受访者回答中不难看出，《人民日报》并不受媒体从业人员的青睐，媒体从业者表示最不想跳槽去工作的两家媒体（中央电视台、新浪）同样也出现在他们最想跳槽去工作的媒体名单中。可见媒体的声誉并不是受访者看中的唯一因素，网络新媒体被频繁提及，在没有显示具体名称的回答中，自媒体、内容创业也被纳入媒体从业人员的考虑范围内。

　　6. 影响媒体声誉的媒体事件

　　在被问及"近年来您能想到最影响媒体声誉的事件"时，33 人联想到《21 世纪经济报道》新闻敲诈事件，18 人提到"纸馅包子"事件，8 人提到春晚质量下降，8 人提及《新快报》陈永洲受贿捏造新闻，7 人提到山东"问题疫苗"事件。

在这些回答人数较多的媒体事件中，大致可以分为以下几类。一类是事件本身就构成了新闻，引发争议的是媒体在新闻事件中的表现，例如"问题疫苗"事件中媒体混淆了过期疫苗和毒疫苗的概念，引发公众恐慌；而央视春晚则是公众对其在内容质量、形式创新等方面工作的不满而引起的讨论。另一类是媒体出于追求经济效益、博人眼球等原因而策划新闻，如"纸馅包子"事件。还有一类是媒体及媒体从业人员自身的不佳行为致使其成为新闻报道的主角，比如《新快报》记者陈永洲、《21 世纪经济报道》主编沈灏借新闻报道权利不正当牟利等。

（三）小结

通过以上分析，可以看出，我国媒体从业者对媒体声誉之于媒体的重要性持非常肯定的态度，但与此同时，他们对于身边媒体以及我国当下主流媒体的声誉状况基本表示不出满意的态度，这说明我国媒体在提高自身声誉方面还需要多做努力，大部分受访者也认为主流媒体应该设有专门的部门来负责媒体的声誉管理。对于媒体从业者而言，媒体人的职业道德和业务能力是影响媒体声誉的重要方面，不实报道最不可取。而因为受访者具有一定的媒体从业经验，相比受众部分，他们能从更加专业和多元的角度看待媒体声誉的影响因素，也更加注重受众的态度和反馈，这也在一定程度上体现了网络新媒体的出现给媒体从业人员带来的工作观念上的改变。从跳槽选择上来看，有影响力的传统媒体在供职选择上也受到了挑战。

二、受众声誉调查结果分析

与针对媒体从业人员的调查一样，本次调查自 2016 年 3 月 22 日开始，至 2016 年 4 月 4 日结束，以偶遇抽样的方式，通过微信、QQ、贴吧等线上渠道回收问卷。选择这一时段，主要是为了保证在调查时间上与媒体从业人员的声誉调查同步。最终通过各种途径共回收有效问卷 897 份，从数量上来看已经满足了一般性调查的需求。

以下是对本次调查结果的具体分析。

（一）被调查者的基本情况

在有效样本中，20 岁及以下的受访者占 6.47%，21~30 岁者占 47.16%，31~40 岁者占 18.17%，41~50 岁者占 19.62%，51~60 岁者占 7.25%，61 岁及以上的受访者占 1.34%，年龄主要集中分布于中青年人群，基本符合我国梨形的人口年龄分布结构。在学历方面，初中及以下者占 2.56%，中专或高中者占 7.47%，大专或大学学历者占 54.4%，硕士学历者占 28.87%，博士及以上学历者占 6.69%，学历以大专及以上为主。从职业来看，学生、企业职员、国家公务员及事业单位人员以及其他职业者分别占 30.43%、21.29%、29.77% 和 18.51%。就个人收入而言，月收入 3000 元以下的受访者占到 39.46%，3000~6000 元者占 26.09%，6000~9000 元者占 16.39%，月收入 9000 元以上者占了 18.06%。

整体来说，样本分布比较均匀，具有代表性。

（二）被调查者对于媒体声誉的理解和认识

1.媒体声誉及其重要程度认知情况

当问到"提到媒体声誉，您能想到的是什么"时，选择人数超过半数的选项依次是媒体的公信力（80.71%）、媒体的信誉（58.53%）、媒体的责任（51.39%）和媒体的口碑（50.61%）。

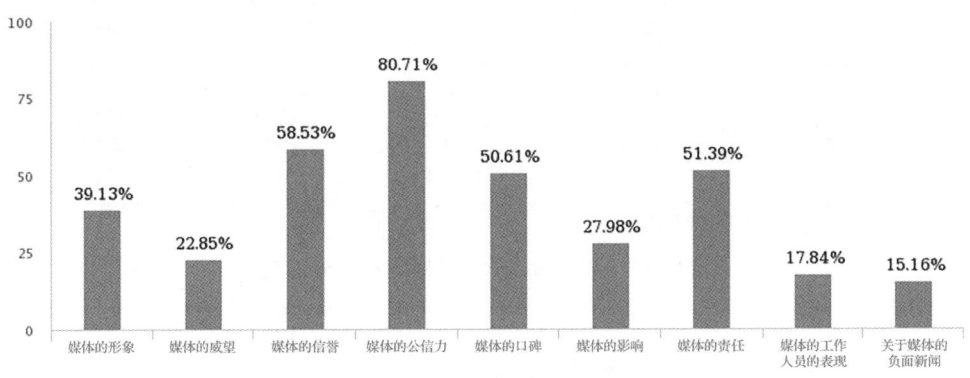

图 8-15　提到媒体声誉，您能想到的是什么

　　当将"媒体声誉联想"与受访者的基本情况进行交叉分析时，发现 20 岁及以下和 61 岁及以上的受访者更容易将媒体声誉和媒体形象联系起来，媒体的口碑、影响力和负面新闻的联想程度随着年龄的增高呈现出下降的趋势。随着学历的提高，受访者对媒体信誉、公信力和责任的联想程度也在增加；初中及以下学历的受访者相较于其他学历程度的受访者，将媒体声誉联想到媒体形象和口碑者明显较少，中专至硕士学历的受访者则更容易联想到媒体的影响。就职业来看，学生群体更容易将媒体声誉与媒体的口碑以及负面新闻联想在一起。

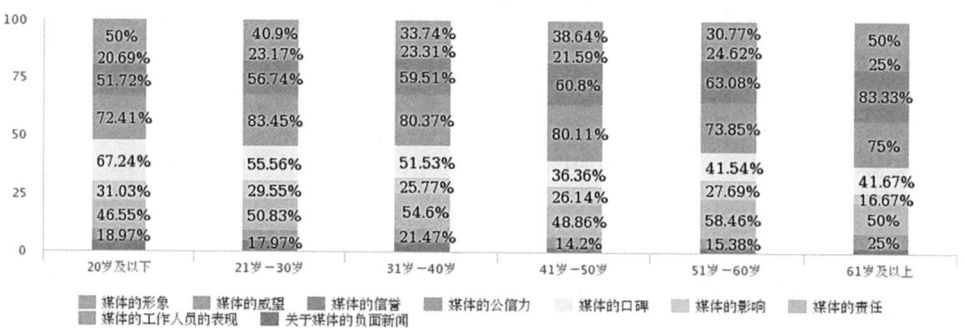

图 8-16　年龄与媒体声誉联想交叉分析图

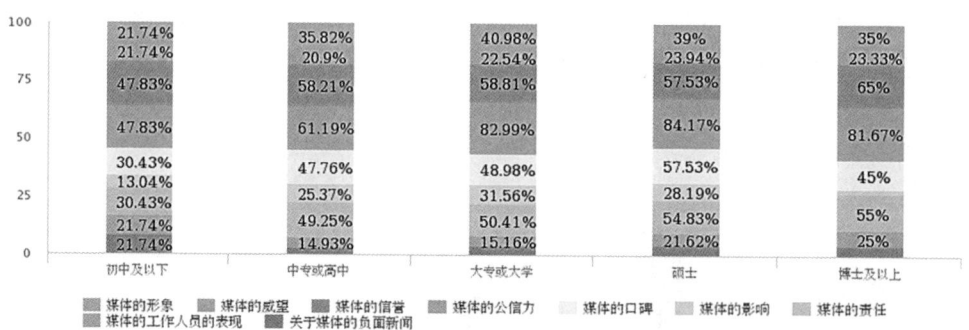

图 8-17　学历与媒体声誉联想交叉分析图

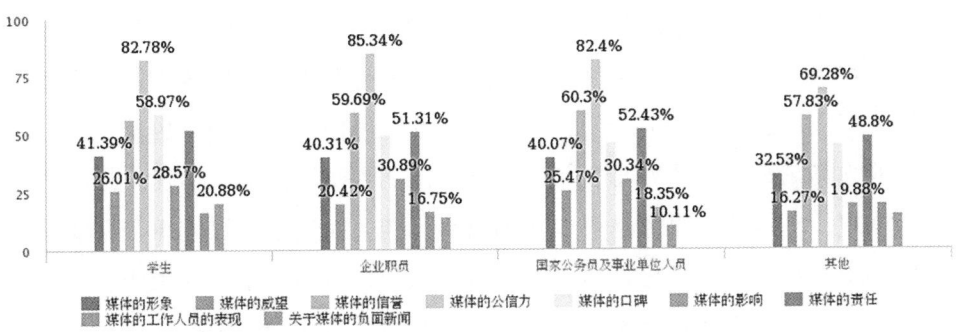

图 8-18 职业与媒体声誉联想交叉分析图

当被问到"您认为声誉对一家媒体的重要程度"时，78.15% 的受访者认为非常重要，17.5% 的受访者认为比较重要，而认为有点重要和不重要的受访者分别仅占 3.01% 和 0.33%。

在被问到"您认为衡量一个媒体是否成功，最重要的标准是什么"时，将近半数的受访者选择将媒体的公信力作为最重要的标准（43.14%），30.43% 的受访者会选择媒体的社会影响，选择内容质量的仅占 24.64%。

将"您认为声誉对于一家媒体的重要程度"和"您认为衡量一个媒体是否成功，最重要的标准是什么"进行交叉分析后发现，对媒体声誉重要程度持有肯定态度的受访者，在媒体的社会影响和媒体的公信力这两个评价标准上的选择比例相对较高；对媒体声誉重要程度持否定态度的受访者，选择媒体盈利能力作为成功标准的比例偏高。

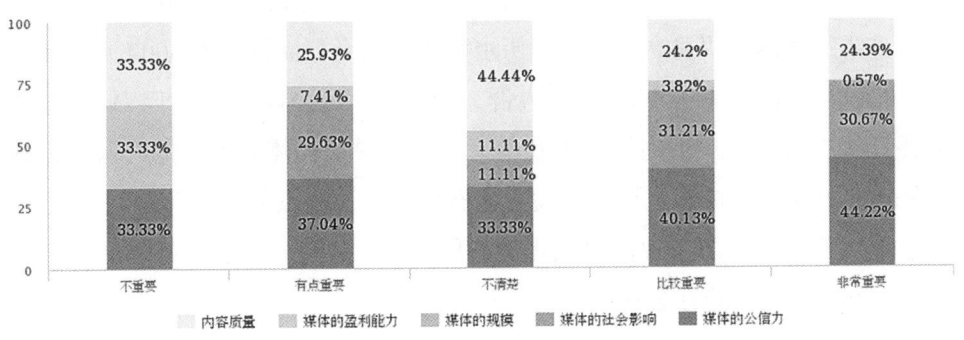

图 8-19 媒体声誉重要性与评价媒体成功标准交叉分析图

通过以上分析，可以发现，虽然不同群体的受众对媒体声誉的认知略有不同，但从整体上来看，受众基本上是从公信力这一角度来理解媒体声誉的。同时，在当今的社会环境下，受众普遍认为声誉对于一家媒体来说是非常重要的，而衡量媒体是否成功的最重要的标准是媒体的公信力，也就是说，从受众的立场来看，媒体自身及其提供的信息能否赢取他们的信任，是媒体声誉的体现，也是评判媒体是否成功的重要标准。而通过将媒体声誉重要性和评价媒体成功标准交叉分析后不难发现，认为媒体声誉重要的受访者，更容易将媒体的公信力和社会影响力作为评价媒体是否成功的标准。媒体之于受众的作用就是提供认识外界的渠道，媒体能否让受众相信自己提供的是正确的信息，是受众评价媒体的重要依据，从这个层面来看，受众群体做出这样的选择是情理之中的。

2. 媒体声誉影响因素认知

在"下列因素对主流媒体声誉影响的重要程度"这一题中，对不重要、有点重要、一般重要、比较重要、非常重要分别赋值 1、2、3、4、5 来计算平均得分，得出受访者对主流媒体声誉影响因素的重要性排序为媒体的职业操守（4.74）、媒体的公信力（4.71）、媒体的专业水平（4.55）、媒体的社会影响力（4.50）、媒体工作人员的形象（3.98）、向新媒体延伸的能力（3.87）、与受众的互动关系（3.85）、媒体的公益行动（3.51）、媒体的经营业绩（3.29）、媒体与党政间的关系（3.27）。

其中，中专或高中学历以及大专或大学学历的受访者认同媒体公益行动非常重要的比例要明显高于其他学历水平的受访者，而月收入 6000 元以下的人群相较于月收入高于 6000 元的人群，会更加认可公益行动对于媒体声誉的重要作用。这说明对于中等学历和中下收入的受众群体来说，他们认为具有良好声誉的媒体，应该在社会公益方面有所作为，应该关心社会的弱势群体，他们不仅希望媒体能为他们提供正确的信息，而且还希望看到媒体通过自身的行动和影响来改善社会环境。

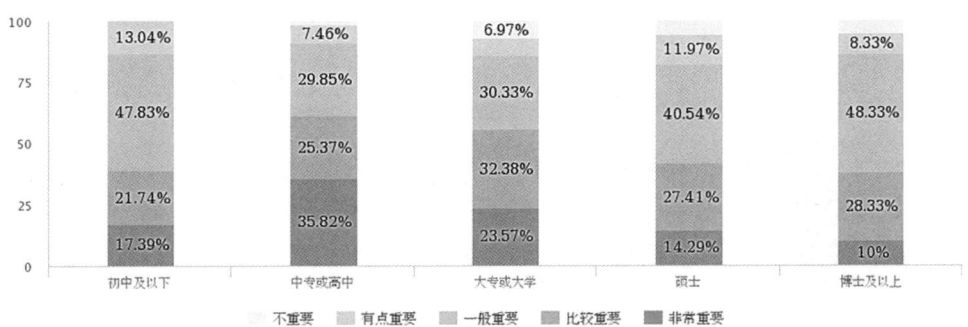

图 8-20 学历与主流媒体的公益行动对声誉影响的重要程度交叉分析图

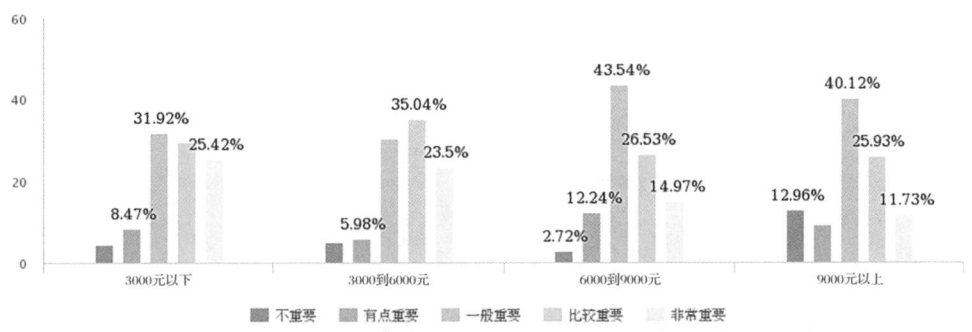

图 8-21 收入与主流媒体的公益行动对声誉影响的重要程度交叉分析图

从媒体与党政间的关系对媒体声誉影响程度来看，随着受访者学历水平的提升，受访者认为媒体与党政间关系的重要程度基本呈现出下降的趋势；就职业而言，国家公职人员会更认可媒体与党政关系的重要程度。这说明，学历水平越高的受众，会更关注媒体自身的独立性，而不希望看到媒体与党政之间存在密切的关系；而对于国家公职人员来说，工作性质在一定程度上影响了他们看待问题的立场，相对而言会更加希望媒体能够帮助党和政府发声。

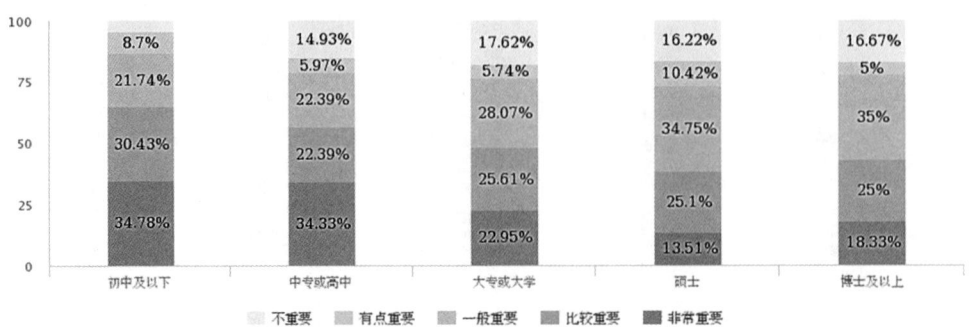

图 8-22　学历与主流媒体和党政间关系对声誉影响重要程度交叉分析图

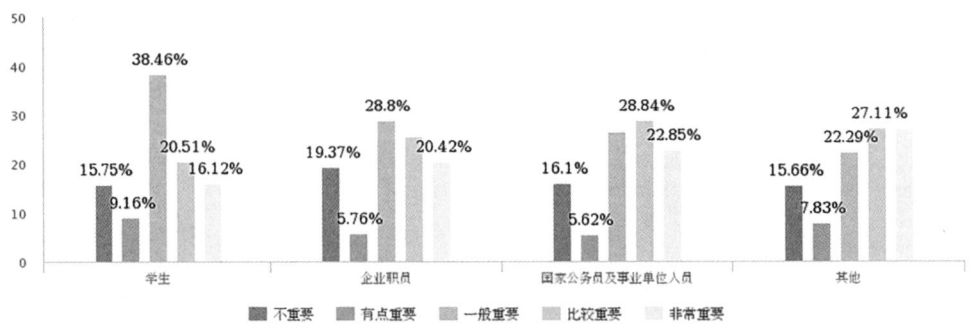

图 8-23　职业与主流媒体和党政间关系对声誉影响重要程度交叉分析图

当被问到"您认为以下哪种行为对媒体的声誉影响最大"时，绝大多数受访者认为对媒体声誉影响最大的是虚假或不实报道（92.31%），其次是报道不公正（71.57%）和一味颂扬或只唱赞歌（62.43%），占半数以上的还有重大新闻不作为（58.08%）、新闻敲诈（52.29%）、过度追求经济利益（52.17%）。

在虚假报道、新闻敲诈、重大新闻不作为、报道不公正、有偿新闻或有偿不闻、一味颂扬等负面行为的选项中，初中及以下学历的受访者对于这些影响因素的重要程度评价要低于其他学历的受访者，而对领导出现个人问题和媒体工作人员出现问题的评价程度要高于其他学历的受访者。这说明，低学历的受众对于媒体的从业人员及内部领导的个人问题比其他群体更加敏感。

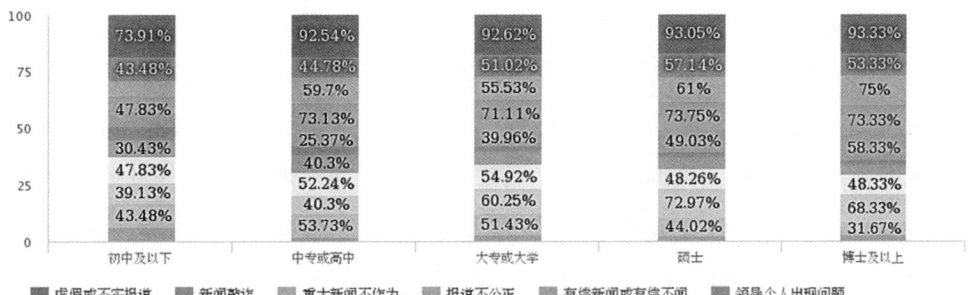

图 8-24　学历与媒体行为对声誉影响交叉分析图

当问到"在报道内容上，您认为哪些因素对媒体声誉的影响最大"时，92.64% 的受访者认为报道内容是否真实对媒体声誉的影响最大，报道是否客观占 79.93%，报道是否深入占 63.88%，其次是报道是否贴近现实（52.4%）和是否及时（50.17%），报道是否宣传味浓占 22.74%，种类是否丰富占 9.36%。

将受访者的年龄与报道内容因素进行交叉分析，发现年纪偏长的受访者比年纪偏低的受访者更倾向于认为报道的真实程度和及时性对媒体声誉的影响更大，而年轻人对于报道是否宣传味浓的反应程度要比年长者强烈。年轻人有更多的渠道获取消息，不同的渠道在竞争时效性的同时，也起到了矫正信息的作用，所以年轻人不会像年长者对于新闻的真实性和及时性有着深刻的体会。而年纪偏长的受众长期以来习惯媒体作为宣传机构存在，因而反对情绪相对缓和一些。

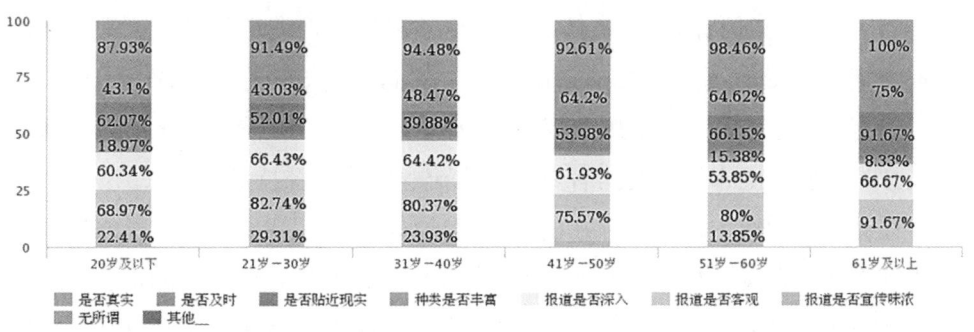

图 8-25　年龄与报道内容对媒体声誉影响交叉分析图

　　随着受访者学历水平的提高，其对于报道是否深入和客观的重要性的肯定态度也有所增加，而高学历的受众相较于低学历受众，对报道是否贴近现实的看重程度有所减轻。这在一定程度上说明，文化水平较高的受众更关注媒体的报道能否站在客观公正的立场之上，能否深入地触及一些社会弊病的根源，而文化水平相对偏低的受众更看重媒体能否关注到社会中的实际问题，关注民生，这与不同人群的信息需求有着密切的关系。

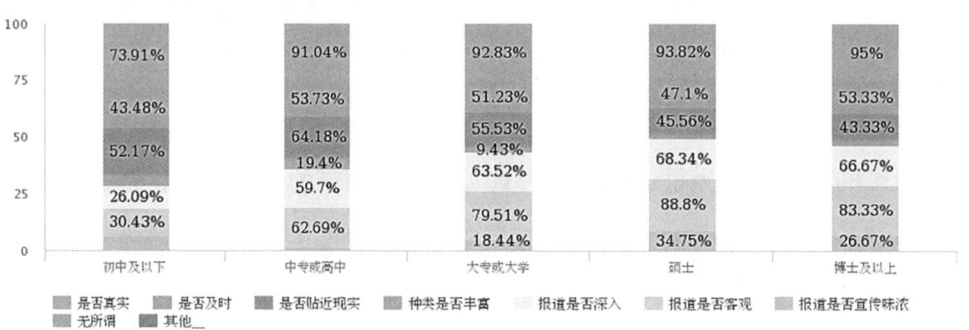

图 8-26　学历与报道内容对媒体声誉影响交叉分析图

　　谈及"您认为媒体哪个部门的员工行为最能影响媒体的声誉"，66.67%的受访者选择编辑、记者和主持人，26.53%的受访者认为媒体领导最能影响媒体声誉。由此看来，大部分受众还是认为报道者本身对媒体声誉的影响是最大的，而媒体领导的影响程度比较次要。

　　3. 对主流媒体声誉整体情况感知及接触行为

　　当问到"您对我国主流媒体总体的声誉现状是否满意"时，认为不满意和有点满意的受访者分别占 37.35% 和 14.16%，29.88% 的受访者表示说不清楚，仅有 17.5% 和 1.11% 的受访者分别对主流媒体的声誉表示比较满意和非常满意，从整体上来看，受访者对我国主流媒体的声誉持负面看法。

　　在被要求列出主流媒体存在的问题时，194 人认为主要问题在于媒体提供的内容真实性存疑；108 位受访者认为与我国主流媒体宣传喉舌的定位以及宣传技巧过差有关；88 人认为主流媒体不作为，报道不够深入，没有承担起舆论监督的职责；77 名受访者指出主流媒体现存问题的根源在于舆论管控机制僵化；75 人认为主流媒体过于一味颂扬；73 人提出主流媒体的报道不够客观公正；61 名受访者指责当今主流媒体所报道的新闻不贴近实际，不关注民生；还有 53 人将媒体过分追求经济效益作为主要问题。对这些主要问题进行归纳后发现，受众认为在当前我国的媒体环境下，主流媒体存在的问题主要可以归结为三个层面：从宏观层面来看，我国"一刀切"的舆论管理体制使媒体的表达处处受限，时常作为宣传喉舌出现；从中观层面来看，媒体组织追逐政治利益和经济利益，忽视对受众群体需求的关注，没有履行好社会"守望者"的职能；从微观层面来看，媒体从业者迫于压力难以呈现真实信息，或者是因为自身专业能力不足而无法核实信息的准确性，导致受众对当下新闻报道的真实性存疑，报道者自身带有的偏见也造成了新闻存在不够客观公正的问题。

在问卷中，被调查者回答"如果您认为一家主流媒体的声誉不好，那么您是否会主动接触"时，94.09% 的人选择"否"，也就是说，绝大多数受访者拒绝主动接触声誉不好的媒体。而当面对"来自主流媒体的信息和来自其他媒体的信息"，48.38% 的受访者表示需要视情况决定更相信哪个信息，46.04% 的受访者表示会更相信来自主流媒体的信息。进一步询问做出这一选择的理由时，67.45% 的人认为自己主要看媒体的可信度，51.17% 的受访者主要看媒体的权威性，50.72% 的受访者主要看媒体的专业性，45% 的受访者主要看媒体的社会影响。

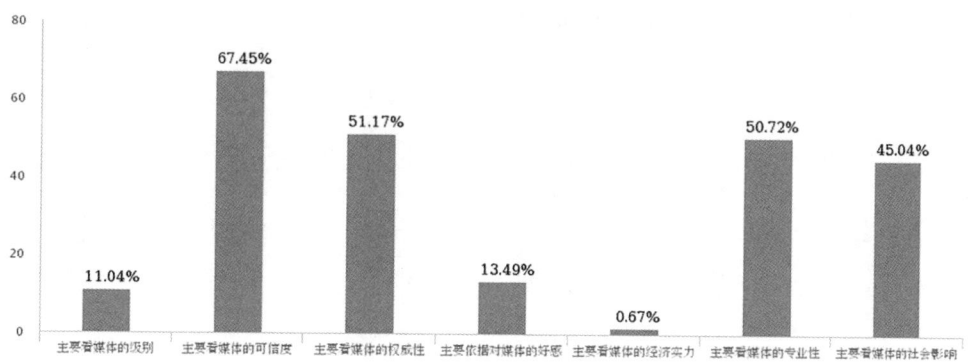

图 8-27　选择相信主流媒体、其他媒体或视情况而定的理由

　　虽然被调查的受众中，大部分人对于我国主流媒体的声誉现状表示不满，并且对于声誉不好的媒体认为自己并不会主动接触。但还是有近一半的人表示，在面对主流媒体和其他媒体的信息时，会直接选择相信来自主流媒体的信息。出现这种情况的原因可能有以下几点：第一，虽然受众表示自己不会主动接触声誉不好的媒体，但是主流媒体往往比其他媒体拥有更多的传播渠道，即使受众不主动接触，也会被动接收到来自主流媒体的信息；第二，这与我国新闻资源分布情况有关，我国的主流媒体往往比其他媒体拥有更广泛的报道权利，很多时候并不是受众选择相信主流媒体的信息，而是只能够从主流媒体获得第一手的消息，因而只能选择相信主流媒体；第三，受众对于媒体现状的不满并不仅仅针对主流媒体，而是认为我国大多数媒体的声誉都有待提高，而在这种情况下，还是更愿意相信来自主流媒体的信息；第四，受众只是对于我国主流媒体的整体声誉状况感到不满意，但是对于主流媒体中的某一家或是某几家媒体的声誉还是表示认可的，当发生新闻事件时，会更愿意选择这些媒体作为自己的信息来源。

　　将受众的个人情况进行交叉分析后发现，21~30岁和31~40岁的受访者认为对主流媒体和其他媒体的信任度需要视情况而定，其他年龄段的受访者更倾向于相信主流媒体；硕士及以上学历、月收入9000元以上的受访者选择相信主流媒体的比例更小。这说明，高收入、高学历、正值中青年年龄阶段的受众在面对来自主流媒体和其他媒体的信息时，持有更谨慎的态度，具有更高的辨别能力，更愿意视实际情况而定。

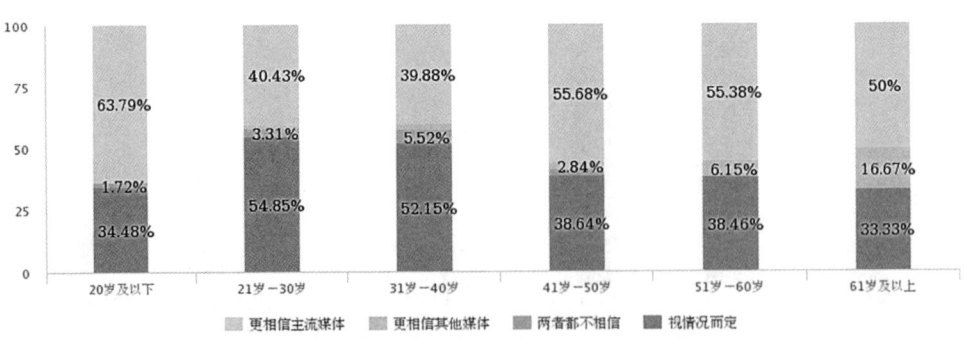

图8-28　年龄与媒体信任交叉分析图

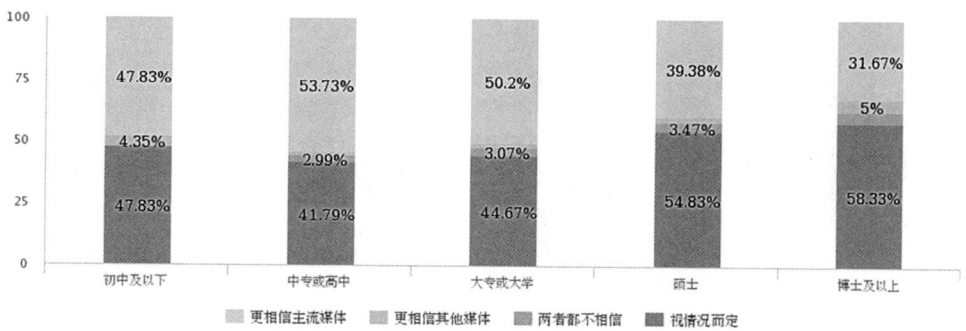

图8-29　学历与媒体信任交叉分析图

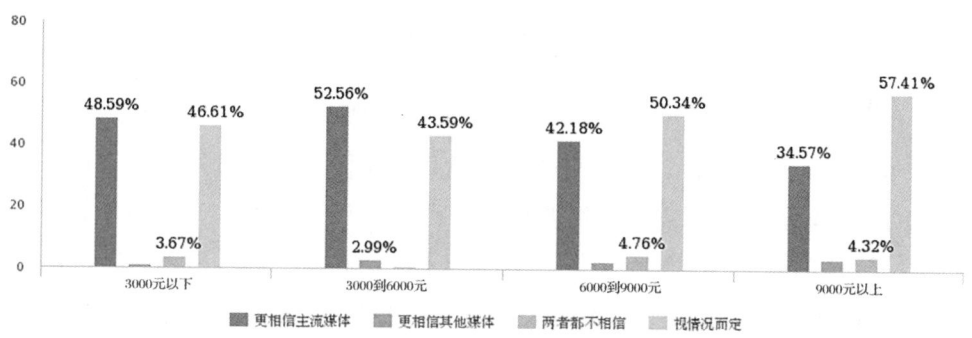

图8-30　收入与媒体信任交叉分析图

而随着受访者年龄的增加，对主流媒体的声誉满意度也在增加，对声誉不好的媒体接触意愿有所减少，这说明年纪越大的受众对主流媒体的看法越正面，而年轻人会用更批判的眼光看待现有的媒体表现。

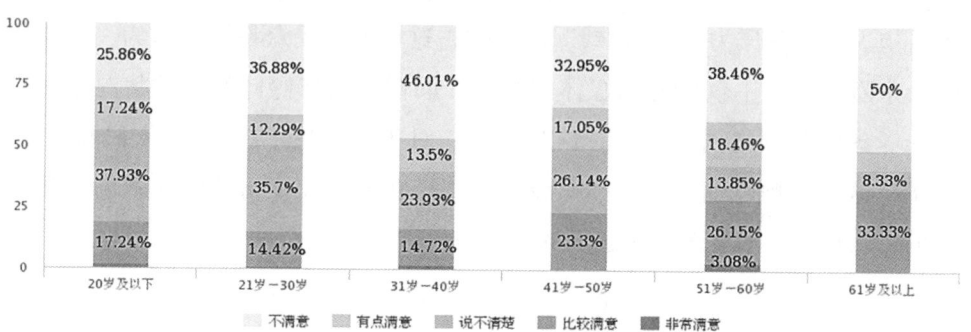

图8-31　年龄与主流媒体声誉满意度交叉分析图

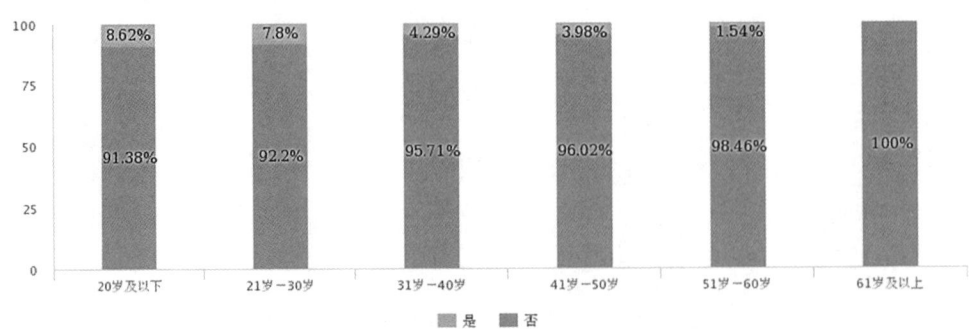

图 8-32　年龄与是否主动接触声誉不好的媒体交叉分析图

4. 受众心目中我国声誉最好和最坏的媒体

在问卷中，提出假设"如果有机会去媒体工作"，询问受访者最想去工作和最不想去工作的媒体，通过对所有提及具体媒体名称的有效答案进行整理后发现，受访者表示最想去工作的媒体主要是中央电视台（129 人）、新华社（56 人）、《南方周末》（46 人）、《人民日报》（40 人）和《财新》（25 人），而最不想去工作的媒体主要是中央电视台（95 人）、《人民日报》（95 人）、新华社（18 人）。

从总结的受访者回答中不难看出，受访者表示最不想去工作的三家媒体（中央电视台、《人民日报》、新华社）同样也出现在受访者最想去工作的媒体名单中。首先，受访者做出这样的选择并不完全是出于媒体声誉的考虑，在一些不涉及具体媒体名称的回答中，一些受访者表示希望去"有钱"的媒体，不希望去"经营压力大""没钱"的媒体，这说明当受众将媒体作为一个工作选择来看待时，不仅会考虑媒体的声誉，同样也会将媒体的经营状况等因素纳入考虑的范围之内。其次，这也说明，对于像中央电视台、《人民日报》、新华社这样影响范围广泛的国家级媒体，受众的关注度自然而然就高，而不同的受众从不同角度看，对它们的评价也不同。

5. 影响媒体声誉的媒体事件

在被问及"近年来您能想到最影响媒体声誉的事件"时，30 人提到山东问题疫苗事件，27 人联想到《21 世纪经济报道》新闻敲诈事件，26 人提到天津港爆炸事件，19 人提到纸馅包子事件，11 人提及《新快报》陈永洲受贿捏造新闻事件，还有 10 人提到央视主持人毕福剑酒桌事件。

在这些回答人数较多的媒体事件中，大致可以分为以下几类，一类是事件本身就构成了新闻，引发争议的是媒体在新闻事件中的表现，例如问题疫苗事件中媒体混淆了过期疫苗和毒疫苗的概念，引发公众恐慌，天津港发生爆炸后天津卫视播放韩剧引发争议等；另一类是媒体出于追求经济效益、博人眼球等原因而策划新闻，如纸馅包子事件；还有一类是媒体及媒体从业人员自身的不佳行为致使其成为新闻报道的主角，比如《新快报》记者陈永洲、《21 世纪经济报道》主编沈灏借新闻报道权利不正当牟利、中央电视台主持人毕福剑言论不当等。

（三）小结

通过以上分析，可以看出，我国受众对媒体声誉之于媒体的重要性持非常肯定的态度，但与此同时，他们对于我国当下主流媒体的声誉状况基本表示不出满意的态度，这说明我国媒体在提高自身声誉方面还需要多做努力，大部分受访者也认为主流媒体应该设有专门的部门来负责媒体的声誉管理。不过，受众也能够意识到主流媒体声誉不佳，不仅是因为媒体从业人员自身素养不足或是媒体机构的举措不当，还要从我国现行的新闻管理体制入手。同时，通过分析也能看出，受众对于媒体声誉的评价，往往会从自身的利益和视角出发，例如收入、学历偏低的受众会更希望媒体在公益行动和民生实际中投入更多的精力；收入、学历偏高的受众则希望通过媒体更有质量的报道，深入认识社会问题。媒体想要提高自身的声誉，应该了解不同受众的不同需求，有针对性地进行满足，从而高效率地完善自身。

第九章　新媒体环境下主流媒体声誉管理的对策与建议

　　管理是指在一定的环境或条件下，管理主体为了达到一定的目的，运用一定的管理职能和手段，对管理客体施加影响和进行控制的过程。[①] 一般的管理基本上包括了管理主体、管理客体、管理目的、管理手段和管理过程等几个重要方面，即"一般说，任何管理活动都由以下基本要素构成：（1）管理主体，即回答由谁来管；（2）管理客体，即回答管什么；（3）管理目的，即回答为什么要管；（4）管理的职能和方法，即回答怎么来管；（5）管理环境，即回答影响管理的主要外部、内部因素和条件是什么"[②]。管理的构成也可以用以下的简图来表示（图9-1）。

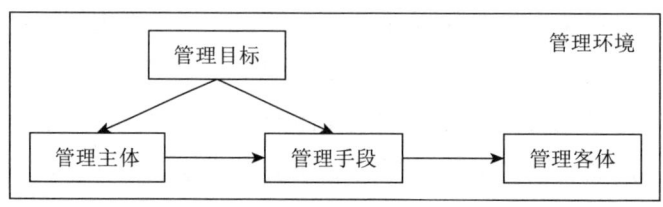

图 9-1　管理体系构成示意图

第一节　确定声誉管理的主体

　　管理主体，即一般所称的管理者，是指专门从事和执行管理活动的人员或

① 李兴山.现代管理学：观念　过程　方法 [M].北京：现代出版社，1998：3.
② 李兴山.现代管理学 [M].北京：中共中央党校出版社，2010：5.

组织机构。管理，简单地说，就是管理主体掌握专门知识、运用专门技术和手段来进行的专门的业务活动。在任何的管理活动中，管理主体都决定着管理的性质和方向，也是决定管理的实际效率、效果以及管理目标能否真正实现、管理水平究竟如何的关键因素。根据不同的分类方式，管理者又可以分为一般管理者和管理的领导者；高层管理者、中层管理者和基层管理者；行政管理者、经济管理者、科技管理者、文教卫生管理者和军队管理者，等等。

就一般管理活动而言，由于所处的地位特殊，管理者往往要承担起组织者、指挥者、领导者、协调者等多种角色。如亨利·明茨伯格（Henry Mintzberg）研究发现，管理者实际上扮演着十种角色，而这十种角色又可被归入三大类，即人际角色、信息角色和决策角色。而为了实现管理的最终目标，提高管理水平，管理者也必须具备一定的知识和才能，既能关心工作，同时又能对人采取体谅态度，即属于既能管好事又能管好人的人。正如管理学家彼得·德鲁克所说："一般而言，管理者都具有很好的智力、很好的想象力和很好的知识水准。"管理学者卡兹则提出管理者必须具备三个方面的技能，即技术技能、人际技能和概念技能。[1]美国媒介管理学者艾伦·阿尔巴朗甚至干脆提出，"有三种角色最完美地再现了媒介管理者的日常活动：领导者、代表和联络人"[2]。电子媒介管理者还要履行其他三种重要的功能：提供便利、交流沟通以及协商。

对于媒体声誉管理而言，其管理者，或声誉管理的主体就是围绕媒体声誉而展开的一切管理活动的组织者、执行者和协调者，这些管理者既可以是从事这项管理活动的人，如在媒体中从事组织实施声誉管理的工作人员，也可以是从事这项管理活动的组织和机构，对媒体而言就是媒体组织整体或组织中负有声誉管理责任的职能部门。根据所从事的声誉管理工作的范畴和权限的不同，管理主体通常又可以分成高层、中层和基层管理者等不同的层次，冠以综合管理者和职能管理者等不同的称谓。不论管理者的层级及权限如何，管理主体的出发点都是为了管理目的的实现，即都是为了实现媒体声誉的提高，促进媒体的可持续发展，积极发挥媒体在社会中的影响力。

① 龙竹，等.管理学原理［M］.武汉：华中科技大学出版社，2002：10.
② 巴朗.电子媒介经营管理［M］.北京：北京大学出版社，2005：18.

由于媒体声誉管理具有全员性的特征，媒体中的所有成员其实都负有媒体声誉管理的责任，都是媒体声誉管理的主体，根据媒体的一般组织架构，媒体中声誉管理的主体应该可以分为媒体高管、媒体声誉管理组织和媒体全体员工三个类别，三个类别的管理者都应对媒体的声誉管理负责。

一、确定媒体高级管理层作为声誉管理的主体

在全媒体时代，由于主流媒体的既有影响，主流媒体的高管，即主流媒体的高级管理层，特别是主流媒体的"一把手"都处于媒体的高度关注下，其一言一行都很容易引起媒体和社会公众的高度关注，也会影响到媒体的声誉与形象。因此，媒体也有必要对媒体的高管团队成员的行为进行规范化。为了有效防止媒体高管行为对媒体声誉产生负面影响，应该制定媒体高管的行为准则，具体内容应该包括：

1. 关注自身媒体形象，建立必要的监控机制

媒体高管，特别是中央主流媒体，如《人民日报》的社长、中央电视台的台长等，因为媒体的影响及自身的成就和影响，往往是其他媒体，特别是新媒体关注的对象，他们在媒体中的一言一行、一举一动，甚至他们的私生活都吸引着社会大众的目光，其展示在公众面前的媒体形象也无不影响着主流媒体的声誉。这些高管的个性、作风、学识、才华，等等，特别是他们在公开场合发表讲话或待人接物，不仅是其个人树立形象和声誉的重要渠道，同样也是媒体进行声誉管理不能忽视的一部分，需要进行精心的准备和设计。为了使媒体的高管能够树立起良好的个人形象，除了必要的形象设计部门，媒体声誉管理机构应当建立适当的声誉管理监控机制，对媒体高管的媒体形象进行监管，对影响媒体高管、媒体形象的因素进行分析和研究，为媒体高管树立良好的媒体形象提供必要的建议，必要时还需通过各种方式和手段来对媒体高管的负面媒体形象进行防范和消解。

2. 媒体高管要加强自身行为约束，杜绝违法犯罪行为

近年来，时有媒体高管涉嫌经济问题、因为触犯法律落马的消息，如福建

广播电视总台高管、江苏广播电视总台高管违纪受到处分，湖南日报社窝案、湖南广播电视台原副台长罗毅落马等媒体高管的犯罪，都对媒体的声誉造成了严重的负面影响。由于媒体高管在媒体中地位和权力的特殊性，其行为除了受到上级领导的监督和制约，媒体内部似乎很难形成对其行为和权力的管控，这不仅为媒体高管权力腐败造成了一定的真空，也严重影响着媒体自身的声誉管理。为了避免这种情况的发生，同时也为了维护媒体的良好声誉，媒体要建立起预防个人犯罪的管理机制，加强媒体高管的法律意识教育，培养守法意识，完善媒体的各项制度，特别是决策机制建设，避免独裁决策的法律风险。此外，还要强化媒体法务部门在媒体经营中的作用，提高媒体日常经营活动的合法性，强化对媒体高管的审计监督，预防职务犯罪，对高管成员及其紧密社交圈子的日常生活保持关注，及时发现并避开潜在的犯罪风险。

3. 要不断加强媒体高管的个人形象和品牌建设

随着媒体的发展，当下很多主流媒体会通过形象包装与设计提升核心高管的社会公众形象，并将个人形象塑造纳入媒体品牌战略和形象宣传活动之中。从媒体声誉管理的角度出发，媒体声誉管理部门可以对媒体现任高管和未来核心团队成员，根据媒体的形象定位、诉求及个人的气质特征进行具体化的设计和推广。具体而言，媒体的声誉管理者可以聘请专家对媒体高管的着装、个人形象、礼仪等进行设计和培训，为其安排重要的会议和学术活动，安排其接受媒体专访或出版专著，协助其参与有影响力的社会公益活动，安排其与媒体员工之间的对话和联谊，等等，通过扩大其个人品牌的影响力来塑造和维护媒体的声誉。

二、在媒体组织层面设立专门的声誉管理主体

为了更好地对媒体声誉进行更加专业和有效的管理，媒体需要设立专门的机构或组织，在组织中安排专职人员来负责媒体声誉管理的组织、规划、执行、监测等工作，行使专门的声誉管理职责，如前面提到的媒体高层在作为媒体声誉管理的主体实施一定的媒体声誉管理，特别是在塑造和维护个人的公众形象、个人品牌时就离不开声誉管理部门的支持和配合。

较为遗憾的是，由于国内主流媒体在声誉管理方面尚处于初级阶段或认识不足，目前我国主流媒体尚没有建立起真正的声誉管理组织，一部分与媒体声誉管理相关的工作，如媒体公关或媒体形象、品牌建设的工作要么归在媒体的公共关系部门，要么归在媒体的市场营销部门，还有的被归在总编室，且没有专人负责，属于公关和品牌营销主业之外的副业，这既影响声誉管理的实际效果，也给公关和市场部门及总编室增添了新的工作负担，影响了其主业的开展。因此，从尊重科学规律、发挥媒体声誉管理效果最大化的角度考虑，在当代媒体的科学管理架构中应当有媒体声誉管理组织的一席之地。

三、确定媒体组织内的全员声誉管理主体

戴维斯·扬提出，"每位员工都是你创建公司声誉的伙伴"[1]，媒体亦是如此，良好的媒体声誉需要每位媒体员工的维护，需要依靠媒体的领导层带动媒体中每位员工积极参与才能获得。因此，全员声誉管理应该成为媒体战略性声誉管理的最重要组成部分，媒体的声誉管理必须要在媒体内部确立全员管理的原则，使媒体中的每位员工都明确，他们既是媒体声誉生成和维护的重要力量，更是媒体声誉的管理主体，因而每位员工都需要为媒体声誉的管理尽责。

从媒体声誉管理的内部和外部两大维度来看，媒体的内部声誉好坏表面上看起来并不代表媒体真正的声誉，属于媒体内部自己的事情，但不可否认的是，媒体的内部声誉会直接影响其外部声誉。如果一个媒体的内部声誉不佳，即员工对自己所在的媒体不信任、不热爱或没有归属感，充满敌意，对媒体的声誉表出现负面评价，势必会把负面的情感和认知传递给媒体的外部公众，从而损害媒体的外部声誉，并直接影响到媒体的其他利益相关者对于媒体的认知和评价。因此，在媒体声誉管理的实践中，所有的员工都需按照正确的价值观行事，不断提升自己的素质和规范水平，通过各自的行为自觉维护媒体的声誉。

---

[1] 潘月杰，耿冬梅.企业声誉危机预警与管理［M］.北京：经济管理出版社，2014：102.

第二节　建立媒体声誉管理组织

一、建立声誉管理的专门机构

由于普遍缺少媒体声誉及声誉管理的意识，我国的主流媒体目前大多并没有在其组织内部设立专门的声誉管理机构，媒体一旦发生与声誉管理相关的工作也多是由媒体公关或其他部门代劳，这并不利于我国媒体的声誉管理。为了更有效地对媒体声誉进行战略性管理，除了在人员上明确声誉管理的主体，媒体声誉管理也有必要在媒体的管理层，特别是媒体高层建立专门的声誉管理机构或将声誉管理委托给已有的专门机构（比如媒体战略或形象管理部门）。声誉管理部门的基本职能是：（1）讨论并制定媒体声誉管理的整体战略和基本政策，监督媒体各个部门和个人的行为符合媒体声誉的道德标准，并要求其为维护媒体声誉做出持续性的努力。（2）在复杂的、灰色的声誉领域扮演专家，为维护企业声誉出谋划策，制定和完善媒体声誉管理，尤其是声誉危机管理的制度和流程。（3）对媒体声誉管理进行定期审查，评价媒体是否履行维护媒体声誉的责任，并向媒体最高领导层做专项汇报。（4）对媒体管理团队成员存在的影响媒体声誉的各类负面事件进行讨论并提出处理意见。（5）对引进和晋升的媒体高管团队成员进行声誉评议。（6）对媒体高管的个人声誉及公众形象进行塑造、维护和监管，避免个人负面声誉影响媒体整体声誉。

二、建立专门的声誉管理职位

罗恩·艾尔索普在 2004 年出版的《声誉管理的 18 条铁律》中主张企业应该考虑任命一位专职的"首席声誉官"或者"首席传播官"，负责统筹公司的市场、广告、品牌、公关、社会赞助及其他涉及公司声誉管理的工作。[①] 本

---

① 潘月杰，耿冬梅.企业声誉危机预警与管理［M］.北京：经济管理出版社，2014：101.

书在前面章节也详细阐述过企业或组织当中现有的几种声誉管理模式，其中就包括声誉管理的 CEO 模式等。其实，主流媒体的声誉管理也是一样，媒体如果不能在高层设立专门的声誉管理机构，就需要考虑在高层管理团队中设立一个专门的声誉管理职位，由这个职位的担任者来统辖与负责和声誉相关的所有管理工作，从而提升媒体声誉管理的级别，并通过高层深度参与提高声誉管理的时效性。当然，根据媒体组织的规模及机构、岗位设置情况不同，我国的主流媒体即使不能设立专职的声誉管理岗位，也需要在媒体的高层管理中将媒体声誉管理的职责明确，将媒体声誉管理的工作落到实处。

三、加强媒体声誉管理的职能

在媒体现有的组织架构下，除了在媒体组织内部建立专门的声誉管理机构和设置专门的声誉管理职位，还必须加强媒体声誉管理的职能，将影响媒体声誉的相关工作职责化，将媒体声誉管理的工作流程化和日常化，真正使媒体声誉管理的职能有所保证。否则，就算是在媒体设立了专门的声誉管理部门和岗位，也并不能完全保证媒体声誉管理的实际效果。而在媒体声誉管理的具体实施中，比如媒体声誉管理部门要时常对员工关系、媒体产品和服务质量、媒体内部管理政策等进行必要的声誉性评估，要不断开展公开演讲、内部评估及外部媒体的舆情监控等，以实现声誉管理的常态化和程序化，真正将媒体声誉管理的职能落到实处。

四、提高媒体声誉管理团队的管理素养

媒体声誉管理最终要由人，尤其是声誉管理团队的成员来决策和实施，因此声誉管理团队，特别是专门管理团队的声誉管理素养的高下将会直接影响到媒体声誉管理的水平和效果。因此，在确定媒体声誉管理主体的同时，亦不能忽视管理团队的整体素养。就媒体声誉管理的团队，甚至包括作为媒体声誉管理主体之一的媒体高管和全体员工来说，都应具备的声誉管理素养应当包括：要充分了解媒体声誉的构成及影响性因素，学会对媒体声誉进行战略性管理，能够掌握和具有塑造自身及媒体良好声誉的建设技巧；要能够诊断和识别媒体声誉潜在的风险，能够对潜在的媒体声誉风险在第一时间内

采取预防措施；要能够针对媒体声誉危机在事前、事中与事后采取有效控制措施；要能够有效地面对其他媒体并得体地回答记者的提问；要能够建立和维系与其他媒体的良好关系，等等。

五、利用新媒体影响意见领袖与社群组织

随着技术的不断迭代升级，新媒体平台在舆论声音中成为主要的传播渠道。拉扎斯菲尔德等人强调人际传播中的"意见领袖"的影响，由此提出两级传播的观点。面对当前日益复杂的移动互联社会，新媒体平台上的"意见领袖"能够在短时间内集聚大量粉丝，由此形成社群组织，通过一家之言，便能够让其粉丝认同观点、实践行为。对于主流媒体的声誉管理而言，要懂得充分利用新媒体平台的优势，快速低廉地提高声誉管理的效率，最终通过"意见领袖"的正确引导和观点传递，实现主流媒体声誉管理的良好效果。

第三节　确立媒体声誉管理流程

戴维斯·扬认为创造声誉的工作始于管理者的会议室，而不是主要靠新闻发布会，[①] 意思是说声誉的管理要注重规划和设计，为了实现对媒体声誉的战略性管理，必须建立和完善媒体声誉管理的制度与流程。

一般而言，媒体声誉管理制度与流程方面的工作通常包括：声誉管理理念及文化的塑造与形成、声誉管理组织体系建设、声誉管理的基本政策、声誉形成和维护的中长期发展战略、声誉预警与风险监测管理、声誉危机处理工作流程、媒体及利益相关者工作指南、媒体内部管理的声誉评估、媒体对外信息的发布管理、自媒体管理，等等。

莱斯利·盖恩斯－罗斯也在其《公司声誉危机维护与修复的12步骤》一书中详细讲述了企业声誉危机处理的具体办法和流程，即：

第一步：勇担责任——领导先行；

---

① 潘月杰，耿冬梅.企业声誉危机预警与管理［M］.北京：经济管理出版社，2014：105.

第二步：不厌其烦地沟通；

第三步：不要低估批评家和竞争对手；

第四步：重新设置公司的时钟；

第五步：对错分析；

第六步：措施、措施还是措施；

第七步：纠正企业文化；

第八步：抓住转变机遇；

第九步：利用新型媒体；

第十步：将好消息视为改进的动力；

第十一步：投身马拉松长跑，而非短跑；

第十二步：声誉风险最小化。

根据以上这些关于声誉管理的一般性流程，媒体声誉管理的流程大体也可以概括为以下四个方面（见图9-2）：

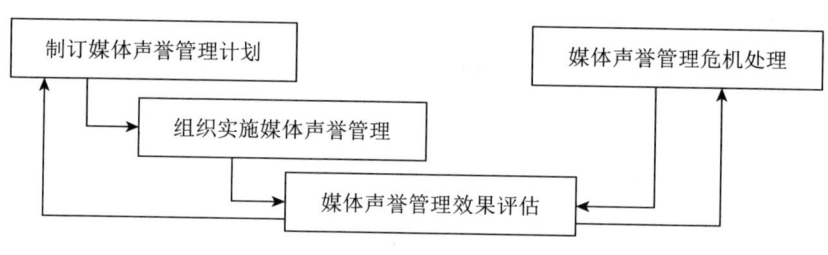

图9-2　媒体声誉管理流程

一、制订媒体声誉管理计划

对任何有目的性的管理活动来说，在具体的管理行动实施之前都必须制订管理计划，或为未来的管理活动制订蓝图和行动指南，这既是管理工作的基础程序要求，也是管理工作真正能够发挥实效的基础前提。媒体声誉管理亦是如此，在媒体声誉管理者进行实际的管理行动之前，首先要做的也是制订媒体声誉管理的计划。媒体声誉管理计划通常包括媒体声誉管理的目标、路径、过程、方法等各个层面。管理目标既包括长期目标、中期目标，也包括针对具体事务的短期目标。管理的路径则包括确立媒体声誉管理的各个维度，如前文中提及的媒体声誉各利益相关者的维度等。方法则包括具体的操作办法等，如前文提及的针对媒体高管这一媒体声誉管理主体所实施的个人形象培训计划、个人出版著作计划等都属此范畴。

二、组织实施媒体声誉管理

有了媒体声誉管理的行动计划，完成了媒体声誉管理的目标设定之后，媒体声誉管理就开始进入组织实施阶段。虽然从流程上来看，媒体声誉管理的组织实施属于整体管理活动中的一个环节，但实际上这一阶段通常贯穿媒体声誉管理活动的始终。媒体声誉管理的组织实施根据不同的管理维度或结合前文所提的各个利益相关者，包含非常丰富和复杂的内容，比如可以针对媒体高管等媒体声誉管理主体的个人品牌进行一系列的演讲、接受其他媒体采访；针对全体员工等媒体声誉管理主体所进行的慰问、联谊、权利保障、激励等具体活动；针对媒体声誉危机所进行的信息采集、舆情监测、媒体传播等，这些都属于媒体声誉管理的具体组织实施活动。

三、媒体声誉管理效果评估

任何管理的行为都不是无目的地随意为之，也不可能无视效果的存在，效果既是对之前管理工作成效的一种检视，是对以往管理工作成败得失的总结，更是对之后管理工作的引领和参考，因此，在媒体声誉管理工作中也不能忽视媒体声誉效果的评估。作为管理行为中的一个重要环节，评估通常不仅由评估的主体、客体和评估标准三个方面构成，而且有自己独特的过程。对于一般性的评估来说，整个评估通常可以分解为明确评估的目的、确立评估的参照系统、获取评估信息、形成价值判断等四个主要环节。媒体声誉效果评估同样需要遵循评估的独特规律和过程来科学实施。

在媒体声誉管理效果评估的诸环节当中，要保证评估效果的科学和准确，同时也为了真正发挥声誉评估在媒体声誉管理中的效果，声誉测评指标的设定以及声誉评估效果的反馈尤为重要。

（一）确立媒体声誉测评指标

本书在前面已经论述过，从管理学的角度来看，测评既是管理的基本前提，也是管理实施过程中不可缺少的方法和途径，因此，对媒体声誉管理的测评，特别是媒体声誉测评指标的确定乃是当务之急。本书在前文论述媒体声誉测评指标时也曾根据国内外现有的企业或媒体声誉测评指标，构建了媒体声誉测评指标体系。其中一级指标包括公众形象、产品与服务、工作环境、社会责任、发展前景和财务业绩等6个方面，二级指标则包括媒体是否值得尊敬、对媒体的知晓、对媒体的好感等30个方面（具体参见表7-1）。由于这30个指标已经可以从总体上反映出媒体声誉的基本情况，因此可以作为新媒体环境下我国主流媒体声誉管理，特别是主流媒体声誉测评方面的重要参考。

（二）反馈媒体声誉测评结果

媒体声誉测评的结果可以用来了解媒体声誉，即媒体的各个利益相关者对媒体的认知和评价，但媒体声誉测评的价值并不止于此，而是为了发现媒体在声誉管理过程中所存在的问题，是为了进一步塑造和提升媒体的声誉，进而推动媒体自身的可持续发展。因此，媒体声誉测评的价值最终要体现在对未来媒体声誉管理的指导和修正方面，这需要媒体声誉管理者将媒体声誉测评的结果及时有效地回馈给包括媒体高管和媒体全体员工在内的所有声誉管理主体，并使之成为未来媒体声誉管理计划、传播等各个管理阶段调整实施方案的决策依据。

四、媒体声誉危机处理

在当代社会这样一个高风险社会里，危机一词在现代管理当中频频出现。所谓危机，根据弗恩·班克思的定义，是指对个人、公司及其产品或名声等产生潜在负面效果的事件。按照这个定义，媒体声誉危机就是指对媒体的声誉产生潜在负面效果的事件。媒体声誉危机虽然在一定程度上能够提升媒体持久的竞争力，但媒体声誉危机如果处理不当，不仅伤害媒体的形象、品牌，而且影响到媒体的公信力，甚至会直接影响媒体的订阅量和视听率，对媒体的声誉发展产生巨大的负面影响。

关于危机管理的过程和方法，不同的学者有不同的界定，如奥古斯丁的六阶段模型、罗伯特·希思的 4R 模型以及米特罗夫和皮尔森提出的五阶段危机管理模型，等等。[①] 尽管这几种危机处理的模型表述不同，各有侧重，但基本上都涉及了危机管理的事前、事中和事后三个阶段。

媒体的声誉管理同样存在这样几个阶段。

在媒体声誉危机的预防或准备（事前）阶段，媒体声誉管理应当建立有效的危机预警机制，建立危机处理中心，制订应急计划，事先选定危机处理小组成员，提供完备的通信设施，建立重要的关系，等等。

而在媒体声誉的发生或反应（事中）阶段，声誉管理者所要做的便是通过收集各种有效的信息，确认危机已经发生，找出危机的根源，根据不同的情况确定工作的优先顺序，尽快将危机所造成的损失控制在最小的限度之内。在这一阶段，果断进行决策对媒体来说是最重要的。如果在危机之前已经确立了危机管理的计划，危机控制的这一阶段一般都会很有章法。学者潘月杰等人从企业声誉的角度对危机处理的事中控制又进行了更为细致的划分，并用图示做了表示，其中提及和关注的细节与原则对于媒体的声誉管理亦不无借鉴意义（见图 9-3）。

在危机的解决或恢复（事后）阶段，通常在经历过危机之后，媒体的人力和物力都会受到不同程度的冲击和影响，危机情境一旦得到控制，媒体应该致力于恢复工作，尽快将媒体的工作及员工恢复到正常状态。此外，媒体还要就媒体危机处理过程中反映出来的问题进行改进，对之前的声誉管理计划进行修订，等等。

---

① 潘月杰，耿冬梅.企业声誉危机预警与管理［M］.北京：经济管理出版社，2014：17-21.

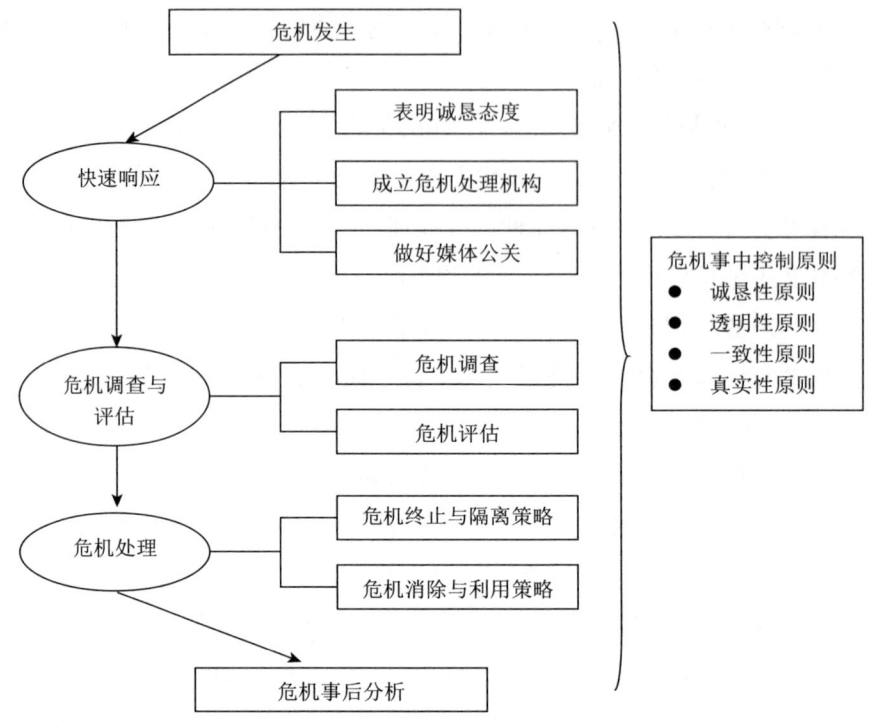

图 9-3 声誉危机事中控制模型 [①]

① 潘月杰，耿冬梅. 企业声誉危机预警与管理［M］. 北京：经济管理出版社，2014：67.

结　语

　　声誉对于媒体而言至关重要，尤其是在新媒体环境下，我国主流媒体在适应技术迭代升级的同时，更需重视自身的媒体声誉评价与管理。当下，我国主流媒体正处于新媒体环境之中，各种新的力量不断涌入和影响着传媒行业，以人工智能、大数据、区块链、5G等为代表的新媒体技术在促进我国主流媒体发展、为其带来新的发展机遇的同时，也对我国主流媒体的声誉评价与管理带来了巨大的挑战。一方面，新媒体技术催生了数量繁多的自媒体，吸引各种平台和用户的广泛使用，培养了用户的新媒体使用习惯，正在跟传统主流媒体争夺受众，使用户接触传统主流媒体的机会比以往大大减少；另一方面，在新媒体环境下，信息主体和信息来源的空前剧增，使得未经核实、对主流媒体整体声誉不利的虚假信息更容易迅速传播，而这无疑又加大了主流媒体声誉管理的复杂性和难度。因此，在新媒体环境下，主流媒体要不断提升其传播力、引导力、影响力、公信力，应对"后真相"时代的复杂挑战，借助媒体声誉管理发挥其既有的职业权威和专业优势，需要不断重塑和强化其既有的媒体声誉，使之产生更大的声誉效应。

　　然而，仅就目前既有的文献来看，新闻传播学领域针对我国主流媒体声誉评价与管理的研究几乎没有，这一方面验证了研究新媒体环境下我国主流媒体声誉评价的重要性和迫切性，另一方面也更加突显出媒体声誉研究在理论建构和实践操作方面的价值。

　　从理论层面看，构建主流媒体的声誉评价理论模型和指标体系，能够丰富学界对于我国主流媒体的研究，可使已有研究的关注视角从以往主流媒体的文本内容、传播平台等微观层面，拓展到主流媒体的声誉评价与管理等宏观层面，拓宽新的学术研究领域。特别是对我国主流媒体声誉管理的外部管理还可拓展对外传播的研究视野，通过深刻理解国际传播的趋势与规律，挖掘并把握我国主流媒体自身的优势和不足，建构新型主流媒体，扩大主流价值影响力版图。

而在媒体实践层面，只有树立正确的媒体声誉观念，重视主流媒体的声誉管理，珍视主流媒体在传播实践过程中已经树立的媒体公信力和美誉度，妥善处理与利益相关者之间的关系，我国的主流媒体才能塑造并维护其良好声誉，并通过良好的声誉进一步提升传播效果。而从更微观的层面上讲，科学有效的媒体声誉评价指标体系亦有助于媒体把握具体的报道策略、公关策略以及广告等经营策略，为我国主流媒体的整体管理和决策提供更加科学有效的依据。

基于此，本书通过梳理国内外企业和媒体声誉测评的代表性体系，在总结国内外企业及媒体声誉评价实践经验的基础上，以资源基础理论和社会资本理论作为框架，从我国主流媒体的现实语境出发，将我国主流媒体的管理划分为内部声誉管理和外部声誉管理两个方面，立足于考察媒体与党和政府、管理者、受众、员工、广告客户、竞争对手等利益相关者之间的关系，努力为新媒体环境下的我国主流媒体建构起了一套科学、完整的声誉评价指标体系，具体由包括公众形象、产品与服务、工作环境、社会责任、发展前景、经营业绩等6个方面的30个指标构成。

经过研究发现，目前国内外企业和媒体声誉评价主要存在三种基本体系或模式：推荐委员会提名、问卷调查填答、主观提名和客观问卷调查相结合。前两种模式虽然常被一些企业和媒体声誉评价体系所采用，但评价过程有时较为随意，仍缺乏充分的科学性，后一种模式则兼具科学性与完整性，其形成的评价结果也被更多的企业和媒体所接受。本书在论述媒体声誉管理的流程和机构设置等方面时也采取这种更为科学的评价过程，针对我国主流媒体的声誉管理提出了全员责任、动态评价、机构专设等建设性对策和建议。为了验证本书所提出的理论模型的可行性，本书以社会调查的方式，通过随机抽样的方法就我国主流媒体的声誉及管理现状针对普通公众和媒体从业者做了调查和数据统计，进一步发现了我国主流媒体在声誉管理中存在的问题，为主流媒体的声誉管理提供了现实的切口和把手。

本书的创新之处在于：目前，我国尚未形成专门针对媒体或针对新媒体环境下主流媒体所做的媒体声誉评价指标体系，在此意义上，本书设计的我国主流媒体声誉评价指标体系具有一定的开创性，特别是本书提出以规范的李克特量表作为数据的测量方法在现有的研究中尚属首创，而这些全新的尝试对于指导新媒体环境下我国主流媒体声誉评价的实践具有一定的理论参考价值。

总而言之，新媒体技术的发展使我国主流媒体的声誉管理变得越来越重要而迫切，也给我国主流媒体的声誉管理和评价带来了许多不确定性，为其声誉管理提出了更高的要求。这启示媒体管理者，在新媒体环境下需要具有科学的媒体声誉观念、需要关注媒体声誉管理的独特之处、更需要借助科学有效的声誉评价来提升我国主流媒体的声誉，并最终为提升媒体的传播力、引导力、影响力和公信力提供强大的支持。

参考文献

专（译）著

［1］方汉奇，丁淦林，黄瑚，薛飞.中国新闻传播史［M］.北京：中国人民大学出版社，2007.

［2］杨保军.新闻理论教程［M］.北京：中国人民大学出版社，2005.

［3］王佳航.主流媒体核心竞争力——党报机制体制创新研究［M］.北京：中国传媒大学出版社，2010.

［4］康紫波，董关鹏.声誉管理［M］.北京：中国财政经济出版社，2007.

［5］和芸琴.企业声誉内部管理——创建持续竞争优势的新视角［M］.北京：经济科学出版社，2012.

［6］杰克逊.声誉管理［M］.燕清，顾捷昕，张宏超，译.北京：新华出版社，2006.

［7］栾轶玫.媒介形象学导论［M］.北京：中国人民大学出版社，2007.

［8］张洪忠.大众媒介公信力理论研究［M］.北京：人民出版社，2006.

［9］陈力丹.新闻理论十讲［M］.上海：复旦大学出版，2008.

［10］龙运荣.新媒体时代党报创新与社会发展［M］.北京：中国社会科学出版社，2013.

［11］徐永新.主流媒体品牌战略——基于党报品牌建设实践的研究［M］.北京：人民日报出版社，2010.

［12］薛可，余明阳.媒体品牌［M］.上海：上海交通大学出版社，2009.

［13］刘汉林.企业声誉资本研究［M］.北京：知识产权出版社，2010.

［14］奈.软实力［M］.马娟娟，译.北京：中信出版社，2013.

［15］林晖.断裂与共识 网络时代的中国主流媒体与主流价值观构建［M］.上海：复旦大学出版，2013.

［16］卜宇.区域性主流媒体策略研究［M］.北京：人民出版社，2009.

［17］扬.创建和维护企业的良好声誉［M］.赖月珍，译.上海：上海人民出版社.1997.

［18］王富全.个人信用评估与声誉机制研究［M］.济南：山东大学出版社，2010.

［19］缪荣.公司声誉［M］.北京：经济管理出版社，2013.

［20］徐金发.企业软实力与声誉管理［M］.北京：社会科学文献出版社，2010.

［21］潘月杰，耿冬梅.企业声誉危机预警与管控［M］.北京：经济管理出版社，2014.

［22］王永钦.声誉、承诺与组织形式［M］.上海：上海人民出版社，2005.

［23］黄河.新媒体发展与社会管理［M］.北京：中国传媒大学出版社，2013.

［24］曾兴.新媒体背景下城市社区媒体研究［M］.北京：中国传媒大学出版社，2014.

［25］周艳.新媒体理论与实务［M］.北京：中国传媒大学出版社，2014.

［26］方玲玲，韦文杰.新媒体与社会变迁［M］.上海：复旦大学出版社，2014.

［27］张国良.中国新媒体传播与互联网社区［M］.上海：上海人民出版社，2013.

［28］姚喜双.新媒体时代广播电视语言研究［M］.北京：语文出版社，2013.

［29］彭兰.网络传播概论［M］.北京：中国人民大学出版社，2012.

［30］栾轶玫.新媒体新论［M］.北京：人民出版社，2012.

［31］段弘.传媒公关与公关传媒［M］.成都：四川大学出版社，2014.

［32］高晓虹.中国新闻传播研究［M］.北京：中国传媒大学出版社，2014.

［33］李良荣.新闻学导论［M］.北京：高等教育出版社，2006.

期刊论文

［1］周葆华.上海市民眼中的新闻职业形象调查分析报告［J］.新闻记者，2012（12）.

［2］丁柏铨，夏雨禾.党的执政能力建设与党的媒介形象展现［J］.新闻传播研究，2008（3）.

［3］展江.记者站腐败的制度分析［J］.青年记者，2007（8）.

［4］高钢.媒介融合趋势下传播影响力的建构［J］.新闻爱好者，2011（11）.

［5］陈力丹.我国传媒的自律和他律［J］.湖南大众传媒职业技术学院学报，2005（5）.

［6］雷跃捷，沈浩，薛宝琴.我国广播电视媒体公信力的受众认知调查与研究［J］.《现代传播》，2012（5）.

［7］郑武杰.党报发行工作的现状与思考［J］.中国报业，2013（7）.

［8］孙永兴.论我国受众对主流媒体的对抗性解读［J］.中国报业，2013（2）.

［9］王新新.声誉管理理论及其发展［J］.经济学动态，1998（2）.

［10］林晖.中国主流媒体与主流价值观之构建［J］.新闻与传播研究，2008（2）.

［11］聂乔."自媒体"时代的地方党报权威性塑造［J］.新闻传播，2013（9）.

［12］陈丽.报纸品牌经营的公关策略［J］.广西大学报（哲学社会科学版），2008（5）.

［13］毕一鸣.传媒生命力解析［J］.新闻传播研究，2005（1）.

［14］刘照龙，李兴满.从中国之声改版看传媒的社会责任［J］.中国广播，2012（2）.

［15］来丰.公关在媒介管理中的运用［J］.青年记者，2008（9）.

［16］赵冬梅.广播媒体如何打造公信力［J］.新闻传播，2009（1）.

［17］张昆.论传播发展的八个维度［J］.上海交通大学学报（哲学社会科学版），2008（1）.

［18］马庆.论媒体公信力的影响因素［J］.新闻前哨，2009（11）.

［19］赵光怀.媒介环境、受众与媒体公信力下降问题［J］.山东社会科学，2010（12）.

［20］邢利平.浅谈如何强化广播电视媒体形象建设［J］.新闻传播，2013（6）.

［21］周思明.声誉管理与报业可持续发展［J］.中国报业，2002（5）.

［22］舒晴，王小云.试论媒介传播活动中的公关关系［J］.新闻与写作，2003（10）.

［23］管文娟.受众公关：媒介竞争制胜的重要策略［J］.襄樊职业技术学院学报，2008（3）.

［24］沈正赋.新闻界信用缺失的生成原因及其对策［J］.淮北煤炭师范学院学报（哲学社会科学版），2004（3）.

［25］杨允.新闻媒体形象的设计和塑造［J］.新闻爱好者，2005（3）.

［26］徐凤兰，李灵革.影响媒体公信力因素调查［J］.新闻实践，2006（12）.

［27］李东晓.中国电视媒体的公关活动管理［J］.河南工业大学学报（社会科学版），2005（3）.

［28］高贵武.新媒体环境下的主流媒体声誉管理刍议：基于利益相关者理论框架［J］.《国际新闻界》，2017（1）.

［29］王修滋，蔡笑元.媒体社会责任评价标准及指标体系构建［J］.青年记者，2017（30）.

［30］姜晓晖.公共部门的声誉治理探究：基于西方理论的概念谱系及典型国家的实践经验［J］.国外社会科学，2019（3）.

［31］王辰瑶，刘天宇.新闻权威为何失灵？——"江歌案"中多元传播主体的话语实践［J］.新闻记者，2019（5）.

［32］FOMBRUN C，SHANLEY M. What's in a name? Reputation building and corporate strategy［J］. Academy of management journal，1990，33（2）.

［33］WILLIAMS R J，SCHNAKE M E，FREDENDBERGER W. The impact of corporate strategy on a firm's reputation［J］. Corporate reputation review，2005，8（3）.

［34］ZYGLIDOPOULOS S C. The impact of downsizing on corporate reputation［J］. British journal of management，2005（16）.

［35］WALSH G，BEATTY S E. Customer-based corporate reputation of a service firm：scale development and validation［J］. Journal of the academy of marketing science，2007（1）.

［36］TUCKER L，MELEWAR T C. Corporate reputation and crisis management：the threat and manageability of anti-corporatism［J］. Corporate reputation review，2005，7（4）.

［37］ROSS L G. How to build a great CEO reputation?［J］.Strategic communication management，2003，7（5）.

［38］GIBSON D，GONZALES J L，CASTANON J. The importance of reputation and the role of public relations［J］. Public relations quarterly，2006（51）.

［39］ALEKNONIS G. Measuring the reputation of media［J］.Social sciences studies，2010（1）.

［40］DEEPHOUSE D L. Media reputation as a strategic resource：an integration of mass communication and resource-based theories［J］. Journal of management，2000，26（6）.

［41］GUTSCHE R E. Elevating Problems of journalistic power in an age of post-truth［J］. Journalism & mass communication educator，2019，74（2）.

［42］LEMASURIER M. What is slow journalism?［J］. Journalism practice，2014，9（2）.

［43］OUYANG Z, XU J, WEI J, LIU Y. Information asymmetry and investor reaction to corporate crisis: media reputation as a stock market signal［J］. Journal of media economics, 2017, 30（2）.

［44］SCHWAIGER M. Components and parameters of corporate reputation: an empirical study［J］. Schmalenbach business review, 2004, 56（1）.

［45］TONG S C. Media reputation in initial public offerings: a study of financial news coverage in Hong Kong［J］. Public relations review, 2013, 39（5）.

［46］WALKER K. A systematic review of the corporate reputation literature: definition, measurement, and theory［J］. Corporate reputation review, 2010, 12（4）.

［47］ZHANG X. Measuring media reputation: a test of the construct validity and predictive power of seven measures［J］. Journalism & mass communication quarterly, 2016, 93（4）.

［48］ZHANG X. Developing a new measure of media reputation［J］. Corporate reputation review, 2018, 21（2）.

附录 1　针对媒体从业者的媒体声誉调查问卷

尊敬的先生 / 女士：

　　您好！我们来自 ** 大学 ** 学院 ** 系，希望通过这次调查来了解受众如何评价我国主流媒体的声誉，非常感谢您能抽出宝贵的时间来回答问卷！完成问卷预计不会超过 5 分钟。本次调查自愿、匿名，您所填写的信息将仅用于本次研究，研究结束后将立即删除，不会造成个人信息泄露的问题。本次调查结果是我们研究的基础，至关重要，所以我们真诚期待您的帮助与配合，请您如实填写！

　　请勾选您选择的选项，或者将回答填写在横线上，谢谢！

　　如对问题不甚清楚或有其他需要询问的内容，请随时与我们联系：########。

　　说明：本调查问卷中所提到的"主流媒体"主要是指以《人民日报》、新华社、中央电视台、中央人民广播电台、《经济日报》为代表的中央级媒体；以各省（自治区、直辖市）党报、电台和电视台的新闻综合频道为代表的区域性媒体；以各大中城市党报、电台和电视台的新闻综合频道为代表的城市媒体；以新华网、人民网等为代表的国家重点扶持的大型新闻网站。（参照新华社"舆论引导有效性和影响力研究"课题组关于"主流媒体"的定义。）

第一部分　个人基本信息

1. 您的年龄是 ___
☐ 20—30 岁
☐ 31—40 岁
☐ 41—50 岁
☐ 50 岁以上

2. 您的性别是 ___
☐ 男
☐ 女

3. 您的教育背景是 ___
☐ 初中及以下
☐ 中专
☐ 高中
☐ 大专
☐ 本科
☐ 硕士
☐ 博士及以上

4. 您从事媒体工作的时长 ___
☐ 3 年以下
☐ 3—5 年
☐ 6—10 年
☐ 11—15 年
☐ 15 年以上

5. 您现在就职的媒体是 ___

□报纸杂志

□广播电台

□电视台

□网络新媒体

6. 您现在就职的媒体属于 ___

□中央媒体

□省级媒体

□市级媒体

□市级以下媒体

□其他（请说明）

7. 您目前在媒体中承担的工作是 ___

□经营管理

□内容生产

□行政办公

□市场营销

□其他（请说明）

第二部分　调查问题

1. 请在下列衡量媒体是否成功的标准中勾选您认为最重要的 3 个选项 ___

□内容质量

□媒体的盈利能力

□媒体的规模

□媒体的声誉

□媒体的社会影响力

2. 您认为声誉对一家媒体的重要程度 ___

□根本不重要

□基本没影响

□比较重要

□非常重要

3. 您认为良好的声誉会给媒体带来哪些正面影响 ___（可多选）

□报道可信度增强

□阅读关注人数增多

□盈利增多

□有利于招到高质量人才

□社会影响力增强

□其他（请说明）

4. 您认为判断媒体声誉好坏主要看 ___（可多选）

□公众是否相信媒体报道

□党政机关的评论

□国际社会的报道引用和评论

□媒体之间的评论

□媒体内部工作人员的评论

□其他（请注明）

5. 您对自己目前所在媒体总体声誉满意程度是 ___

□非常不满意

□比较不满意

□一般

□比较满意

□非常满意

6. 您目前所在的媒体对本媒体的声誉关注程度是 ___

□根本不关注

☐基本不关注

☐比较关注

☐非常关注

7. 您觉得自己与所在媒体声誉间的关系是 ___

☐非常紧密，我的行为会直接影响媒体声誉

☐有点关系，我的行为在一定程度上会影响媒体声誉

☐基本没关系

☐毫无关系

8. 您目前所在的媒体是否有专门部门负责媒体的声誉管理 ___

☐是

☐否

☐不太清楚

9. 您认为一家主流媒体是否有必要设置专门部门来负责媒体的声誉管理 ___

☐非常没必要

☐没必要

☐有必要

☐非常有必要

10. 您对我国主流媒体总体声誉满意程度是 ___

☐非常不满意

☐比较不满意

☐一般

☐比较满意

☐非常满意

11. 从媒体报道而言，您认为哪些因素对媒体声誉的影响最大 ___（可多选）

□报道是否客观公正，符合基本新闻报道准则

□报道种类是否丰富

□报道是否及时全面

□报道发布的渠道是否多元、畅通

□报道是否符合主流价值观

□其他（请说明）

12. 除了优秀的报道，您认为下列哪些要素对媒体声誉至关重要 ___（可多选）

□媒体级别

□媒体与党政间的关系

□媒体公益行为

□媒体工作者个人形象

□媒体在新媒体平台上的表现

□媒体和公众的互动程度

□媒体的经营业绩

□媒体的国际影响力

□其他（请注明）

13. 您认为以下哪些问题会对媒体的声誉产生负面影响 ___（可多选）

□媒体工作人员个人作风差

□媒体内出现违法违纪行为

□有偿新闻或有偿不闻

□只唱赞歌，没有自己观点

□重大虚假报道或经常性报道不实

□对重大新闻不作为

□报道不公正

☐广告太多或虚假

☐其他（请说明）

14.您认为媒体哪个部门的员工行为最能影响媒体的声誉 ___

☐经营管理人员

☐内容制作人员

☐营销策划人员

☐出版发行人员

☐行政后勤人员

☐其他（请注明）

15.您认为主流媒体以下现象是否严重 ___

	一点不严重	并不严重	有点严重	比较严重	非常严重
报道不够客观真实					
有偿新闻或有偿不闻					
重大新闻不作为					
报道宣传味道浓					
报道缺少特色					

16.您所在媒体近五年来是否遭遇过声誉危机 ___

☐是（回答第17题）

☐否（直接回答第18题）

17.您所在媒体遭遇声誉危机的原因是 ___

☐政治压力迫使

☐经营出现困难

☐领导决策错误

☐报道质量问题

□工作人员个人作风

□违反新闻职业道德

□行业恶性竞争驱使

□其他（请说明）

18. 您认为来自哪类人的公开批评对媒体声誉的影响最大 ___

□其他媒体的批评

□上级党政部门的批评

□专家学者的批评

□网民在网络平台上的批评

19. 请勾选主流媒体出现严重声誉危机时您可能的态度或想法 ___（可多选）

□主流媒体就是主流媒体，地位依然不会变，没必要大惊小怪。

□声誉危机出现很正常，有些也不是媒体自己的原因，可以原谅。

□主流媒体的地位会因此大大受损，需要认真总结经验，采取有效措施恢复声誉。

□这样的声誉危机已经出现很多次却屡教不改，应该严厉批评指责。

20. 您近一段时间是否有过跳槽的想法 ___

□有过（回答第 21 题）

□没有（直接回答第 22 题）

21. 如果有机会跳槽，您最想去的媒体是 _____，

请写出选择它的最主要原因 _____。

22. 请写出您能想到的一个媒体声誉事件 _____。

问卷到此结束，感谢您的参与和支持！

附录2　针对一般受众的媒体声誉调查问卷

尊敬的先生/女士：

您好！我们来自**大学**学院**系，希望通过这次调查来了解受众如何评价我国主流媒体的声誉，非常感谢您能抽出宝贵的时间来回答问卷！完成问卷预计不会超过5分钟。本次调查自愿、匿名，您所填写的信息将仅用于本次研究，研究结束后将立即删除，不会造成个人信息泄露的问题。本次调查结果是我们研究的基础，至关重要，所以我们真诚期待您的帮助与配合，请您如实填写！

请勾选您选择的选项，或者将回答填写在横线上，谢谢！

对问卷中不甚清楚的部分或有其他需要询问的内容，请随时与我们联系：########。

说明：本调查问卷中所提到的"主流媒体"主要是指以《人民日报》、新华社、中央电视台、中央人民广播电台、《经济日报》为代表的中央级媒体；以各省（自治区、直辖市）党报、电台和电视台的新闻综合频道为代表的区域性媒体；以各大中城市党报、电台和电视台的新闻综合频道为代表的城市媒体；以新华网、人民网等为代表的国家重点扶持的大型新闻网站。（参照新华社"舆论引导有效性和影响力研究"课题组关于"主流媒体"的定义。）

第一部分　个人基本信息

1. 您的年龄是 ___
□ 20 岁以下
□ 20—30 岁
□ 31—40 岁
□ 41—50 岁
□ 50 岁以上

2. 您的性别是
□男
□女

3. 您自己本人或者家人是否在媒体或政府宣传部门工作 ___
□是
□否

4. 您的职业是 ___
□国家机关、党群组织、企业、事业单位工作人员
□专业技术人员
□商业、服务业从事者
□农、林、牧、渔、水利业生产人员
□生产、运输设备操作人员及有关人员
□文艺工作者
□学生
□军人
□其他（请说明）

5. 您的月收入是 ___

☐ 3000 元以下

☐ 3000—6000 元

☐ 6000—9000 元

☐ 9000 元以上

6. 您的教育背景是 ___

☐初中及以下

☐中专

☐高中

☐大专

☐本科

☐硕士

☐博士及以上

7. 您平时最主要从何种渠道获得信息 ___

☐报纸杂志

☐电视

☐广播

☐网络新媒体

☐日常人际交流

☐其他（请说明）

第二部分　调查问题

1. 请在下列衡量媒体是否成功的标准中勾选您认为最重要的 3 个选项 ___

☐内容质量

☐媒体的盈利能力

☐媒体的规模

☐媒体的声誉

☐媒体的社会影响力

2. 对于来自主流媒体的信息和来自其他媒体的信息，你会 ___

☐更相信主流媒体

☐更相信其他媒体

☐两者都不相信

☐视情况而定

3. 您认为声誉对一家媒体的重要程度 ___

☐根本不重要

☐基本没影响

☐比较重要

☐非常重要

4. 您认为良好的声誉会给媒体带来哪些正面影响 ___ （可多选）

☐报道可信度增强

☐阅读关注人数增多

☐盈利增多

☐有利于招到高质量人才

☐社会影响力增强

☐其他（请说明）

5. 您认为判断媒体声誉好坏主要看 ___ （可多选）

☐公众是否相信媒体报道

☐党政机关的评论

☐国际社会的报道引用和评论

☐媒体之间的评论

☐媒体内部工作人员的评论

☐其他（请注明）

6. 您认为目前主流媒体对本媒体的声誉关注程度是 ___

☐根本不关注

☐基本不关注

☐比较关注

☐非常关注

7. 您认为一家主流媒体是否有必要设置专门部门来负责媒体的声誉管理 ___

☐非常没必要

☐没必要

☐有必要

☐非常有必要

8. 您对我国目前主流媒体总体声誉满意程度是 ___

☐非常不满意

☐比较不满意

☐一般

☐比较满意

☐非常满意

9. 从媒体报道而言，您认为哪些因素对媒体声誉的影响最大 ___（可多选）

☐报道是否客观公正，符合基本新闻报道准则

☐报道种类是否丰富

☐报道是否及时全面

☐报道发布的渠道是否多元、畅通

☐报道是否符合主流价值观

☐其他（请说明）

10. 除了优秀的报道，您认为下列哪些要素对媒体声誉至关重要 ___（可

多选）

　　□媒体级别

　　□媒体与党政间的关系

　　□媒体公益行为

　　□媒体工作者个人形象

　　□媒体在新媒体平台上的表现

　　□媒体和公众的互动程度

　　□媒体的经营业绩

　　□媒体的国际影响力

　　□其他（请注明）

11. 您认为以下哪些问题会对媒体的声誉产生负面影响 ___（可多选）

　　□媒体工作人员个人作风差

　　□媒体内出现违法违纪行为

　　□有偿新闻或有偿不闻

　　□只唱赞歌，没有自己观点

　　□重大虚假报道或经常性报道不实

　　□对重大新闻不作为

　　□报道不公正

　　□广告太多或虚假

　　□其他（请说明）

12. 您认为媒体哪个部门的员工行为最能影响媒体的声誉 ___

　　□经营管理人员

　　□内容制作人员

　　□营销策划人员

　　□出版发行人员

　　□行政后勤人员

　　□其他（请注明）

13. 您认为主流媒体以下现象是否严重 ___

	一点不严重	并不严重	有点严重	比较严重	非常严重
报道不够客观真实					
有偿新闻或有偿不闻					
重大新闻不作为					
报道宣传味道浓					
报道缺少特色					

14. 您认为主流媒体遭遇声誉危机的原因可能有 ___（可多选）

□政治压力迫使

□经营出现困难

□领导决策错误

□报道质量问题

□工作人员个人作风

□违反新闻职业道德

□行业恶性竞争驱使

□其他（请说明）

15. 您认为来自哪类人的公开批评对媒体声誉的影响最大 ___

□其他媒体的批评

□上级党政部门的批评

□专家学者的批评

□网民在网络平台上的批评

16. 请勾选主流媒体出现严重声誉危机时您可能的态度或想法 ___（可多选）

□主流媒体就是主流媒体，地位依然不会变，没必要大惊小怪。

□声誉危机出现很正常，有些也不是媒体自己的原因，可以原谅。

□主流媒体的地位会因此大大受损，需要认真总结经验，采取有效措施恢复声誉。

□这样的声誉危机已经出现很多次却屡教不改，应该严厉批评指责。

17. 您最喜欢的媒体是 _____，最主要原因是 _____。

18. 请写出您能想到的一个媒体声誉事件 _____。

问卷到此结束，感谢您的参与和支持！

后　记

　　尽管在进入中国人民大学新闻学院学习新闻专业之前，我对媒体的了解微乎其微，但媒体（报纸）自小在我和周围人的心目中却是神圣的。虽然很少有机会接触媒体，但媒体在那时的生活里仍然是像光一样的存在，令人崇拜不已。现在想来，我之所以会关注和研究媒体声誉管理大概与当初那种模糊的崇拜不无关系，那种崇拜也足以证明媒体的影响和价值。当然，真正关注起媒体声誉管理其实还是自己这些年来教研工作的延续所致。

　　自硕士论文研究了主持人评论之后，我就与节目主持人的研究结下了不解之缘，不仅在随后的博士学习阶段继续以此为研究对象、完成了博士论文、出版了第一本专著，日后的教研工作也都没有与之再分开。随着对主持人研究的深入，我开始越来越深地体会到形象——受众对节目主持人的总体评价或主持人在受众心目中的印象——才是主持人真正受欢迎和产生影响力的关键所在，于是我又开始有意关注主持人的形象管理，试着写了《论节目主持人的形象管理》等几篇小文。随着研究的再深入，我又开始思考：主持人虽有特殊之处，但却仍属新闻工作者（或广义的新闻记者）中的一员，既然形象是主持人产生影响力的关键，形象同样也应该是记者等所有新闻工作者能否取得良好传播效果的关键所在，于是我开始将关注的范围从主持人扩大到了所有新闻工作者，开始研究并完成了《形象制胜：新闻工作者的形象管理》一书。

　　视野一旦打开，新的问题也随之而来：主持人也好、记者也罢，其形象固然是其传播效果的关键，但主持人、记者何尝不是媒体中的一员，其所从事的传播又何尝不是媒体传播活动的一部分？主持人、记者是传播主体，由主持人、记者等不同角色构成的媒体又何尝不是传播主体？既然主持人、记者的传播效果取决于其良好的形象，媒体传播效果的取得又何尝不是如此？形象管理，作为一种改善客体对主体印象的有效路径，是主持人、记者等个体传者获得传播效果的法宝，同样是体现媒体软实力，提升媒体传播力、引导力、影响力和公信力的关键。作为一种评价和判断，形象实则反映的是客体在主体中的口碑或主体对客体的赞誉，这不正是声誉和声誉管理的内涵所在？

于是，我开始有了关注和研究媒体形象和媒体声誉的想法。于是，也就有了这本关于媒体声誉管理的小书。

感谢本书在调研和写作过程中给予我无私帮助的善良的人们，无论是通过研究成果给予我灵感和方向的从不曾谋面的学者，还是在访谈和问卷调查中被惊扰到的路人，没有你们作为坚强有力的后盾，也就没有现在这本书的骨架和血肉。感谢那些一直事无巨细竭力帮助我的研究生们，虽然你们大多已经离开学校，此刻正在新的工作岗位上展露着你们新的才华，但一想起当初在校园里与你们共同奋斗的情景还是会让我心中不时涌起股股暖流。特别感谢我的第一个博士生薛翔，奇妙的缘分让我们有幸结缘，你的踏实、镇静，甫一入门就对本研究诸多琐事的全心投入以及时时对我的工作的提醒、助力，都让我少了许多彷徨，让我有了更多前行的信心和力量。

还要衷心感谢中国传媒大学出版社对我学术研究的一贯支持，从我的第一本小书《解析主持传播》开始，这已是我在该社独立出版的第 5 本著作。一路走来，出版社的鼓励和支持始终是我成长中重要的动力。还要特别感谢本书的编辑黄松毅老师。黄老师沉静、大气，颇具文人特质，虽然工作繁忙、压力巨大，但总能将工作安排得有条不紊、井然有序，特别是她对我个人品性与志趣的洞察着实让我惊讶和感动。

研究与写作的过程本身即充满了艰辛与曲折，阅读和思考的过程更是喜忧参半，尽管对未来的学术之路总是满怀焦虑和不安，但还是希望这还只是个过程，离真正的终点还很远很远。

高贵武

2021 年 8 月于北京寓所

图书在版编目（CIP）数据

盛名之上：新媒体环境下的主流媒体声誉管理/高贵武著.——北京：中国传媒大学出版社，2023.3
（传媒与文化书系）
ISBN 978-7-5657-3382-6

Ⅰ.①盛… Ⅱ.①高… Ⅲ.①传播媒介—管理—研究—中国 Ⅳ.① G219.2

中国国家版本馆 CIP 数据核字 (2023) 第 013965 号

盛名之上：新媒体环境下的主流媒体声誉管理

SHENGMINGZHISHANG: XINMEITI HUANJING XIA DE ZHULIU MEITI SHENGYU GUANLI

著　　者	高贵武
策划编辑	黄松毅
责任编辑	张　静
封面设计	拓美设计
责任印制	阳金洲

出版发行　中国传媒大学出版社

社　　址	北京市朝阳区定福庄东街 1 号	邮　编	100024	
电　　话	86-10-65450528　65450532	传　真	65779405	
网　　址	http://cucp.cuc.edu.cn			
经　　销	全国新华书店			

印　　刷	艺堂印刷（天津）有限公司
开　　本	710mm × 1000mm　1/16
印　　张	14.25
字　　数	218 千字
版　　次	2023 年 3 月第 1 版
印　　次	2023 年 3 月第 1 次印刷

书　　号　ISBN 978-7-5657-3382-6/G・3382　　　定　价　68.00 元

本社法律顾问：北京嘉润律师事务所　郭建平